análise do design brasileiro

entre mimese e mestiçagem

CB033377

Blucher

análise do design brasileiro

entre mimese e mestiçagem

Dijon De Moraes

Análise do design brasileiro - Entre mimese e mestiçagem
© 2005 Dijon De Moraes
1ª edição - 2005
2ª reimpressão - 2015
Editora Edgard Blücher Ltda.

Blucher

Rua Pedroso Alvarenga, 1245, 4º andar
04531-934 - São Paulo - SP - Brasil
Tel 55 11 3078-5366
contato@blucher.com.br
www.blucher.com.br

É proibida a reprodução total ou parcial por quaisquer meios, sem autorização escrita da Editora.

Todos os direitos reservados pela Editora Edgard Blücher Ltda.

FICHA CATALOGRÁFICA

Moraes, Dijon De,
Análise do design brasileiro : entre mimese e mestiçagem / Dijon De Moraes - São Paulo: Blucher, 2005.

Bibliografia.
ISBN 978-85-212-0377-3

1. Design - Brasil 2. Design - História 3. Design - Pesquisa 4. Globalização 5. Industrialização - Brasil 6. Multiculturalismo I. Título.

05-6672 CDD-745.44981

Índices para catálogo sistemático:
1. Brasil: Design: História 745.44981
2. Design brasileiro: História 745.44981

| agradecimentos

Ao Conselho Nacional de Desenvolvimento Científico e Tecnológico – CNPq, que, através do seu programa de bolsa de estudos no exterior, me permitiu realizar, junto à Universidade Politécnico de Milão, o Doutorado em Design, cuja pesquisa e tese serviram como base para este livro.

Ao Sistema FIEMG/SENAI – Federação das Indústrias do Estado de Minas Gerais/Serviço Nacional de Aprendizagem Industrial e à UEMG – Universidade do Estado de Minas Gerais, a minha gratidão.

O meu igual apreço vai para: Andrea Branzi, Ezio Manzini, Silvia Pizzocaro, Carlo Vezzoli, Marco Zanini, Massimo Bonfantini, Itiro Iida, Maria Cecilia Loschiavo Santos, Evando Mirra, Vânia Myrrha, Rui Roda, José Antonio dos Reis, Luiz Carlos Dias Oliveira, Luíz Márcio Haddad P. dos Santos e Edgard Blücher.

Sou ainda grato aos documentos, arquivos de imagens e publicações, de diversas instituições, a que tive acesso: ABIPTI, ANFAVEA, AEnD, Arquivo Museu de Arte de São Paulo – MASP, Banco Central do Brasil, CNI, CNPq, Escola Superior de Desenho Industrial – ESDI, FIESP, Faculdade de Ciências Econômicas da UFMG, Fundação Oscar Niemeyer, Fundação Centro Tecnológico de Minas Gerais – CETEC, IBGE, INPI, Instituto Lina Bo e Pietro Maria Bardi, MDCI, Programa Brasileiro de Design – PBD, SENAI, SEBRAE e TSE no Brasil; Istituto Superiore di Política Internazionale – ISPI, Università Politécnico di Milano – POLIMI, Università Bocconi, Università di Milano – UNIMI e World Intellectual Property Organization – WIPO, na Europa; Fundo Monetário Internacional – FMI, Organização das Nações Unidas – ONU e WORLDBANK/World Development Report nos Estados Unidos.

A todas as pessoas que direta ou indiretamente contribuíram para a realização deste trabalho, o meu fraterno reconhecimento.

Para Clarice & João Pedro

"Quem somos nós, os brasileiros, feitos de tantos e tão variados contingentes humanos? A fusão deles todos em nós já se completou, está em curso, ou jamais se concluirá? Estaremos condenados a ser para sempre um povo multicolorido no plano racial e no cultural? Haverá alguma característica distintiva dos brasileiros como povo, feito que está por gente vinda de toda parte?"

Darcy Ribeiro

sumário

| apresentação

O design brasileiro desenvolveu-se durante a segunda metade do século passado, sob forte influência do racionalismo europeu. Isso levou à valorização da qualidade técnica e funcional dos produtos, aliada a uma estética minimalista, de formas geométricas simples e "limpas".

Essa orientação mostrou-se muito conveniente para a economia globalizada, facilitando a produção massificada e a distribuição de bens padronizados em todo o mundo.

As matérias-primas, extraídas quase sempre de países pobres, são processadas e convertidas em produtos finais em outros países, que podem situar-se no outro lado do globo. A partir disso, são distribuídos para o mercado mundial. Produtos desse tipo geralmente não possuem a marca cultural de nenhum povo. Eles acabam sendo aceitos por diferentes grupos de consumidores, devido aos preços competitivos, boa qualidade técnica e estética "asséptica", para não dizer "sem gosto", como os sanduíches das redes mundiais de *fast foods*. Contudo, o nosso gosto pode ser diferente. Nossa preferência pode continuar com o pão de queijo, acarajé ou tacacá, apesar de estar cada vez mais reprimida pela globalização.

Hoje, os consumidores tornaram-se mais informados e exigentes. Eles procuram não apenas aquilo de que precisam, mas também aquilo de que gostam e amam. Isto é, buscam produtos que lhes proporcionem também emoção e prazer, além da funcionalidade. Produtos que possuam características específicas e que possam refletir as suas próprias personalidades. Isso, naturalmente, não pode ser proporcionado pelo produto universal, que encerra um mínimo denominador comum, para não desagradar a nenhuma cultura. O reverso da medalha é que tal produto também não se identifica com nenhuma delas.

Assim, esses produtos falham em não atender aos requisitos individuais, num mundo em que as pessoas estão ávidas para manifestar as suas individualidades. Emoção e prazer, ou seja, aquilo que as pessoas gostam e "curtem", dependem de muitos fatores, inclusive aqueles de natureza cultural.

O livro de Dijon De Moraes, ao trazer a questão cultural para os domínios do design brasileiro, certamente contribuirá para enriquecê-lo. Produtos culturalmente adaptados facilitam a sua identificação com os usuários, por possuírem um "tempero" próprio, o "cheiro" de algo que nos pareça familiar e aconchegante, podendo, assim, aumentar o prazer e a auto-estima dos consumidores. Além disso, podem contribuir para o aproveitamento mais adequado e valorização da nossa rica variedade de matérias-primas, como as pedras preciosas coloridas, fibras vegetais e madeiras alternativas da Amazônia.

Esta interessante obra surge no momento oportuno, podendo indicar um novo rumo para o design brasileiro, refletindo toda a nossa imensa riqueza cultural, múltipla e colorida, como uma pintura do Di Cavalcanti. Ela merece ser lida pelos designers, professores, pesquisadores, empresários e todos aqueles que se preocupam com o desenvolvimento do design. Nenhuma pessoa conseguirá ficar indiferente após a sua leitura.

Itiro Iida
Brasília

o Brasil como modelo do mundo*

É difícil para nós, europeus, refletir sobre a história da cultura brasileira, pois temos sempre a tentação de interpretar o Brasil como um território *exemplar.* Isto porque os episódios de sua história têm, em particular, o seu significado também *em outros locais,* ou seja, em outras nações e para outras pessoas. E é como se o Brasil fosse uma espécie de laboratório que produzisse muitas histórias para outros países, sendo que cada um deles possui *a sua própria chave* de interpretação.

Assim sendo, se estende no Brasil uma tradição de *desapropriação* da sua história, muitas vezes construída por uma série de sentidos oriundos, sobretudo, da Europa. Esta, de fato, indaga a *trama brasileira,* principalmente no que diz respeito às questões a ela pertinentes, e nas quais o Brasil entra somente como fornecedor de preciosas metáforas.

A contribuição que ofereço, neste Prefácio, se insere, certamente, nessa tradição, na qual o Brasil, não obstante ser visto como um país real, é encarado sobretudo como uma *categoria cultural,* que fornece informações importantes no momento em que refletimos sobre os modelos de *cultura européia.* Se de fato é difícil falar da história e da cultura sul-americana como um fenômeno isolado da história e da cultura da Europa, da mesma forma é impossível falar de Europa sem considerar o caso brasileiro como sua parte integrante.

Esta relação assim tão estreita teve origem no domínio de Portugal e Espanha sobre as colônias sul-americanas, que durou longo tempo; mas ela se desenvolveu, substancialmente, em seguida, com a influência que a própria cultura sul-americana exerceu sobre a nossa cultura antiga e moderna.

* O original foi escrito em italiano e a tradução é do autor.

A violência, mas também as utopias e os ideais que a Europa exportou produziram não somente distorções locais, mas ainda uma imagem refletida (e rebatida) da Europa, que, retornando à origem, modificou, de qualquer modo, a idéia que nós, europeus, temos de nós mesmos.

Não foi por acaso que Dijon De Moraes, autor deste livro, desenvolveu a sua pesquisa de doutorado sobre a análise, o percurso e a história do design brasileiro, junto à Faculdade de Design da Universidade Politécnico de Milão, fazendo com que, por mais de três anos, entre 1999 e 2003, o *Colégio dos Docentes* do doutorado acompanhasse uma pesquisa sobre um país tão distante do design italiano, mas tão próximo do contexto atual da cultura européia do projeto.

O atual interesse pelo Brasil deriva de muitos fatores, entre eles, o de ser um país *artificial*, mas também um país dotado de uma fortíssima identidade *étnica* (que resulta dessa artificialidade). O Brasil é ainda um exemplo dos efeitos negativos da *globalização* e, ao mesmo tempo, dos excessos negativos do *localismo*, mas contemporaneamente é testemunha das possibilidades positivas e negativas de ambos estes fatores.

Um país pobre, que é uma das maiores potências econômicas do mundo. Um país com forte identidade, mas uma identidade evasiva, ambígua, misteriosa, fruto de uma grande nação híbrida e mulata, onde a maioria é constituída de um conjunto de minorias. País otimista, feliz, mas também triste e angustiado.

O caso Brasil pode ser interpretado de diferentes maneiras, porque é constituído de diversos níveis de leitura: podemos dizer, então, que no Brasil se encontra aquilo que nele conseguimos inserir, e nele se pode buscar aquilo que procuramos. Assim, em seguida, nós procuraremos colocar (mais uma vez) o Brasil dentro de questões que talvez digam respeito à sua própria realidade somente de forma parcial. São as questões referentes ao design e ao projeto no início do século XX. Buscamos então, no passado e na atualidade desse país, testemunhos úteis para uma reflexão mais vasta sobre o seu futuro e também o nosso.

Então podemos dizer: o Brasil como *modelo do mundo*, porque juntos espaço literário, mas também um fenômeno histórico extremamente complexo, caracterizado por uma forte presença multiétnica e multirracial, produzem um equilíbrio cultural em contínua transformação.

A hibridização entre várias ramificações européias, africanas e indígenas proporcionou um processo de *sincretismo* que conhecemos, em que não somente se misturaram religiões (catolicismo, protestantismo, magismo e animismo), mas idéias muito diferentes sobre a *modernidade* se confrontaram.

Na América Latina, de fato, as minorias brancas sempre conservaram uma forte dependência cultural da Europa e viram o Brasil somente como um local ideal para liberar a sua própria criatividade instintiva; como os italianos Lina Bo Bardi e Roberto Sambonet, que viram neste país um estímulo às suas próprias vocações extrovertidas.

Outros europeus viram o Brasil, ao contrário, como ocasião extraordinária para realizar uma nova e diferente idéia de *modernidade*, alternativa àquela européia; porém sempre uma modernidade pensada em locais diferentes aos do Brasil e, de fato, desvinculada da real potencialidade inovadora deste país.

Outros ainda elaboraram, na América do Sul, um conceito ideal de Europa, vista como uma *pátria distante*, a Atenas de uma modernidade pura e absoluta, produtora de ordem racional e de formas perfeitas. Propriamente esta visão purista do *moderno* foi por muito tempo proposta na América do Sul como modelo de sua redenção e de seu futuro, contribuindo para construir um modelo de desenvolvimento muitas vezes distorcido e até punitivo.

Assim, nos países latino-americanos, se elaborou um modelo irreal de modernidade. Um modelo que, no caso do argentino Tomás Maldonado, terminou paradoxalmente por influenciar a própria Europa, no momento em que, nos anos sessenta, através da direção da Escola de Ulm na Alemanha (1956-1968), ele transportou a sua visão à Europa, propondo-lhe a hipótese de uma *refundação da modernidade na Razão*. Uma refundação que foi proposta no momento de máximo desenvolvimento da complexidade e das contradições da sociedade e do mercado europeu. Tratava-se então de uma modernidade utópica, mas genial, que a Europa destruída da guerra e da falência de suas raízes humanistas, sufocada entre os dois blocos da *Guerra Fria*, adotou, na esperança de exercer sua autonomia e um novo papel, portador de uma profecia de ordem e de equilíbrio universal.

Este modelo ideal, fundado sobre uma *aliança entre ciência e projeto,* foi o fruto da contaminação entre a distante América do Sul, a Escola de Frankfurt e a esperança política européia. Uma utopia que se consolidou também no Brasil, como modelo único, de referência para a didática do seu design. Isso a partir da fundação, em 1963, da ESDI – Escola Superior de Desenho Industrial, no Rio de Janeiro, defensora da ortodoxia *ulminiana* e do seu modelo didático, quase uma espécie de *protetorado cultural,* desvinculado da realidade brasileira, mas por isso mesmo de difícil remoção.

Neste sentido, então, alguns modelos teóricos elaborados na Europa influenciaram a cultura do projeto brasileiro, mas, da mesma forma, algumas hipóteses sobre a Europa elaboradas na América do Sul terminaram por influenciar a idéia que o velho continente fez dele mesmo.

No caso Brasil, teve também uma componente mais específica, derivada da imagem da *natureza tropical* como cenário e pano de fundo de muitos projetos modernos. Refiro-me de modo particular à influência que alguns projetos de Oscar Niemeyer tiveram sobre o seu mestre Le Corbusier, fascinado pela idéia do seu amigo brasileiro da cidade do futuro integrada em um verde equatorial.

Trata-se de uma natureza *ideal,* diferente, mas símile àquela antiga *selva* ainda não tocada pelo progresso, onde os filósofos iluministas colocavam o *bom selvagem.* Le Corbusier imaginou as suas *Unité d'Abitation,* e ainda hoje muitos ambientalistas europeus fazem referência a este mundo de palmas, frutos e praias, quando descrevem os territórios a serem recuperados da poluição da civilização industrial.

Por muito tempo na Europa, a natureza *selvagem* que servia de fundo aos projetistas modernos foi uma natureza brasileira, como um jardim ideal desenhado por Burle Marx. Uma natureza selvagem, descontaminada, florida e perfumada, que havia circundado, como uma *grande ciranda,* a cidade reformada e ordenada pelo processo de industrialização moderno. Uma natureza otimista, vital, muito distante dos *Tristes Trópicos* descritos pelo pai da antropologia, Claude Levy-Strauss, onde se desenrola a vida insensata e desesperada dos índios, imersos nos grandes e avariados verdes da Amazônia.

Assim, durante os anos cinqüenta e sessenta, acontecia esta curiosa troca: o Brasil usava uma idéia (impossível) de *modernidade ortodoxa* de origem européia, e a Europa usava uma idéia (literária) sobre *natureza heterodoxa* de origem brasileira. Então, durante o século XX, estes dois continentes fizeram sempre referências a modelos recíprocos e aproximativos, usando a geografia cultural ao entrelaçar as suas culturas de projeto de maneira imprevisível.

Durante os anos sessenta e setenta, num contexto de grande interesse político e cultural pelas questões dos países em desenvolvimento, e na trilha do que poderíamos chamar de a esperança alimentar da Liga dos Países não Alinhados, nasciam, em todo o mundo, iniciativas políticas e culturais que procuravam contrastar os efeitos devastadores daquilo que se chamou *a teoria da dependência*.

Com esse termo, se indicava a existência de um processo de depauperamento econômico e cultural dos países em desenvolvimento, produzido pela instituição de empresas multinacionais, sobretudo nos países do continente latino-americano. As multinacionais, de fato, transportando as suas tecnologias e desfrutando da mão-de-obra barata local, ativavam um crescente processo de dependência, que destruía as possibilidades de auto-suficiência e de autonomia política no âmbito local.

O designer alemão Gui Bonsiepe, colega de Tomás Maldonado em Ulm, intuiu que o design poderia ser um valioso instrumento de defesa da autonomia, porque poderia ser a base de uma regeneração original dos modelos de desenvolvimento local e, principalmente, se propor como estratégia e diferencial para a valorização da tecnologia. Gui Bonsiepe se transferiu, por um período de doze anos, para o Brasil (hoje vive entre Florianópolis e Rio de Janeiro, onde ensina e trabalha), atuando em um vasto plano governativo de difusão do design.

Nesses mesmos anos, no contexto de participação direta do design no terreno das grandes disputas políticas, Victor Papanek elaborou a sua fascinante teoria sobre a *tecnologia alternativa*, como proposta para os países do *Terceiro Mundo*, entre eles o Brasil. Esta teoria propunha a elaboração de um modelo de desenvolvimento autônomo, baseado nos descartes da tecnologia ocidental e dos modelos socialistas. Isso consistia no uso das tecnologias locais, pobres, recicláveis, para realizar uma espécie de amostragem dos instrumentos e dos recursos energéticos, capazes de garantir a autonomia econômica e cultural dos países pobres.

Sustentada também pelo economista Ignacy Sachs, a teoria da *tecnologia alternativa* se propunha abrir de fato, de baixo para cima, uma área política de todo autônoma, independente das grandes potências e fora das leis mundiais do mercado. Uma herança das nobres tradições iluministas, elaboradas durante o século XVIII pelos jesuítas europeus, que experimentaram no Brasil a organização de comunidades cristãs de *índios* e de escravos liberados, baseada no autogoverno e na comunhão dos bens (posteriormente retomada pela Igreja e pelo governo português). Da mesma maneira, as teorias de Bonsiepe, Papanek e Sachs referiam-se a uma idéia de Brasil como Novo Mundo, como terra de possível alternativa à corrupção da história ocidental, como um país que deveria se desenvolver fora da aliança com as Grandes Potências, dos grandes impérios econômicos, ao lado dos Países Pobres, irmãos de liberdade.

Mas, do mesmo modo que os jesuítas do século XVIII propunham esta nova *civilização dos pobres* a partir da fé cristã, eliminando então todo o substrato das demais religiões locais, igualmente, as teorias de Papanek sobre o futuro do Brasil propunham a cultura construtiva dos objetos como oficina central para a realização da identidade brasileira, nos moldes de uma sociedade livre e independente, rejeitando, no entanto, as suas manifestações pagãs como algo diversivo.

Tanto Bonsiepe quanto Papanek não consideraram que o *design*, como arte de construir objetos, uma parte importante da cultura européia, era, em certo sentido, estranho à sociedade brasileira. Presente, de fato, em muitas minorias de origem européia, mas ausente na sociedade brasileira de forma abrangente.

O seu nobre projeto resultou, então, duplamente abstrato: seja porque proposto em um país que já não era mais atrasado, mas sim uma potência industrial em formação, seja porque visava valorizar uma tradição que nunca existiu no Brasil.

Existe como testemunho o fato de que, desses programas de "promoção forçada" do design brasileiro, dentro dos esforços governativos e como peça de uma visão persuasiva das *diversidades brasileiras*, não se geraram frutos: desses generosos esforços, na verdade, não se sobressaiu um só designer de reconhecimento internacional.

Essa *politização* do design se mostrou em tudo contraproducente: como atividade de projeto, o design deve movimentar qualidade individual e capacidade criativa, que não podem ser transmitidas através de metodologias didáticas rígidas, e nem forçadas através de programas políticos generalistas. Essa lição, tirada do caso do design brasileiro, é muito importante para todos, porque a *civilização do construir*, sobretudo objetos cotidianos, não pode ser improvisada ou exportada.

O design, assim como vem sendo entendido na Europa, é uma parte menor, mas muito importante, daquele ciclo *edificante* que começa com as cidades históricas, continua com as grandes obras primas arquitetônicas e culmina com o sistema dos objetos industriais ou artesanais, que fazem parte da nossa vida cotidiana. Quando se pretende transferir esses valores a um outro país como o Brasil, onde a história se desenvolveu de maneira diferente, e os tempos não retornam mais, se produzirão muitos equívocos estratégicos. Em outras palavras, o design na Europa é um valor *histórico*, mas em outros países o design pode ter um valor *anti-histórico* e podem ser necessárias novas modalidades para que ele se desenvolva.

Podemos então perguntar por que o Brasil não se manifestou como uma verdadeira e própria *civilização construtiva* autóctone, melhor ainda, como um conjunto não homogêneo de tradições que têm origens extra-brasileiras. As respostas são tantas, mas certamente um motivo importante deriva do fato de que, por muitos anos (séculos), o Brasil foi terra de grandes rapinas, de violências e de furtos por parte da minoria hegemônica, que em tudo pensava, menos em *estabilizar* a sua própria presença no país, espalhando pelo território uma *civilização construtiva*, compartilhada pela sociedade.

Os antigos monumentos dos *índios* se tornaram arqueologia antes mesmo da morte desta civilização que ali se expressou, e aquilo que remanesceu daquela sociedade se dispersou nas vilas de cabanas improvisadas nas planícies das florestas. Por sua vez, os negros, raptados como escravos na África, não puderam mais construir os seus modelos de vilas e, portanto, suas arquiteturas originais. Assim os únicos *monumentos históricos* da arquitetura brasileira são as construções barrocas do poder português, as igrejas, os prédios de uma burguesia nascida fora e desejosa de retornar apenas tivesse se enriquecido.

A questão então não é aquela da existência e da qualidade da arquitetura brasileira, mas da existência de uma espécie de fatal *erradicação* da arquitetura brasileira de seu território. Os monumentos de arquitetura, de fato, parecem conter mais presença literária e narrativa da história de outros povos que testemunho da história *construtiva* do Brasil.

O próprio capitalismo brasileiro realizou uma rica economia excludente que nunca beneficiou a esfera popular da sociedade brasileira; o *modelo Matarazzo* indica, de certa forma, uma economia que inconscientemente planeja o rápido enriquecimento dos seus agentes, que, então, retornariam à pátria, isto é, à Europa. Mesmo que isto não tenha mais acontecido durante muitas gerações, manteve-se, por muito tempo, em uma parte das classes hegemônicas brasileiras, uma atitude orientada por tais intenções, no sentido da própria provisoriedade, na transitoriedade de presença no Brasil, e também na propriedade privada das suas riquezas.

Tudo isto não favoreceu certamente a difusão no tempo de uma *civilização construtiva autônoma*, mas, ao contrário, a difusão da idéia inversa, a de que as riquezas do Brasil servem para *construir* fora do país. A sua modernidade foi um conjunto de valores elaborados em pátrias distantes, pátrias estas que são tomadas como referências.

Vem sendo, portanto, muito longo o percurso do Brasil para alcançar a sua independência, não somente política, mas, sobretudo, cultural, como realidade étnica de todo original, e também como país pré-moderno que alcançou a condição pós-moderna, sem passar por todas as fases da modernidade.

A história do design no Brasil, então, não é a história de uma cultura espontânea, ela é, ao contrário, a história de uma cultura *importada*, na qual, no entanto, se foi inserindo, ao longo dos anos, a sua cultura *autóctone*. Como bem podemos comprovar neste livro de Dijon De Moraes, trata-se de um percurso muito complexo; um *grande esforço*, sobretudo por parte da presença européia, para fazer crescer em um país que não tinha nem vocação, nem tradição, nem ocasião, a cultura do projeto moderno aplicado aos objetos de produção em série.

Quase como se a existência do design no Brasil se tornasse um *test* para o resgate daquele país, finalmente pronto para ser transportado, através do design, para o convívio com as nações mais evoluídas. O projeto de design tomado como parte evidente da autonomia política do país.

Esta convicção, legítima e nobre, é, porém, fruto de uma grande simplificação cultural e da persistência de um equívoco (hoje podemos chamá-la assim), característico do modo de pensar europeu em relação às atividades construtivas de uma sociedade e ao grande significado simbólico que se atribui a elas.

Segundo este modo de pensar, não pode existir um povo *sem* arquitetura; porque o próprio ato de construir, de cortar e de dispor as pedras, realizar tetos e reparos, corresponde à manifestação suprema e espontânea do direito de existir em forma de consórcio humano. Este tipo de pensamento é característico da nossa *Europa das Catedrais*, que atribui aos processos edificadores o signo da vontade coletiva de uma sociedade inteira e neles reconhece os seus traços permanentes dentro da história.

Em outras palavras, a Europa vê o ponto central da *cultura material* de uma sociedade pelo valor da sua permanência no tempo, pela estabilidade simbólica dos seus fundamentos; mas a mesma Europa tem dificuldades de reconhecer os valores da *cultura imaterial*, da improvisação, da ausência de tradição e da criatividade não estrutural.

Assim, desta teoria européia, restam excluídos todos os *diferentes*, isto é, aquelas civilizações que não construíram nem casas, nem cidades, mas somente objetos: como as sofisticadas sociedades nômades da África e da Ásia. Restam excluídas também as grandes *civilizações têxteis* como a Índia, que não é reconhecida pela arquitetura, mas pela sua trama têxtil, um verdadeiro sistema cósmico de transmissão da existência individual. Restam excluídas de igual forma as grandes civilizações *das festas*, como o Brasil, que não atribui à arquitetura, mas à música, à dança, a *fiction* e à narrativa, os veículos de sua identidade. Uma identidade não estável, mas fluida, contaminada, provisória e fugente.

A arquitetura brasileira como fenômeno autônomo teve origem no barroco português mestiço de Antônio Francisco Lisboa, o Aleijadinho (1738-1814). Inicia-se, desde então, a tradição de uma cultura brasileira que se propõe como autóctone, mas que na realidade opera pela adição e "deformação" de outras culturas, importadas. Isto vale para o Aleijadinho, mas também para arquitetos modernos como Oscar Niemeyer (1907).

Esta é, talvez, a verdadeira tradição brasileira e também a sua originalidade: trabalhar sobre o já existente, sobre o predefinido, sobre o já construído, modificando-lhe os signos, a estética, a expressividade, até modificar o seu sentido e a sua interpretação. Ou seja, a cultura brasileira é uma grande cultura *simbiótica*, quase parasitária, que constrói *layers* leves e transparentes, para assentar sobre o mundo existente até fazê-lo mudar de fisionomia. Intervindo sempre sobre o exposto, sem tocar as suas essências. Sem produzir um novo estilo, mas anexando sabores e sentidos àqueles já existentes. Nesta definição, não existe nada de negativo: ao contrário, existe o esforço de individualizar os motivos da originalidade e da atualidade do design brasileiro.

Se nós, de fato, olharmos a história desta disciplina no Brasil, a começar dos anos quarenta até o final do século XX, poderemos distinguir duas grandes tendências: a primeira é constituída daqueles que trabalhavam como se estivessem na Europa, e a segunda é constituída daqueles que entenderam que ser brasileiros quer dizer alguma coisa de muito especial, mas não conseguiram dizer em que consistem os elementos desta diversidade. Parece-me que ambas as possibilidades são muito significativas e apresentam traços fundamentais deste país, porque ambas fazem referência a qualquer coisa que não existe, que está em outro local ou que é mesmo inexprimível.

Em outras palavras, me parece que, contrariando uma opinião muito difundida, a identidade do Brasil não é uma identidade *forte*, mas ao contrário é uma identidade *frágil*, e portanto mutável, cambiante, misteriosa e, justamente por isso, ela sobrevive aos choques decorrentes das profundas transformações econômicas e sociais produzidas pela sua história, inclusive pelas suas experiências mais recentes.

Creio que a atualidade da *modernidade brasileira* esteja por ser pesquisada propriamente na sua *não participação* junto aos fundamentos *fortes* e *concentrados* que caracterizaram a *modernidade ocidental*. A modernidade européia, durante todo o século XX, se concentrou sobre a pesquisa de soluções definitivas, sobre projetos sólidos e permanentes, seguindo uma filosofia moralista que nos forçava a rejeitar tudo o que parecesse provisório, efêmero, hedonista ou superficial.

Tudo isso produziu modelos urbanos muitos rígidos, que hoje não correspondem mais a nenhuma das novas necessidades emersas da sociedade do trabalho difuso, da fluidificação das funções e das novas economias relacionais. Por este motivo, o fenômeno do *desmonte* caracteriza hoje toda a arquitetura ocidental, como resultado de programas e projetos que não previram as modificações locais e globais.

O próprio modelo de design que as minorias européias procuraram introduzir no Brasil se baseava em pesquisa de produtos definitivos, projetados racionalmente para uma sociedade ordenada e monológica. Com o passar dos tempos, o mercado se encarregou de demonstrar não somente a impossibilidade deste teorema, mas também a sua periculosidade como portador de uma rigidez produtiva, em um contexto mundial, que hoje, ao contrário, pede *contínuas inovações*.

Enfim, hoje, o maior problema para o design brasileiro é libertar-se de uma vez por todas do complexo de inferioridade que os velhos racionalistas europeus lhe transmitiram, através de um modelo errôneo de desenvolvimento dentro da modernidade e da ordem. Os designers brasileiros devem adquirir consciência de si mesmos como portadores de uma realidade criativa de todo autônoma e original, por meio da qual os velhos defeitos possam se tornar extraordinárias oportunidades. Eles devem considerar que *o mundo se assemelha cada vez mais ao Brasil, e não vice-versa*.

A história do mundo nestes últimos decênios seguiu uma direção nova, e o exemplo do Brasil (mais uma vez) se tornou uma história exemplar, útil, sobretudo para aqueles que não são brasileiros.

A *economia do espetáculo*, da qual de fato o Brasil é a capital, feita de música, *fiction*, futebol, dança, *entertainment*, se tornou, no século XXI, a quinta economia do mundo. Tão importante quanto a velha economia industrial.

O nosso modelo de economia industrial é, dentre outros, baseado no papel central da fábrica, vista como motor produtivo, mas, sobretudo, como único disseminador direto da riqueza social, através do salário. Realmente, quanto melhor andavam os negócios na indústria, melhor andava a economia social.

Assim, hoje, no ocidente, assistimos desorientados um processo inverso, iniciado vinte anos atrás com o advento da robotização das fábricas: quanto melhor vão os negócios, mais as indústrias investem em globalização e em novas tecnologias robóticas e informáticas, e em conseqüência demitem seus funcionários. Assim a conjuntura econômica favorável à indústria produz hoje uma redução da riqueza social e o aumento do desemprego.

Tudo isto levou as grandes sociedades ocidentais a realizar uma espécie de *modelo econômico brasileiro* baseado em duas economias paralelas: uma economia de fábrica, sempre mais blindada e com um número de adeptos cada vez mais reduzido, e, outra, uma vasta e incerta economia social, constituída por um número cada vez maior de pessoas cujo trabalho *deve ser por elas mesmas inventado todos os dias.*

Nasceu assim, em todo o mundo ocidental, esta nova economia social, financeiramente instável, mais virtual que real; uma economia que é fruto de um *empreendedorismo de massa*, na qual estão presentes as microempresas familiares, as atividades criativas, os serviços hedonísticos, o esporte, a música, o espetáculo, mas também as pesquisas científicas autônomas, as microinovações científicas e as micropesquisas tecnológicas.

Quando falamos da existência de um *modelo brasileiro* de mundo contemporâneo, nos referimos a uma condição econômica e operativa, mas também a uma condição filosófica: isto é, uma sociedade sincrética, mestiça, contaminada, sempre em busca de uma identidade fugidia; uma sociedade em contínuo estado de *transição* em direção a uma estabilização que nunca é atingida. E, por isso mesmo, uma sociedade extremamente vital, experimental, que busca a si mesma porque é livre das suas próprias tradições. Uma sociedade sem uma história pronta, mas que pode ainda ser construída.

Assim as *metrópoles brasileiras,* entre violência e liberdade, representam esta grande realidade fluida e provisória, uma estrutura elástica que segue adiante, com as grandes favelas do Rio e de São Paulo, como livre acumulação de encorajamento vital, como um território genético privado de uma forma unitária, que se adapta sem rigidez às microeconomias cotidianas e descarrega uma energia criminal e inovadora impossível de se conter. Isso representa um verdadeiro modelo de *urbanização frágil,* alternativo aos nossos modelos urbanos europeus *fortes e rígidos, definidos e especializados.*

As *favelas,* constituídas de tecnologias de autogestão, com estruturas leves e integradas à natureza, propícias ao uso espontâneo, impróprias e provisórias, são realidades urbanas sempre *reversíveis e atravessáveis,* como se fossem uma metáfora de esperança frente à condição de miséria e de violência que as compõe.

No início do século XXI, os designers brasileiros começaram também, pela primeira vez, a ter uma presença visível no mercado internacional. Esta presença não é resultado dos velhos teoremas europeus, dos quais já falamos, mas exatamente do seu contrário. Vários mestres, durante os anos sessenta e setenta no Brasil, se empenharam num esforço generoso de realização de um *sistema de design brasileiro:* isto é, um teorema operativo segundo o qual o projetista se integrava a uma estrutura industrial local, interpretava as estratégias sociais e se tornava parte de uma vasta política de autonomia do país através de um processo de modernização sempre dentro da ordem.

Podemos então dizer que este esforço não deu frutos: o *sistema* não nasceu, e talvez tenha produzido mesmo uma espécie de modelo involutivo, preestabelecido e inatingível, para ser proposto a uma nova geração de designers, que dentro de um contexto errôneo não se formou. O seu principal defeito consistiu propriamente em colocar como centro da questão a construção de um *sistema design,* e não a formação de designers livres.

Apostaram tudo no conteúdo do *projeto* e não no desenvolvimento de *projetistas* dotados de uma personalidade criativa e de autonomia crítica.

Seguindo o pensamento da época, os precursores pensavam que as categorias *gerais* deveriam preceder e guiar os casos *individuais*, que as leis estratégicas do conjunto deveriam ter precedência absoluta sobre a criatividade individual.

Pensavam que todos os problemas fossem de natureza estrutural, esqueceram por completo dos aspectos sobrenaturais, que no mundo do design quer dizer a presença indispensável de atitudes individuais, de motivação particular e da capacidade subjetiva de propor inovações, técnicas, mas também estéticas. Todas as qualidades pessoais que podem emergir somente dentro de um contexto formativo que promove uma livre opção cultural, mas, da mesma forma, política.

Nos últimos dez anos do século XX, se viu concluir finalmente o ciclo do pensamento da construção no Brasil, através de um fenômeno cultural unitário, constituído de um sistema produtivo nacional, de uma estratégia política generalista, e do papel compreensivo dos designers brasileiros, que operavam para realizar uma identidade latino-americana. De qualquer modo, começou a emergir a nova geração de mestres daquilo que chamaremos de *Novo Design Brasileiro*, constituído por Fernando e Humberto Campana, Edith Diesendruck, Fabio Falanghe e Giorgio Giorgi Jr., Jacqueline Terpins, Guto Índio da Costa, Flávia Alves de Souza, Fabíola Bergamo, Pedro Useche, Fernando Jaeger, Ângela Carvalho, Guinter Palcharck, pelo próprio Dijon De Moraes e muitos outros.

Neste momento é possível reconhecer também os pais fundadores de uma tendência realmente independente do design brasileiro, já presente nos decênios precedentes, considerados "menores" porque não estavam relacionados com as grandes questões do modelo de industrialização do Brasil, mas empenhados no fronte do *interior design* e da produção nas pequenas e médias indústrias: me refiro sobretudo a Lina Bo Bardi, Joaquim Tenreiro, José Zanine Caldas, Geraldo de Barros, Sérgio Rodriguez, Michel Arnoult e Norman Westwater; e depois a Bornancini e Pertzold, Osvaldo Mellone, Adriana Adam, Marcelo de Resende, Carlos Motta, Luciano Devià, Fulvio Nani Jr., Maurício Azeredo, Joaquim Redig e muitos outros ainda.

Aquele teorema unitário impraticável, que compactava em um *unicum* estratégico forças e lógicas não homogêneas, foi finalmente substituído por um modelo mais *liberal*, com o qual os novos projetistas operam em um contexto produtivo internacional (e em primeiro plano na Itália), superam a referência única da indústria local brasileira, desfrutam da *globalização* para veicular os seus signos inovadores, sem precisar verificá-los sobre o contexto latino-americano, seguem uma estratégia criativa individual e não mais políticas generalistas.

Estes novos protagonistas são portadores de uma cultura que se *anexa* às muitas outras culturas existentes no Brasil: anexa-se à sua música, à sua dança, às festas, ao esporte e à literatura. Há hoje um design que finalmente não vai contra isso tudo, não procura afirmar a sua própria hegemonia, mas vive positivamente em um contexto de multiplicidade criativa, dentro de um *sistema mais desarticulado*, constituído de uma constelação pulvérea de operadores individuais, que se confrontam dentro de um ambiente atravessado de muitas energias.

Talvez sejam propriamente essas as condições melhores para exprimir não somente a identidade brasileira (que neste caso torna-se uma questão menor), mas o mais importante, que é a *condição brasileira* de representar, hoje, grande parte do mundo contemporâneo.

Andrea Branzi
Milão

I introdução

Estes escritos são um desdobramento de minha tese de doutorado em design, desenvolvida junto à Universidade Politécnico de Milão, cujo tema original foi "A relação local-global: novos desafios e oportunidades projetuais – o Brasil como estudo de caso local". Um desafio levado adiante sob a orientação de Andrea Branzi e Ezio Manzini.

O escopo de minha pesquisa de doutoramento foi traçar um quadro crítico e analítico da produção industrial e da cultura material do design brasileiro, à luz da nova realidade que se estabelece no mundo através da globalização.

O fio condutor deste trabalho foi o estudo de caso, um esquema histórico, teórico e crítico que serviu para indagar o design brasileiro como fenômeno local. Utilizou-se também uma metodologia que pode ser entendida como design comparado, isto é, uma metodologia que aponta para as coligações das similaridades entre o modelo brasileiro, de um lado, e o global, de outro, e coloca em evidência os elementos positivos e negativos de cada um dos modelos em permanente correlação.

Analisar o fenômeno do design no Brasil é uma tarefa muito complexa, assim como é complexo o próprio percurso do design brasileiro. É bem verdade que, quando do início da pesquisa, havia mais dúvidas que respostas sobre a instigante trilogia Design, Brasil e Globalização. Quanto mais adentravam-se os estudos sobre o fenômeno da globalização e suas possíveis correlações com a realidade brasileira, através da produção industrial e do seu design, mais as afinidades e os pontos em comum despontavam de forma surpreendentemente natural, trazendo à tona a sua dinâmica e complexidade.

Para levar à frente a proposta de coligar a realidade brasileira e o seu design com o fenômeno de globalização *in fieri*, foi necessária a realização de um mapeamento do percurso do design no Brasil, no espaço entre os anos 1960, período da instituição oficial do ensino de design no país, e 2005, ano em que se pode considerar plenamente instaurada a globalização.

Foi propriamente o resultado desse mapeamento, que compreende quarenta e cinco anos da atividade do design no Brasil, que serviu como matéria-prima e estímulo para o desenvolvimento do texto ora apresentado em formato de livro. É claro que parte do percurso do design brasileiro se encontra ausente neste estudo, mas um grande esforço foi expendido no intuito de que, pelo menos os pontos determinantes para a compreensão do seu complexo teorema, dentro do período de estudo estipulado, estivesse aqui inserido.

Não por acaso, as duas realidades em análise (design no Brasil e globalização) apresentam características, ao mesmo tempo, positivas e negativas, frágeis e controversas, fluidas e dinâmicas nas mesmas proporções, opostas e conflitantes. Isso fez com que a experiência Brasil, como modelo micro, se apresentasse qual um verdadeiro laboratório em forma de uma miniglobalização vivida antecipadamente, *ante litteram*, o que, por sua vez, trouxe para o país e para o design local uma quantidade considerável de aspectos e elementos múltiplos.

O design brasileiro, por ter vivido os desafios da globalização de forma antecipada, colocou em evidência para o modelo global os seus contrastes, suas fragilidades e suas incertezas, e expôs os seus problemas, vivenciados antecipadamente, como a dificuldade de decodificação, o desafio da unicidade formal e o dilema sobre a identidade do design nacional. Esses aspectos acabaram por trazer ao nosso design valores simbólicos não estáticos, mas fluidos e renováveis.

Neste estudo, evidenciou-se também o constante encontro entre as peculiaridades locais e os diversos modelos da disciplina do design provenientes do exterior. Esse fato deu forma à conflitante realidade da prática de mimese (nem sempre positiva) de modelos predeterminados e preestabelecidos no design brasileiro. Estas referências, como veremos no decorrer do texto, serviram o design brasileiro de contínuas confluências ideológicas, cujos modelos principais vieram do continente europeu.

Da mesma forma, vem à tona a realidade de uma acentuada industrialização ocorrida no Brasil com a transferência das empresas do Norte para o Sul do planeta. Isso se dá, em primeiro momento, através das conhecidas empresas multinacionais – EMNs, e posteriormente com as transnacionais – ETNs, que se estabeleceram de maneira marcante no território brasileiro, colaborando por vezes para que o país se tornasse um membro partícipe dos assim denominados *Newly Industrialized Countries – NICs.*

De fato, considera-se que este modelo de industrialização ocorrido no Brasil, em um período de tempo reconhecidamente curto e de modo tão peculiar, seja entendido como sendo o de uma industrialização forçada, não espontânea, que nem sempre se apresentava de acordo com a razão e a causa do design local.

São consideradas, ainda, as principais teorias do design provenientes do exterior que foram aplicadas no âmbito brasileiro. Este fato legitima mais uma vez o país como laboratório e espaço aberto para experimentos em busca de resoluções dos seus problemas locais.

Partindo da premissa de uma radical mudança no panorama mundial ocorrida a partir dos anos oitenta e, de maneira mais acentuada, após os anos noventa, analisamos a rápida e radical transformação produtiva, tecnológica e social, que em conseqüência deu origem a outros paradigmas produtivos e mercadológicos, bem como a novas perspectivas para a disciplina do design.

Esta, hoje, não mais se manifesta através de uma rigidez metodológica, nem de um estilo único predefinido, mas, ao contrário, como um constante vetor dentro da nossa eterna mutação sociocultural.

Destacamos, portanto, os efeitos, para o design brasileiro, da passagem do modelo moderno predominante ao modelo de segunda modernidade que se estabelece. Esta nova realidade reabre o debate sobre a real condição do moderno como representante de uma nova ordem mundial, cujo tecido não demonstra mais ser composto por uma estrutura uniforme e equilibrada, como se via no modelo adotado anteriormente pelo design no Brasil.

Esta nova condição distancia, por conseqüência, o design local de um modelo narrativo linear e tende para a diversidade, para o múltiplo e plural, antecipando a multiculturalidade étnica e estética de um possível mundo global. É justamente neste ponto que inicia a principal hipótese de coligação entre o cenário em formação e o teorema design brasileiro em estudo.

Esta realidade que se delineia, como parte do percurso de uma nova realidade mundial, traz novas esperanças para o design local, pois este fenômeno coloca em evidência os valores múltiplos, sincréticos, híbridos e plurais que sempre estiveram presentes na base formativa da experiência mestiça brasileira.

O design no Brasil se firma, após mais de quarenta anos do seu estabelecimento oficial, como conseqüência e espelho da sua própria heterogeneidade local. Desta vez, vista como positiva, porque capta com mais precisão o pluralismo étnico e estético do Brasil. Essas características curiosamente apontam para a convivência de valores e sentidos múltiplos, fluidos e dinâmicos.

A experiência brasileira é, aqui, interpretada como um laboratório multicultural, que antecipa, em várias situações, os efeitos da globalização. Esse fato, a meu ver, apresenta o Brasil com grandes possibilidades de respostas junto às novas questões e aos novos desafios do mundo globalizado no âmbito do design.

Concluindo, devo dizer que foi de extrema importância o desenvolvimento desta pesquisa fora do Brasil, com a condição de poder retornar ao país para realizar as profícuas pesquisas de campo. Assim sendo, pude ver com distância aquilo que via sempre com familiaridade e, de certo modo, tendenciosamente.

Da mesma maneira, foi determinante a troca de informações com diferentes protagonistas do design no Brasil e no exterior. Os primeiros, atores locais, traziam o conhecimento da realidade brasileira, já os derradeiros tinham a vantagem de não apresentar respostas prontas e preestabelecidas sobre as nossas questões locais. Todos eles trouxeram significativas colaboraçoes para o desenvolvimento desta pesquisa.

Por fim, penso que seja importante fazer uma pequena referência ao título do livro, cujo tema, não por acaso, surgiu quando da conclusão do doutorado. Naquele momento, percebi ter feito, ao longo do curso, uma verdadeira análise, que me possibilitou examinar, sob uma nova perspectiva, vários dos dilemas que eu trazia comigo sobre o design brasileiro.

Na verdade, passei a aceitar melhor a complexa realidade e as micro-contradições existentes dentro do design brasileiro. E, por outro lado, me permito prospectar o seu futuro dentro dessa segunda modernidade mestiça que se estabelece.

Por isso divido com os leitores esta análise sobre o design no Brasil, na expectativa de que estes escritos possam elucidar, ao menos em parte, os seus questionamentos individuais sobre o ainda pouco analisado e decomposto teorema design brasileiro.

Boa Leitura
Dijon De Moraes
Milão – Belo Horizonte

| capítulo I

design e mimese no Brasil
1950-1960

- a instituição do design no Brasil e a influência européia
- a mimese como modelo no Brasil
- o racionalismo no design brasileiro
- do artesanato à indústria

a instituição do design no Brasil e a influência européia

O design se desenvolve na América do Sul no final dos anos cinqüenta e início dos anos sessenta. Porém é oportuno dizer que as primeiras iniciativas oficiais relativas ao design de que se tem conhecimento em todo o continente sul-americano foram promovidas na Argentina, como, por exemplo, a *Exposición italiana de arte decorativo*, realizada em Buenos Aires, em 1938, o periódico *Boletin*, conduzido pelo *Centro de Estudiantes de Arquitectura de Buenos Aires*, em 1949 (o qual contava com a colaboração de Tomás Maldonado), e a revista *Nueva Visión*, que vigorou de 1951 a 1957.

Produto | Cartaz do Museu de Arte São Paulo – MASP
Design | Roberto Sambonet
Produção | MASP
Ano | 1951
Foto | Arquivo MASP
Fig. 01

Maldonado escreveu no *Boletin* o primeiro artigo e o primeiro documento da América Latina no qual a produção industrial foi considerada como uma questão relativa ao design. Neste artigo, Maldonado declara: *"a forma de uma colher também é um problema de cultura [...] O design funcional baseia-se no princípio de que todas as formas criadas pelo homem compartilham a mesma dignidade [...] Do universo socialmente ativo da produção de massa aos objetos, todos constituem da mesma maneira a mais imediata realidade do homem moderno".*[1]

No Brasil, particularmente, o desenvolvimento da cultura material através do design começa propriamente a se estruturar após a instituição da Escola Superior de Desenho Industrial – ESDI, na cidade do Rio de Janeiro, no ano de 1963. A ESDI é responsável pelo primeiro curso de graduação em nível superior em toda a América Latina.[2] Como esta iniciativa da ESDI, no

[1] BONSIEPE, Gui. Paesi in via di Sviluppo: La Coscienza del Design e la Condizione Periferica. In: CASTELNUOVO, Enrico (Org.). 1919-1990 Il dominio del design. In: ______. *Storia del disegno Industriale*. Milano: Ed. Electa, 1991, v. 3, p.264-268.
Todas as traduções de originais em outra língua são do autor.

[2] ESCOLA SUPERIOR DE DESENHO INDUSTRIAL. *ESDI – Conseqüências de uma idéia*. Catálogo comemorativo dos 30 anos da Escola Superior de Desenho Industrial ESDI. Rio de Janeiro, 1993, p.07.

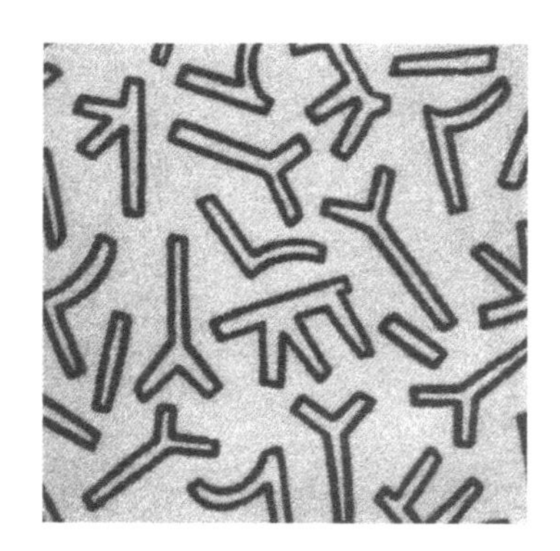

Produto I Tecido Índios
Design I Roberto Sambonet
Produção I Mappin
Ano I 1951
Foto I Aldo Ballo
Fig. 02

Tecido desenvolvido a partir de grafismos dos índios da Amazônia, para o primeiro desfile da moda brasileira.

âmbito do ensino oficial de design, outros cursos de graduação foram despontando em diversas localidades brasileiras, como aconteceu em Belo Horizonte, com a Universidade Mineira de Arte – UMA, que em 1957 instituiu um curso técnico de desenho industrial, que se tornou curso superior reconhecido pelo Ministério da Educação e Cultura – MEC, em 1968. Nesse ano, a UMA já havia sido renomeada, desde 1963 passara a se chamar Escola Superior de Artes Plásticas – ESAP da Fundação Mineira de Arte – FUMA (que se tornou Escola de Design da Universidade do Estado de Minas Gerais – ED-UEMG, em 1997). Em São Paulo surgiu a Fundação Armando Alvares Penteado – FAAP, que em 1967 instituiu seu curso de desenho Industrial. Na atualidade, entre universidades estatais, faculdades privadas e institutos técnicos, se somam mais de oitenta e cinco escolas de design em todo o Brasil.[3]

Devemos ressaltar que, antes mesmo da instituição oficial do design nos anos sessenta no Rio de Janeiro, outras iniciativas similares tinham sido tomadas, como nos comprovam alguns fragmentos de estudos abaixo, realizados por Wollner e também por Niemeyer, sobre a origem do ensino de design em nível acadêmico no Brasil.

"Do mesmo modo, o MASP, do prof. Bardi, paralelamente às atividades comuns de um museu de arte, implementa em 1951 o Instituto de Arte Contemporânea (IAC): o primeiro curso de desenho industrial da América Latina, formado nos moldes da Escola de Chicago (Moholy-Nagy, Herbert Bayer, Josef Albers e Walter Peterhans, imigrantes da Bauhaus após o seu fechamento político na Alemanha, em 1932) [...] com a criação, em 1951, do Instituto de Arte Contemporânea, idealizado pelo prof. Pietro Maria Bardi

[3] REVISTA ESTUDOS EM DESIGN. Rio de Janeiro: Edição AEnd – Associação de Ensino de Design do Brasil, v. 8, n. 1, abr. 2000, p.113. Ver também: BRASIL. MCT – Ministério da Ciência e Tecnologia. Conselho Nacional de Desenvolvimento Científico e Tecnológico. *Ação induzida para pós-graduação em design no exterior.* Brasília. CNPq, 2001, p.03. Maria Regina ÁLVARES, em sua dissertação de Mestrado, defendida junto ao Programa de Pós-Graduação em Engenharia de Produção da Universidade Federal de Santa Catarina – UFSC, indica a existência de 107 cursos de design no Brasil, sendo 33 na região sul; 53 na região sudeste; 06 na região centro-oeste; 09 na região nordeste e 06 na região norte do Brasil. (ÁLVARES, Maria Regina. *Ensino do Design*: a interdisciplinaridade na disciplina de Projeto em Design. 2004. Dissertação Mestrado em Engenharia de Produção – Faculdade de Engenharia de Produção, Universidade Federal de Santa Catarina – UFSC. Florianópolis, 2004, p.32.).

e com a coordenação da arquiteta Lina Bo Bardi, os professores Jacob Ruchti, Flávio Motta, Salvador Candia, Roberto Sambonet e Leopold Haar, ensinando uma turma de 30 jovens (paulistas, gaúchos e argentinos), deram acesso às informações, metodologia e treinamento do processo criativo no design. O IAC forma os primeiros designers brasileiros ativos – Maurício Nogueira Lima, Emille Chamie, Ludovico Martino, Estella T. Aronis e Alexandre Wollner. [...] O IAC funcionou por 3 anos. Uma vez que o mercado industrial não absorvia os alunos formados, Bardi resolveu desativá-lo."[4]

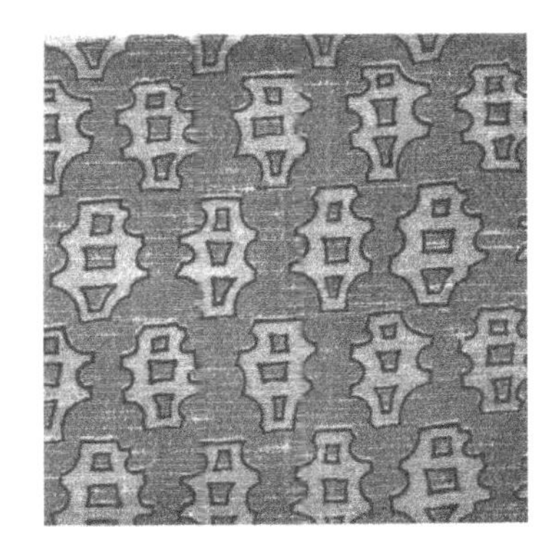

Produto | Tecido Índios
Design | Roberto Sambonet
Produção | Mappin
Ano | 1951
Foto | Aldo Ballo
Fig. 03

Tecido desenvolvido a partir de grafismos dos índios da Amazônia, para o primeiro desfile da moda brasileira.

Na pesquisa realizada por Niemeyer, se destacam os seguintes fragmentos sobre a formação do ensino de design no Brasil: *"[...] A Inclusão do design no curso da Faculdade de Arquitetura e Urbanismo da Universidade de São Paulo, em 1962, foi resultado de um processo evolutivo de 14 anos [...] A proposta da FAU-USP, defendendo que caberia aos arquitetos a solução de design, não foi seguida pelas demais escolas de arquitetura do país, consolidando-se como uma experiência ímpar [...] A proposta de criação de uma escola de design no prédio da futura sede do Museu de Arte Moderna – MAM partiu de Max Bill, em 1953, quando ele passou pelo Rio de Janeiro no seu regresso à Europa, vindo ao Brasil integrar o júri internacional de premiação da II Bienal de São Paulo [...] A proposta de inclusão no MAM da que seria chamada Escola Técnica de Criação – ETC, tendo sido levada à diretoria e ao conselho deliberativo deste museu, foi aprovada e encaminhada para execução [...] Com o objetivo de fundamentarem a proposta do novo curso, membros da diretoria do MAM encomendaram a Tomás Maldonado uma proposta de currículo para a Escola, além de manterem contatos com Max Bill [...] Apesar do entusiasmo dos seus mentores, de haver, na parte já construída do MAM, as salas a ela destinadas, da estrutura curricular do curso já elaborada e a composição do corpo docente ter sido esboçada, o início do funcionamento da Escola não foi possível [...] A história do que seria o curso de desenho industrial do Instituto de Belas Artes – IBA ainda não fora sistematizada. Mas é uma história de importância fundamental na instalação do ensino de design no*

[4] WOLLNER, Alexandre. A Emergência do Design Visual. In: AMARAL, Aracy. *Arte Construtiva no Brasil.* São Paulo: Companhia Melhoramentos, 1998, p.227-228, 232. (Coleção Adolpho Leirner).

Produto | Capa do catálogo do Iº Salão Paulista de Arte Moderna
Design | Mauricio Nogueira
Ano | 1951
Fig. 04

Brasil porque o seu planejamento resultou no curso que recebeu o nome de Escola Superior de Desenho Industrial – ESDI".[5]

A difusão do design no Brasil, fenômeno que não desponta como simples casualidade, desenvolve-se, como em outros países periféricos, de maneira proeminente no âmbito acadêmico em detrimento da sua aplicação na esfera produtiva industrial. Mas se reconhece também que, antes da instituição dos primeiros cursos oficiais de design no Brasil, já existia uma prática projetual voltada para a produção em série no país, como nos comprova a pesquisa de Loschiavo Santos sobre o papel de designers pioneiros na inserção dos conceitos modernistas junto ao móvel brasileiro, destacando-se entre eles: Joaquim Tenrreiro (1906-1992), Zanine Caldas (1919-2001), Geraldo de Barros (1923-1998), Michel Arnoult (1922-2005) e Sérgio Rodrigues (1927),[6] que começaram suas atividades como designers, antes mesmo da instituição oficial do design em nível acadêmico no país. Sobre este argumento, afirma Bonsiepe: *"seria enganoso afirmar que, nos países periféricos, o design tenha começado a existir somente no momento em que foi introduzido o termo [...] Sabe-se ainda que o debate sobre o design não nasceu, como se pode imaginar, no interior da indústria, não foi levado adiante pelos representantes das empresas manufatureiras, mas por um grupo de pessoas estranhas à indústria: expoentes da vanguarda das artes visuais e da arquitetura".*[7]

É importante relevar que, a partir do momento da instituição do design no Brasil (desde as iniciativas experimentais até o estabelecimento do ensino oficial), o país não cessa de receber influências, referências, modelos, métodos, conceitos e teorias provenientes dos centros mais industrializados, destinados a interagir no âmbito do design local, determinando, portanto, uma estreita relação entre as referências locais e os modelos projetuais provenientes do exterior, especialmente das escolas

[5] NIEMEYER, Lucy. *Design no Brasil*: origens e Instalação. Rio de Janeiro: Ed. 2AB, 1997, p.62-75.

[6] Ver: SANTOS, Maria Cecília Loschiavo. *Móvel Moderno no Brasil*. São Paulo: Studio Nobel Editora/Edusp,1995.

[7] BONSIEPE, Gui. Paesi in via di Sviluppo: la Coscienza del Design e la Condizione Periferica. In: CASTELNUOVO, Enrico (Org.). 1919-1990 Il dominio del design. In: ______. *Storia del disegno Industriale*. Milano: Ed. Electa, 1991, v. 3, p.253-257.

alemã, italiana e suíça. Estas referências serviram o design brasileiro de um contínuo fenômeno de confluências ideológicas.

No período da instituição do design como atividade acadêmica no Brasil, as maiores influências e inovações conceituais provinham da *HfG-Ulm, Hochschule für Gestaltung* na Alemanha (1946-1968), que surge logo depois da Bauhaus (1919-1933). A Escola de Ulm, como ficou conhecida, foi, na sua primeira fase, dirigida por Max Bill (entre 1946-1955) e, posteriormente, por Tomás Maldonado (entre 1956-1968). Dois protagonistas do design com relação e familiaridade com a América do Sul.

"No Brasil, após uma primeira experiência de ensino de design no início dos anos cinqüenta em São Paulo, o design decola nos anos sessenta. Em 1963, é fundada a ESDI, com fortes influências da Escola de Ulm. Diplomados de Ulm estavam entre os primeiros docentes da faculdade brasileira".[8] O governo do Rio de Janeiro, que tornou possível a instituição desta escola, procurava seguir o exemplo da Alemanha, que deveria ser reconstruída, após a Segunda Guerra Mundial. No esforço de promover o design junto às indústrias locais ainda em crescimento, o governo considerava necessária a instituição de um curso na região sudeste do Brasil, com a mesma ótica e conceitos com os quais veio a ser instituída a *Hochschule für Gestaltung*, na Alemanha. Nos dois casos, a interseção era evidente: de um lado, um país com seu parque industrial destruído e disposto à reconstrução, do outro, um país em desenvolvimento, disposto a industrializar-se. *"A instalação de um curso de design, historicamente, tem vindo a reboque de uma proposta de industrialização, dentro de uma política de renovação".*[9] Percebe-se, então, que a atividade de design no Brasil foi promovida, desde a época do seu estabelecimento oficial, como uma espécie de nexo contínuo, isto é, o encontro entre pioneiros locais e atores europeus do design de então. Este fato proporcionou um contínuo confronto entre as particularidades locais brasileiras e os modelos internacionais no âmbito do design.

Produto | Cartaz para o Festival Internacional de Cinema do Brasil
Design | Alexandre Wollner e Geraldo de Barros
Ano | 1954
Fig. 05

[8] *Ibidem*, p.266.

[9] NIEMEYER, Lucy. *Design no Brasil*: origens e instalação. Rio de Janeiro: Ed. 2AB, 1997, p.78.

Assim descreve Wollner: *"O projeto da Escola Técnica de criação no MAM-RJ, mesmo não concretizado, originou-se na HfG, com Tomás Maldonado e Otl Aicher, convidados por Niomar Moniz Sodré Bittencourt, constituindo-se no passo inicial em direção à fundação da ESDI, primeira escola sul-americana de formação profissional [...] O programa curricular foi planejado em Ulm por Tomás Maldonado e Otl Aicher, da HfG, e seria implantado e desenvolvido pelos alunos brasileiros que freqüentaram a HfG, entre os quais Alexandre Wollner* e Bergmiller [...] o currículo original da HfG de Ulm foi implantado oficialmente na ESDI, com as naturais ligeiras modificações, atendendo à nossa realidade. Da fundação da escola participaram, além dos citados, Aloísio Magalhães, Flávio de Aquino e Maurício Roberto."*[10]

Produto | Cadeira Geraldo de Barros 01
Design | Geraldo de Barros
Produção | Unilabor – 1954;
Dpot – 2005
Foto | Pierre Yves Refalo e Alain Brugier
Fig. 06

Tomando o estabelecimento oficial do design no Brasil, em 1963, é que consideramos, neste estudo, as conseqüências das inter-relações entre o Brasil e as referências provenientes do exterior. De igual forma, indicamos coligações e similaridades que nos evidenciam elementos positivos e negativos correlatos para o entendimento do percurso do fenômeno design brasileiro.

Tomar como ponto de partida o estabelecimento oficial do design no Brasil não significa desconsiderar as experiências existentes anterior-

* No original: "...pelos alunos brasileiros que freqüentaram a HfG, eu e Bergmiller."

[10] WOLLNER, Alexandre. A Emergência do Design Visual. In: AMARAL, Aracy. *Arte Construtiva no Brasil.* São Paulo. Companhia Melhoramentos, 1998, p.257-258. (Coleção Adolpho Leirner).

mente no país, mas a nossa opção deveu-se justamente à importância de tal marco histórico.

Podemos lembrar, *vexata quaestio*, que importantes protagonistas do mundo da cultura projetual e das artes européias contribuíram para a estruturação e configuração da instituição do design no Brasil; entre eles destacam-se Pietro Maria Bardi (1900-1998), Lina Bo Bardi (1914-1992), Tomás Maldonado (1922) e Max Bill (1908-1994); e, no âmbito do ensino regular, tiveram também um importante papel personagens como Roberto Sambonet (1924-1997), junto ao IAC, em São Paulo, e Karl Heinz Bergmiller (1928), junto à ESDI, no Rio de Janeiro. Estes últimos procediam, respectivamente, do Politécnico de Milão, na Itália, e da Escola de Ulm, na Alemanha.

Produto | Cadeira Geraldo de Barros 01
Design | Geraldo de Barros
Produção | Unilabor – 1954; Dpot – 2005
Foto | Pierre Yves Refalo e Alain Brugier
Fig. 07

De acordo com Arturo Carlo Quintavalle, *"Roberto Sambonet era voltado para uma espécie de consciência global, para uma experiência mais profunda. Por isto, na sua existência, a experiência mais viva, mais rica, foi aquela do Brasil, uma terra da qual Sambonet falava sempre e que de qualquer modo deve havê-lo feito entender as dificuldades do ofício de projetista, ou melhor, as suas contradições internas. No Brasil, Sambonet, logo que chega, permanece, graças à profunda amizade com o diretor do Museu de Arte de São Paulo, organizador de cursos na universidade, promotor de uma nova relação entre cultura ocidental e tradições indígenas. Sambonet descobre o Brasil não somente como cultura autóctone, como fauna e flora, mas também como um local da invenção do moderno: ele, Sambonet, estava ali quando Niemeyer realizava a grande Brasília, e estava ali quando, em São Paulo, reinventavam-se as escolas de arte e construía-se uma nova consciência de Museu e seu peso no contexto de uma cidade. O Brasil torna-se assim, para Sambonet, o local das contradições evidentes, mas que de qualquer maneira podem ser ainda conciliadas: de uma parte, as culturas originárias, não por certo primitivas, mas locais, com os seus tecidos, suas formas, suas máscaras, seus materiais e cores; da outra parte, a mediação da grande civilidade internacional ainda por construir, Niemeyer, precisamente, como mediador de Le Corbusier".*[11] É durante essa permanência no Brasil (1948-1953) que a sua pesquisa se completa

[11] QUINTAVALLE, Arturo Carlo. *Design*: Roberto Sambonet. Milano: Federico Motta Editore, 1993, p.12-13.

no contato com os expoentes mais representativos da arte e da arquitetura contemporânea, no âmbito do Museu dirigido por Pietro Maria Bardi, até a sua integração com a atividade de designer. *"Neste período, Sambonet ensina design gráfico no Museu, projeta espaços para exposições, dirige um curso de estampas para tecidos e desenha também ele próprio várias estampas, prepara ainda uma coleção de moda, com roupas e acessórios, que é apresentada em um desfile na cidade de São Paulo em 1952"*.[12]

Produto | Bardi's Bowl com Odete Lara em foto para divulgação
Design | Lina Bo Bardi
Produção | Ambiente
Ano | 1951
Foto | Fernando de Albuquerque
Arquivo Instituto Lina Bo e Pietro Maria Bardi
Fig. 08

[12] *Ibidem*, p.203.

Karls Heinz Bergmiller, ao contrário de Roberto Sambonet, não retorna à Europa, continua vivendo no Brasil como designer e professor. Pratica a atividade de design através da *Forminform*, um dos primeiros escritórios do Brasil, fundado em 1958 por Geraldo de Barros (1923-1998), Ruben Martins (1929-1968), Alexandre Wollner (1928) e Walter Macedo, organiza exposições e diversas bienais internacionais de design no Rio de Janeiro, torna-se pesquisador junto ao Instituto de Desenho Industrial – IDI do Museu de Arte Moderna – MAM do Rio de Janeiro. Manteve por muitos anos atividade junto à indústria de móveis para escritórios Escriba, de São Paulo, e, hoje, colabora com a empresa Alberflex.

"Desde sua fundação, professores e profissionais de renome internacional promoveram cursos na ESDI, entre eles: Max Bense, Tomás Maldonado, Vittorio Gregotti, Umberto Eco, Abraham Moles, Arno Votteler, Willen Flusser, Pierre Cardin, Francesco Trabucco, Vanni Pasca, Nanda Vigo, Andrea Rauch e Victor Margolin".[13] Grande parte dos modelos de ensino de design no Brasil desenvolveu-se, em geral, sob o mesmo formato das concepções pedagógicas da ESDI, que, além das referências dos conceitos de Max Bill e Tomás Maldonado, *"se mantinha fiel a idéias identificadas já no início do século. Learning by doing era o princípio de doutrina de ensino como os métodos de Montessori, Escola Ativa, e de Kerschensteiner, que influenciaram a Bauhaus. A HfG-Ulm revisou e repropôs essas idéias. A ESDI desenvolveu, um pouco mais tarde, uma adaptação desses conceitos à realidade brasileira".*[14]

É interessante notar como todos esses conceitos utilizados durante a instituição do design no Brasil deveriam obviamente ser decodificados segundo a realidade local, ou seja, seria necessário encontrar uma mediação entre os modelos provenientes da Europa e a espontaneidade e energia presentes como fortes características nacionais. O maior desafio consistia, portanto, no fato de não conceder que os conceitos provenientes do exterior tivessem um maior destaque em detrimento das características locais, pois

[13] ESCOLA SUPERIOR DE DESENHO INDUSTRIAL. *ESDI – Conseqüências de uma idéia.* Catálogo comemorativo dos 30 anos da Escola Superior de Desenho Industrial ESDI. Rio de Janeiro, 1993, p.05.

[14] *Ibidem*, p.07.

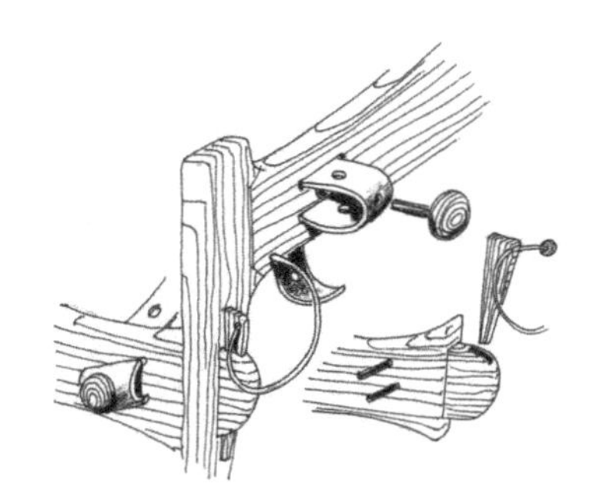

Croquis
Sergio Rodrigues
Fig. 09

seria propriamente o resultado de uma interação que iria determinar a identificação da cultura brasileira no âmbito do design e da produção industrial local. Percebe-se, com isto, que a inter-relação entre o local e o global que ainda hoje se vê presente no design brasileiro desenvolveu-se desde a instituição da própria atividade no país, cumprindo, enquanto avançava, a necessária e complexa tarefa de "metabolização e decodificação" das referências recebidas.

Segundo Maldonado, neste caso, se deve *"gerar uma frutífera relação entre 'consciência crítica' e 'consciência projetual'. Ou seja, de um lado, a exigência da 'consciência crítica', que não pode renunciar a ser crítica sem deixar de ser consciência, e, do outro lado, a exigência da 'consciência projetual', que não pode abdicar a sua vontade de agir de forma executiva sem deixar de ser projetual; deve-se gerar uma frutífera relação entre a 'positiva negatividade' da crítica e a 'negatividade positiva' da projetação".*[15]

Produto | Poltrona Mole
Design | Sergio Rodrigues
Produção | Linbrasil Indústria e Com. Ltda
Ano | 1957
Na foto poltrona sheriff
Desenho 1961, reeditada em 2001 como Poltrona Mole.
Foto | Paulo Affonso Veiga
Fig. 10

Maldonado cita Walter Benjamin: *"o livro não deve apresentar o seu autor, mas a sua dinastia [...] de fato, cada autor, consciente ou não, tem*

[15] MALDONADO, Tomás. *La speranza progettuale*: ambiente e società. 3ª ed. Torino: Einaudi, 1992, p.129.

uma própria dinastia, que muitas das vezes revela mais quem é o autor que ele próprio".[16] Esta máxima de Benjamin, a meu ver, mesmo tendo sido aplicada em um contexto diferente da esfera do design poderia muito bem ilustrar o argumento em exame neste primeiro capítulo, isto é, a análise das primeiras referências e modelos aplicados durante o estabelecimento do design no âmbito local brasileiro. Como vimos anteriormente, o modelo de ensino proveniente da HfG-Ulm, que procedeu da Bauhaus, fornece a estrutura de base e as metodologias condutoras não somente para a instituição da primeira escola brasileira, mas para a maioria das escolas de design instituídas a partir dos anos sessenta no Brasil.[17] Este fenômeno, que merece ser analisado com maior detalhe e atenção, acontece de mesma forma em outros países que compunham também o Terceiro Mundo, como Índia e México. Esta realidade, como forma de abrangência e complemento de cenário, passamos a considerar de agora em diante.

Croquis
Sergio Rodrigues
Fig. 11

No âmbito do design, a Escola de Ulm se estabelece como protagonista absoluta na exportação de seu modelo para os países periféricos. Parafraseando Maldonado e Benjamin, esta se constitui, por vez, como a referência maior dentro da "dinastia" de identificação do design no Brasil e em vários outros países periféricos.

[16] BENJAMIN, Walter *apud* MALDONADO, Tomás. *Il futuro della modernità.* 8ª ed. Milano: Feltrinelli,1992, p.27.

[17] "Claro que estas influências locais foram decisivas na transformação do design no Brasil para o que ele é hoje. Mesmo que não possamos ainda definir uma personalidade muito marcante, i.e., definir o que é a tão falada 'Marca Brasil', o design brasileiro já tem contornos próprios e que vão se destacando com intensidade variável dependendo do setor. Não dá para dizer que o design tem tido uma absorção uniforme em todos os setores da economia. Há bons exemplos, no setor de serviços, na indústria e no comércio, especialmente nos setores de maior competitividade. Há porém uma resistência decisiva, principalmente do empresário de capital nacional que se acostumou a exercer seu ofício em uma economia fechada, como era até pouco tempo atrás". (Freddy Van Camp – quando diretor da ESDI, em depoimento ao autor, em 2001.).

a mimese como modelo no Brasil

O Modelo da Escola de Ulm nasce de forma consistente, tendo como base as idéias oriundas de uma consciência crítica e projetual de uma Alemanha destruída, após a Segunda Guerra Mundial, como o próprio Maldonado sustenta, *"de uma consciência operante do homem sobre o seu entorno físico e sociocultural"*.[18] Procurando de maneira espirituosa ilustrar como via o design na sua forma mais consciente dentro de sua função social, Maldonado faz a propósito uma curiosa analogia do design com o personagem Robson Crusoé: *"Eis porque Crusoé nunca pergunta que coisa seja 'very useful to society', mas somente que coisa seja 'very useful to me'. Assim se explica, e em parte se justifica, as 'Robsonadas' de Robson Crusoé: ele não projeta para os outros, mas para si próprio. A sua projetação não proporciona (ou quase nunca) tributos ao sistema de valores e de normas que sempre se prefiguram nas modalidades de projeto e nas características de um objeto projetado. Ele tem somente um problema: sobreviver. Ou seja, o que está do lado de cá e do lado de lá desta sua vontade, de sobrevivência, não é percebido como problema"*.[19]

É interessante notar que, assim como se desenvolve no Brasil, o design dissemina-se de forma símile e concomitante em tantos outros países que compunham a periferia (que na atualidade são subdivididos em países em via de desenvolvimento e Novos Países Industrializados – NPI). Também a Índia e o México se assemelham ao caso brasileiro, *"são duas as instituições que tiveram papel determinante no estabelecimento e desdobramento do design nestes países: o National Institute of design – NID, em Ahmedabad, que teve como hóspede o designer americano Charles Eames (1907-1978), no ano de 1958, e o Industrial Design Centre – IDC, junto ao Indian Institute of Technology di Bombay. O IDC foi criado*

[18] MALDONADO, Tomás. *La speranza progettuale*: ambiente e società. 3ª ed. Torino: Einaudi, 1992, p.27.

[19] MALDONADO, Tomás. *Il futuro della modernità*. 8ª ed. Milano: Feltrinelli,1992, p.187.

em 1969 e o seu primeiro diretor responsável foi Sudhakar Nadkarni, diplomado também na Escola de Ulm".[20]

No México, como no Brasil, o design também teve um forte desenvolvimento no setor acadêmico se comparado à aplicação junto ao setor industrial. Neste país, o design desenvolve-se no final dos anos sessenta, através da Escola de Desenho Industrial da *Universidad Nacional Autônoma de México – UNAM*, mais precisamente no ano de 1969, seguindo-se a isso, como ocorre no Brasil, a instituição de numerosos cursos particulares, disseminados por diversas regiões, em todo o território nacional.

É importante lembrar que, nesta mesma década, o design industrial foi introduzido na maior parte dos países em desenvolvimento (anos sessenta e início de setenta), carregando, no sentido lato do termo, problemas e desafios extremamente símiles entre si. Vale a pena relatar uma experiência vivida em 2002. Tive a oportunidade de participar, como organizador e articulista, de um workshop internacional[21] no qual se discutiu "o percurso evolutivo do design nos países de periferia e sua perspectiva de futuro". Este evento ocorreu com a participação de diversos designers e estudiosos provenientes da Turquia (Istambul foi a sede do evento), da Grécia, Indonésia, Índia, México, Argentina e Brasil. Durante a apresentação de cada grupo, com seus estudos de caso específicos, confirmamos a similaridade existente entre os desafios e problemas enfrentados por todos os países envolvidos no evento. Destacou-se, de igual forma, a semelhança de percurso quanto à instituição do design nos âmbitos locais de acordo com modelos provenientes dos países centrais e à instituição da política de industrialização substitutiva, aplicada praticamente na mesma época nos países participantes. Quanto a outros desafios em comum abordados, vale ressaltar que, na época da introdução do design como disciplina nesses países, os empreendedores locais não tinham por essa atividade um real interesse. Por isso, órgãos do governo e associações de designers passaram a promover, dos anos sessenta em diante, discussões sobre os benefícios proporcionados pelo

---

[20] BONSIEPE, Gui. Paesi in via di Sviluppo: La Coscienza del Design e la Condizione Periferica. In: CASTELNUOVO, Enrico (Org.). 1919-1990 Il dominio del design. In: ______. *Storia del disegno Industriale.* Milano: Ed. Electa, 1991, v. 3, p.267-269.

[21] Workshop – Design in the Periphery: Historical Development of Industrial Design in Newly Industrializing Countries. Organizado por: Alpay Er (Turquia) e Dijon De Moraes (Brasil), com Gui Bonsiepe (Alemanha/Brasil) como moderador. In: 3rd INTERNATIONAL DESIGN HISTORY CONFERENCE. Istanbul, Turkey, 9-12 July 2002.

design ao produto e à produção industrial de um país. Isso torna-se uma práxis obstinada a partir dos anos sessenta no Brasil e em diversos outros países periféricos, como nos confirmou o encontro de Istambul.

Países como Turquia, Índia e México, aparentemente distantes do design brasileiro, revelam-se, ao contrário, bastante próximos desta atividade no Brasil, se levamos em conta os desafios enfrentados quando da sua instituição e consolidação. Transcrevemos a seguir, como forma de sustentar o argumento exposto, um trecho de um dos *papers* do encontro de Istambul: *"as primeiras iniciativas para a introdução do design na Turquia não partiram da indústria local, que surge a partir da segunda metade dos anos cinqüenta, como parte de um programa de desenvolvimento internacional iniciado pelo governo norte-americano"*. Continua, em seguida, o mesmo documento: *"o segundo e mais importante estágio da industrialização turca iniciou-se justamente após o golpe militar, em maio de 1960. Esse estágio corresponde à fase embrionária do desenvolvimento do design na Turquia"*.[22]

Não por acaso, o trabalho apresentado por esta equipe na conferência intitulava-se: "Dois passos para frente e um para trás". A equipe de estudiosos turcos procurava, com esse irônico título, demonstrar a situação de altos e baixos durante a instituição do design naquele país. Não obstante tratar-se de uma referência local, podemos assegurar que o título (e grande parte do conteúdo) do *paper* turco certamente caberia muito bem aos demais Novos Países Industrializados – NPIs presentes no referido evento.

É interessante notar que, de uma maneira geral, a prática de vincular a instituição do design local aos modelos preestabelecidos pelos países mais industrializados vincula, em conseqüência, o desenvolvimento dos produtos locais aos dos países mais desenvolvidos. Isso proporciona também uma maior facilidade de aceitação dos artefatos industriais provenientes dos países centrais pela periferia, uma vez que suas referências projetuais são antecipadamente disseminadas no âmbito local, como modelo de excelência a ser seguido.

[22] ER, H. Alpay; ER, Ozlem and KORKUT, Fatma. *Two Steps Forward, One Step Back: The Development pattern of Industrial Design in Turkey.* Istanbul Technical University – ITU, 2002. 17p. Não publicado (Este trabalho foi apresentado durante o *Workshop – Design in the periphery: Historical development of industrial design in newly industrializing countries*, e publicado em forma de resumo no documento *Abstracts 3rd International Design History Conference.* Istanbul Technical University – ITU, 9-12 July 2002, p.103-104.).

É importante, ainda, perceber o poder de abrangência dos modelos produtivos disseminados pelos países mais industrializados por praticamente todas as décadas do século XX. Nesse período, difundem-se suas tecnologias e suas culturas em uma extensão que corresponde à área que vai da América Latina à Ásia oriental. Isso acontece em função da estratégica transferência de parques produtivos do norte para o sul do planeta. Por fim, os países mais industrializados assumem um papel de mentores de novos modelos comportamentais e de consumo. Isto é: eles funcionam como verdadeiros exportadores de *modus operandi, faciendi e vivendi* para grande parte do planeta.

"A maioria dos produtos industrializados nos países periféricos foi concebida em outros países, para outras necessidades, outros padrões culturais, em um outro contexto geográfico, econômico, social e técnico, fazendo desta forma com que a periferia se transforme em uma grande feira internacional de produtos".[23]

Esse desabafo da parte da classe de designers brasileiros é compreensível e legítimo, se consideramos o esforço realizado pelo país ao conceber e instituir as suas escolas de design frente a uma real falta de interesse por parte dos produtores nacionais e das empresas do exterior já estabelecidas no Brasil. Percebe-se que a tão necessária interação entre o design e a indústria aconteceu de forma consideravelmente tardia no Brasil; a indústria não deu ao design brasileiro, como antes se esperava, uma legitimidade que lhe proporcionasse um maior e veloz desenvolvimento no âmbito produtivo local. A distância existente entre designers e empresas nos deixou à margem da competição mundial no campo do design e dos artefatos industriais. Esse fato demonstrou o seu efeito avassalador ulteriormente, a partir da década de noventa, quando da abertura do mercado nacional à competição externa internacional. Como bem havia observado Maldonado, "uma civilização industrial sem a intervenção projetual sobre seus objetos, isto é, sem planejamento e sem design, é impensável".[24]

[23] NETO, Eduardo Barroso. *Estratégia de design para os países periféricos.* Brasília: Ed. CNPq, 1981, p.17.

[24] MALDONADO, Tomás. *La speranza progettuale*: ambiente e società. 3ª ed. Torino: Einaudi, 1992, p.32.

Neste cenário, pode-se perceber o design no âmbito local brasileiro como fruto do conflito entre os interesses de um grupo de intelectuais (representantes da modernidade brasileira), de um lado, e dos empreendedores, de outro. Em síntese, podemos dizer que não foi efetivada a imediata sinergia design-indústria que se esperava no Brasil. O design brasileiro inicia, portanto, o seu percurso como um discurso unilateral, construído apenas entre designers.

É mister reconhecer que não seria mesmo tarefa fácil (principalmente quando apontamos para a direção dos artefatos industriais) a instituição efetiva do design no âmbito produtivo brasileiro. Reconhece-se ainda que a aplicação de modelos de sucesso em países de industrialização mais madura não ocorreu com o mesmo sucesso em outras localidades que apresentavam as suas características e necessidades específicas. Assim, os problemas que compunham o complexo teorema design brasileiro começam a difluir. *"A problemática do design é essencialmente a mesma em todos os países periféricos: a falta de apoio estatal, ambigüidade do mercado de trabalho (a oferta não corresponde jamais à demanda, nem do ponto de vista qualitativo, nem quantitativo), e diversidade de ideologia profissional".*[25]

Esta observação de Barroso exprime, de forma bastante clara, a complexidade do percurso de estabilização da atividade de design no Brasil. Não se pode subestimar a realidade de que, no período após a introdução do design no Brasil, o país não contava ainda com um corpo docente afinado com a produção industrial local, que pudesse transmitir um conhecimento tecno-fabril para as diversas escolas já estabelecidas. Esta prática se dá somente no final dos anos sessenta e início dos anos setenta, após a absorção, por parte das escolas brasileiras, de designers já graduados e com experiência, de fato, junto às empresas produtoras. Deparamo-nos com problema de maior complexidade, quando aprofundamos a análise sobre os desafios da decodificação da cultura local (entenda-se: identidade da cultura local), que deveria ser incorporada à cultura do projeto através do design (entenda-se: identidade do design local). Este fenômeno sucede, no design brasileiro, de maneira sutil, indireta, tácita, quase submissa quando comparada a outras

[25] NETO, Eduardo Barroso. *Estratégia de design para os países periféricos.* Brasília: Ed. CNPq, 1981, p.07.

atividades afins que tiveram percurso semelhante no Brasil, como por exemplo as artes plásticas e a arquitetura. Recorda-se que, como o design brasileiro, também essas outras atividades receberam grandes influências de referências e modelos provenientes do exterior.

Nas artes plásticas e na literatura, salienta-se que, no ano de 1922, o país vivenciou, com a Semana de Arte Moderna de São Paulo, o encontro entre a vanguarda modernista e a cultura popular nacional, principalmente através do contato entre a arte abstrata e a nossa cultura autóctone, que, de acordo com os participantes do movimento, poderia tornar-se um ponto de partida para a alternativa local, contra a forte "invasão e domínio" das correntes artísticas provenientes do exterior. De acordo com Darcy Ribeiro (1922-1997): A Semana de Arte Moderna de São Paulo foi uma reação à invasão da cidade pelos emigrantes europeus, que, em número, começavam a superar os próprios habitantes brasileiros, cujo comportamento correspondia a uma forte 'europeização' da mentalidade e dos hábitos locais.[26]

Renato Ortiz, outro antropólogo, por sua vez, aponta para a mesma direção de Ribeiro, quando coloca em debate a questão da absorção das idéias estrangeiras e o valor da busca de uma identidade própria e nacional: *"Se levarmos em conta o testemunho de diferentes críticos do pensamento brasileiro, nos deparamos de imediato com a questão da 'imitação'. Parece ter-se transformado em senso comum a tese do Brasil enquanto espaço imitativo. Os protagonistas da Semana de Arte Moderna procuravam uma própria identidade da Arte brasileira e denunciaram ao infinito esse traço do caráter brasileiro".*[27]

A influência ou mesmo "interferência", como exposto por Ribeiro, dos emigrantes no Brasil pode ser medida pelos dados da tabela 01 a seguir, onde se demonstra que, em um período compreendido entre 1851 e 1960, o país recebe cerca de quatro milhões, quinhentos e vinte e três mil emigrantes, de procedências e etnias distintas, trazendo para o Brasil seus costumes e culturas diversas. É importante ressaltar que a interferência das correntes européias no Modernismo brasileiro sucede como uma espécie de passagem;

---

[26] Ver RIBEIRO, Darcy. *O povo brasileiro*: a formação e o sentido do Brasil. Companhias das Letras: São Paulo, 1995, p.404.

[27] ORTIZ, Renato. *Cultura brasileira e identidade nacional.* São Paulo: Editora Brasiliense, 1985, p.27.

a arte e a literatura brasileira as absorveram, decodificaram e desenvolveram, antes de seguir os seus próprios rumos. Neste sentido, vale salientar a inserção dos signos do primitivismo local, junto aos conceitos da vanguarda modernista européia de então. Para Oswald de Andrade (1890-1954), sobretudo, *"era o primitivismo que nos capacitaria a encontrar nas descobertas e formulações artísticas do estrangeiro aquele misto de ingenuidade e de pureza que formavam o depósito psicológico e ético da cultura brasileira [...] O Manifesto Pau-Brasil e o Manifesto Antropofágico fundem e assimilam os estímulos que ele* [Oswald] *recebeu da atmosfera parisiense. Tanto o primeiro como o segundo desses documentos exprimem a consciência de uma assimilação produtiva das contribuições do estrangeiro. Para Oswald de Andrade, a originalidade nativa compreendia os elementos populares e etnográficos da cultura brasileira [...] Essa mesma originalidade deveria impregnar os produtos da civilização técnico-industrial para assimilá-los à paisagem, às condições locais. Depois de intelectualmente digeridos, tornar-se-iam também fatos de nossa cultura, esteticamente significativos [...] O primitivismo de Oswald de Andrade, em Pau-Brasil, tende para uma estética do equilíbrio. Ele pretende realizar, na expressão, o mesmo acordo harmonioso que se produzia na realidade, graças a um processo de assimilação espontânea, entre a cultura nativa e a cultura intelectual, entre a floresta e a escola [...] Mário e Oswald de Andrade jamais deixaram de acompanhar a marcha da revolução artística mundial. Fizeram-no, entretanto, utilizando a combinação, ausente do epigonismo e da subserviência eufórica dos seguidores da moda, da receptividade generosa e do senso crítico que rejeita, seleciona e assimila".*[28]

É sabido que os expoentes da Semana de Arte Moderna deixaram um grande legado para a arte e a literatura brasileira. A intenção do movimento era, claramente, digerir a cultura européia e convertê-la em algo brasileiro; modernizar sim, mas considerar também a cultura autóctone como aspecto fundamental para a criação artística. O movimento liderado por Oswald de Andrade via sentido em uma cultura importada somente se submetida a uma reelaboração, isto é: transformar o que veio de fora em "novo produto exportável". Os participantes pioneiros do Modernismo brasileiro[29] deixaram-

[28] NUNES, Benedito. *Oswald Canibal.* São Paulo: Editora Perspectiva, 1979, p.20, 25, 26, 28, 33.

[29] O Modernismo brasileiro na literatura e nas artes plásticas é dividido em três fases distintas: a primeira de 1922-1930; a segunda de 1930-1945 e a terceira após 1945.

nos como contribuição não apenas uma razão ética e estética que incluía a cultura local, mas também publicações e manifestos que resistiriam ao passar dos tempos e defenderiam a causa modernista brasileira.

Tabela 01

DISTRIBUIÇÃO DOS CONTINGENTES IMIGRATÓRIOS NO BRASIL POR PERÍODOS DE ENTRADA – *Milhares*

Períodos	*Portuguêses*	*Italianos*	*Espanhóis*	*Japoneses*	*Alemães*	Totais
1851-1885	237	128	17	–	59	441
1886-1900	278	911	187	–	23	1.398
1901-1915	462	323	258	14	39	1.096
1916-1930	365	128	118	85	81	777
1931-1945	105	19	10	88	25	247
1946-1960	285	110	104	42	23	564
Totais	1.732	1.619	694	229	250	4.523

Fonte: IBGE – INSTITUTO BRASILEIRO DE GEOGRAFIA E ESTATÍSTICA *apud* RIBEIRO, Darcy. *O povo brasileiro*: a formação e o sentido do Brasil. São Paulo: Companhia Das Letras, 1995, p.242.

Assim como aconteceu com as artes plásticas e a literatura, aconteceu também com a arquitetura brasileira: houve uma reação contrária às proeminentes e excessivas referências provenientes do exterior. Movimentos dessa ordem, como veremos mais adiante, não surgiram com mesmo teor e força no campo do design no Brasil.

Não se pode falar de arquitetura modernista no Brasil sem falar em Lúcio Costa e Oscar Niemeyer. Não porque a arquitetura brasileira seja somente Costa e Niemeyer, mas porque a moderna arquitetura brasileira deve muito ao legado deixado por eles.

Como se sabe, Lúcio Costa (1902-1998), antes mesmo de introduzir o seu então assistente Oscar Niemeyer (1907) nos conceitos modernistas propostos por Le Corbusier (Charles-Edouard Jeanneret 1887-1965), já o havia levado para conhecer os valores da arquitetura colonial e do Barroco português desenvolvido no Brasil entre os séculos XVIII e XIX. Costa acreditava que esta arquitetura, com suas particularidades locais intrínsecas, fosse um modelo estético fundamental para a arquitetura brasileira, como alternativa aos estilos europeus predominantes. Costa foi um grande estudioso da arquitetura colonial e do Barroco local, e tornou-se mais tarde responsável pelo Serviço do Patrimônio Histórico e Artístico Nacional – SPHAN. Através de seus estudos, ele havia chegado à conclusão de que as marcantes características do estilo Barroco, como a cenografia monumental, a unidade formal e o forte sentimento lírico, tinham absorvido muitas particularidades brasileiras durante o seu percurso de amadurecimento local. O Barroco brasileiro desenvolve-se principalmente nas regiões da Bahia, Rio de Janeiro, Goiás e Minas Gerais, sendo que é nesta ultima região, mais precisamente na cidade de Ouro Preto, que se encontra o seu maior conjunto arquitetônico, obra prima considerada pela UNESCO como patrimônio histórico da humanidade.

Ouro Preto – MG
Vista panorâmica com Igreja do Carmo
Foto | Miguel Aun
Fig. 12

O Barroco brasileiro é caracterizado por muitos aspectos tipicamente nacionais, como o uso de pedra sabão e madeira jacarandá, matérias-primas encontradas somente no Brasil. Da mesma maneira, sublinham-se as peculiaridades socioculturais implicadas nesse estilo, como o fato de os casarões e as igrejas dos senhores brancos terem sido construídos por escravos negros. E os negros construíam também edificações para o seu próprio uso, como as suas igrejas, pois, como é sabido, lhes era proibido o acesso aos templos dos brancos. Isso relaciona-se ao fenômeno do sincretismo, tanto religioso quanto estético, tão marcante no Brasil: os escravos negros construíam igrejas Barrocas, nelas inserindo, porém, elementos relacionados aos seus ritos, dramas e tensões, como por exemplo a forte saudade da África, chamada em idioma africano de *Banzo.*

Escultura Fietá do Aleijadinho
Felixlândia – MG
Foto | Miguel Aun
Fig. 13

"A atividade religiosa regia o calendário da vida social, comandando toda a interação entre os diversos estratos sociais. Isso se fazia através de diversas irmandades organizadas por castas, que reuniam os pretos forros, os mulatos, os brancos, separando-os em distintas agrupações, mas também integrando a todos na vida social da colônia. Cada uma delas tinha igreja própria, que era seu orgulho, cemitério privativo e direito a pompas funerárias com a participação de seus clérigos e de seus músicos profissionalizados. Os pretos também. Inclusive os escravos, criaram suas próprias corporações, devotadas, como as outras, a algum santo. É o caso do suntuoso Santuário do Rosário dos Pretos, de Ouro Preto".[30]

O próprio Antônio Francisco Lisboa (1738-1814), o mais genial arquiteto do Barroco brasileiro era mestiço. É importante lembrar que o Aleijadinho, era filho bastardo de um arquiteto português, Manuel Francisco Lisboa (nascido em Portugal e falecido em Ouro Preto, em 1767), com sua escrava africana de nome Isaura.

O Aleijadinho, pelo fato de ter nascido no Brasil e ser mulato, carregava consigo uma "brasilidade" especial; essas referências emergem e se fazem presentes nas suas obras-primas, espalhadas por Ouro Preto e outras cidades barrocas das Minas Gerais.

Por tudo isto, não nos parece justa a maliciosa observação feita por David Underwood: *"a profunda ironia é que procurando fugir do imperialismo cultural europeu do século XIX e procurando reproduzir algo da própria raiz*

[30] RIBEIRO, Darcy. *O povo brasileiro*: a formação e o sentido do Brasil. São Paulo: Companhia das Letras, 1995, p.375.

cultural brasileira, os modernistas do Brasil aderiram não somente a um estilo europeu, como também à sua própria herança colonial como elemento local de identidade brasileira".[31]

Detalhe de escultura do Aleijadinho
Museu da Inconfidência Ouro Preto – MG
Foto | Miguel Aun
Fig. 14

Santuário do Rosário dos Pretos
Aleijadinho
Ouro Preto – MG
Foto | Miguel Aun
Fig. 15

O encontro de Niemeyer com a arquitetura racionalista de Le Corbusier ocorreu através do projeto da sede do Ministério da Educação e Saúde, que seria desenvolvido juntamente por estes dois e Lúcio Costa, a partir do ano de 1936, no Rio de Janeiro. A obra é reconhecida como sendo o primeiro edifício estatal moderno em toda a América Latina. Ela foi realizada a convite do então presidente Getúlio Vargas (1930-1945[1]/ 1950-1954[2]), como símbolo do progresso industrial e da modernidade, que se tornariam marcas do seu primeiro governo.

[31] UNDERWOOD, David. *Oscar Niemeyer and the Architecture of Brazil.* New York: Rizzoli, 1994, p.15.

Antes mesmo de encontrar Lúcio Costa no Brasil, *"Le Corbusier já tinha estado anteriormente em 1929 em Buenos Aires, onde havia promovido dez lições de arquitetura e publicado posteriormente esta sua experiência através do ensaio 'Précisions' em Paris. Oportunidade em que exalta a exuberância do espírito latino e demonstra-se impressionado pela dramaticidade da paisagem sul-americana"*.[32]

Santuário do Bom Jesus de Matosinhos
Detalhe do Profeta Daniel
Aleijadinho
Congonhas do Campo – MG
Foto | Miguel Aun
Fig. 16

Reconhece-se que o processo de modernização no âmbito da produção industrial brasileira se inicia a partir da primeira fase do governo Vargas, mais precisamente durante a segunda metade do seu mandato, período que coincide com a segunda grande guerra mundial: *"a moderna industrialização brasileira teve o seu impulso inicial através de dois atos de guerra. Getúlio Vargas impôs aos aliados, como condição de dar seu apoio em tropas e matérias-primas, a construção da Companhia Siderúrgica Nacional em Volta Redonda e a devolução das jazidas de ferro de Minas Gerais. Surgiram, assim, imediatamente após a guerra, dois dínamos da modernização no Brasil. Volta Redonda foi a matriz da indústria naval e automobilística e de toda a indústria mecânica. A Vale do Rio Doce pôs nossas reservas minerais a serviço do Brasil, provendo delas o mercado mundial. Cresceu, assim, como uma das principais empresas de seu ramo. Além dessas empresas, o Estado criou várias outras com êxito menor, como a Fábrica Nacional de Motores e a Companhia Nacional de Alcalis"*.[33]

Retomando a análise sobre a relação entre a arquitetura brasileira e as influências do modernismo europeu, devemos examinar com mais atenção o encontro entre Niemeyer e Corbusier. *"Niemeyer havia absorvido facilmente o modelo projetual e os cinco pontos desenvolvidos por Le Corbusier para a prática da sua arquitetura modernista: pilotis, plano livre, fachada contínua, janelas horizontais e teto jardim. Le Corbusier sempre foi para Niemeyer o fundador da arquitetura contemporânea e o admirava principalmente pela particularidade artística que ele soube integrar à funcionalidade"*.[34] Niemeyer

---

[32] *Ibidem*, p.14

[33] RIBEIRO, Darcy. *O povo brasileiro*: a formação e o sentido do Brasil. São Paulo: Companhia das Letras, 1995, p.201-202.

[34] BOTEY, Josep Ma. *Oscar Niemeyer*: obras y proyectos. Barcelona: Gustavo Gili, 1996, p.15.

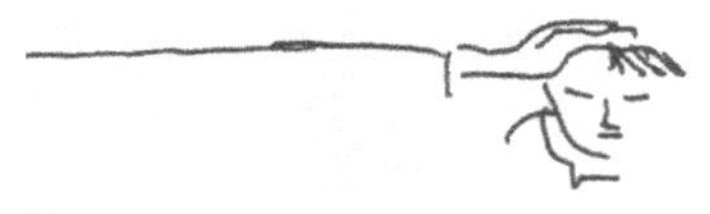

Croquis
Oscar Niemeyer
Arquivo Fundação Oscar Niemeyer
Fig. 17

sempre acreditou que "a forma seguia a beleza" e preferia a teoria desenvolvida por Le Corbusier que a da Escola Bauhaus. *"A estética mecânica, a repetição dos módulos, a racionalidade exagerada não encontrava espaço no pensamento arquitetônico de Niemeyer. Para ele, o foco da engenharia na eficiência, na economicidade e na função era inaceitável para a arquitetura, porque esta reduzia a arquitetura a uma fórmula técnica, obtendo como resultado final uma fria sensibilidade e uma estandardização que ele não admirava em Gropius (1883-1969) e nas idéias da Bauhaus. Preferia, portanto, o lado poético e emotivo de Corbusier".*[35]

Esta passagem descrita a seguir nos confirma a preferência de Niemeyer pelas teorias "Corbuseanas" e nos recorda um interessante encontro entre ele e Mies van Der Rohe (1886-1969), no ano de 1953, no Brasil: *"convidado por Niemeyer para conhecer a sua nova casa feita em Canoas, Rio de Janeiro, em um local que tinha escolhido* ad hoc *entre as montanhas de pedra, com uma vista privilegiada e uma paisagem única, Der Rohe exclamou: é uma construção pequena, muito bonita porém irrepetível. Essa observação em muito divertiu Niemeyer, que respondeu: sim, mesmo porque a topografia do terreno não permitiria. Como pode ser repetível uma casa que foi definida pela própria natureza, por um local, uma luz, uma visão e uma paisagem única? Como pode ser repetível?'*[36]

Mas, na verdade, mesmo que tenha seguido uma estrada diferente em relação àquela do modernismo da Bauhaus, por toda a sua vida, Niemeyer optou por diversos móveis e objetos idealizados pelos expoentes dessa escola como complemento de interior dos seus principais projetos. De maneira especial, a cadeira Barcelona (1929), desenhada por Mies van Der Rohe.

A partir de 1940, Niemeyer prossegue nos cinco conceitos basilares da arquitetura de Le Corbusier, pode-se dizer que ele se distancia cada vez mais da "teoria européia Corbuseana" e foi capaz de inserir com grande rapidez algo de novo e próprio na arquitetura moderna. *"Através do uso de*

[35] UNDERWOOD, David. *Oscar Niemeyer and the Architecture of Brazil.* New York: Rizzoli, 1994, p.91.

[36] BOTEY, Josep Ma. *Oscar Niemeyer*: obras y proyectos. Barcelona: Gustavo Gili, 1996, p.16.

revestimento externo de mármore, inversão da estrutura, as formas 'racionalmente barrocas', as curvas côncavas e convexas de alguns de seus projetos lhes definiram erroneamente como surrealistas".[37]

Croquis mulheres na praia
Oscar Niemeyer
Arquivo Fundação Oscar Niemeyer
Fig. 18

Não se pode esquecer de evidenciar a expressividade dos elementos da cultura brasileira sempre presentes na arquitetura de Niemeyer dos anos quarenta em diante. Tomemos como exemplo a flora da paisagem local, como as plantas vitórias-régias e as palmeiras imperiais, o redesenho das cerâmicas do período colonial (os azulejos), o fascínio pelas formas curvas das ondas do mar e das montanhas do Rio de Janeiro. Tudo isso levou o seu amigo Corbusier a dizer: "Oscar, você traz sempre nos seus olhos as montanhas do Rio. Com o concreto armado você constrói o novo Barroco".[38] De acordo com Botey, essa afirmação de Le Corbusier chama a atenção para a vontade de Niemeyer, o seu localismo e o seu universalismo.[39]

Por tudo isso, podemos afirmar que, através do encontro entre Le Corbusier e Oscar Niemeyer, surgiu uma nova estrada na arquitetura moderna, que, mesmo que seja de origem internacional, torna-se, graças a cada projeto de Niemeyer, autenticamente brasileira. Niemeyer distancia-se da teoria da arquitetura modernista iniciada por Corbusier e, para tantos estudiosos da sua obra, já havia, após o ano de 1940, acrescido mais de cinco novos e próprios pontos diferentes daqueles desenvolvidos inicialmente pelo mestre Corbusier.

Em resposta ao "Poema do ângulo reto", escrito por Corbusier, Niemeyer escreveu o "Poema da linha curva", no qual decanta o seu amor pela livre forma arquitetônica deste modo: *"Não é o ângulo reto que me atrai, nem a linha rígida – dura e inflexível – criada pelo homem. O que me atrai é a curva livre e sensual, as curvas que encontro nas montanhas do meu país, na sinuosidade dos nossos rios, nos corpos das nossas belas mulheres. O universo inteiro é feito de curvas, é curvo também o universo de Einstein".*[40]

[37] *Ibidem*, p.12.

[38] *Ibidem*, p.12.

[39] *Ibidem*, p.12.

[40] NIEMEYER, Oscar. *The curve of time*: the memoirs of Oscar Niemeyer. London: Phaidon, 2000, p.03.

Croquis para o poema da curva
Oscar Niemeyer
Arquivo Fundação Oscar Niemeyer
Fig. 19

Através da sua já reconhecida e distinta arquitetura modernista brasileira, denominada internacionalmente de *free-form modernism,* Niemeyer prepara-se para executar as suas duas maiores obras-primas: o complexo da Pampulha, em Belo Horizonte, e a nova capital do país, Brasília. Ambos projetos, sonho do estadista Juscelino Kubitschek (1902-1976), que se destaca, no caso da primeira obra, no papel de prefeito de Belo Horizonte (1940-1944), e, na segunda, já como presidente do Brasil (1956-1961). Kubitschek era um homem culto que amava as artes e a vanguarda, conhecido entre o povo brasileiro como "o presidente Bossa Nova", porque trazia consigo uma mensagem nova, como o gênero musical surgido nos anos cinqüenta no Brasil.

Durante o seu governo, que sucedeu o segundo mandato de Getúlio Vargas, Kubitschek promoveu uma verdadeira modificação no panorama produtivo industrial local, ao convidar e incentivar empresas (principalmente do setor automobilístico) americanas e européias a se instalarem no país. Assumiu como desafio para os seus anos de governo a promoção de um desenvolvimento sem precedentes na história brasileira, usando um pretensioso slogan: "cinqüenta anos em cinco".

Igreja São Francisco de Assis na Pampulha em Belo Horizonte – MG
Projeto | Oscar Niemeyer
Ano | 1943
Foto | Miguel Aun
Fig. 20

De acordo com Tavares, *"Juscelino Kubitschek, abandonando a política de capitalismo de Estado, atrai numerosas empresas para implantar subsidiárias no Brasil, no campo da indústria automobilística, naval, química, mecânica etc. Para tanto, concedeu toda sorte de subsídios, tais como terrenos, isenção de impostos, empréstimos e avais a empréstimos estrangeiros. O fez com tanta largueza que muita indústria custou a seus donos menos de 20% de investimento real do seu capital".*[41] A política de governo de Kubitschek se afinava com o sonho de modernização e de industrialização do país e isso se refletia positivamente no âmbito das artes e de toda a cultura projetual brasileira dos anos cinqüenta.

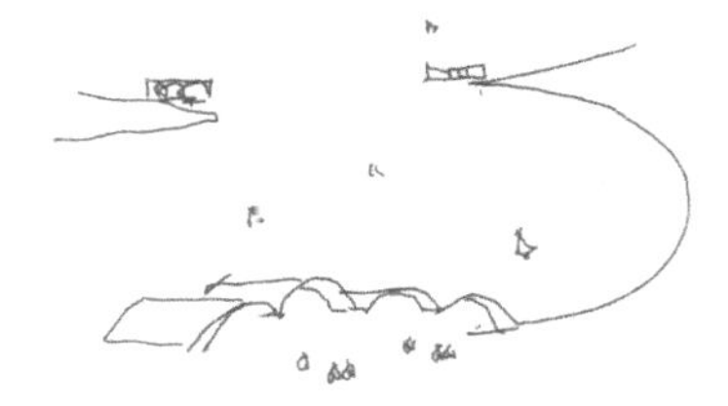

Croquis do complexo da Pampulha em Belo Horizonte – MG
Oscar Niemeyer
Arquivo Fundação Oscar Niemeyer
Fig. 21

Igreja São Francisco de Assis na Pampulha em Belo Horizonte – MG
Projeto | Oscar Niemeyer
Ano | 1943
Foto | Miguel Aun
Fig. 22

Do movimento moderno no Brasil, Niemeyer foi um dos protagonistas que melhor soube promover e decodificar o encontro entre a arquitetura e a arte e, principalmente, entre a arquitetura modernista internacional e a cultura autóctone nacional. Na sua relação de colaboradores, ele sempre reservou espaço para o talento e a expressividade de diversos protagonistas das artes plásticas brasileira e internacional, que deixaram os seus projetos ainda mais monumentais e com exuberante riqueza plástica. Entre estes se destacam o

[41] TAVARES *apud* RIBEIRO, Darcy. *O povo brasileiro*: a formação e o sentido do Brasil. São Paulo: Companhia das Letras, 1995, p.202.

Croquis Museu de Niterói – RJ
Oscar Niemeyer
Arquivo Fundação Oscar Niemeyer
Fig. 23

paisagista Roberto Burle Marx e os artistas Cândido Portinari, Alfredo Ceschiatti, Bruno Giorgi, Antônio Celso, Marianne Perreti, Athos Bulcão, Carlos Scliar e Jacques Lipschitz. Justamente com esta equipe, Niemeyer redesenhou a paisagem da Pampulha (1943-1946) e do planalto central com Brasília (1956-1960).

Devemos lembrar que o impacto da livre-forma modernista desenvolvida por Niemeyer na Pampulha, em Belo Horizonte, surtiu tal efeito que a congregação católica local somente permitiu a celebração de missas na Igreja de São Francisco de Assis (1943) vários anos após a sua edificação. Destaca-se ainda, como elemento complementar do cenário em estudo, o fato de o arquiteto ser ateu e um grande ativista do Partido Comunista Brasileiro, o PCB.

A cidade de Brasília, através do sonho do presidente Kubitschek, Costa e Niemeyer, desponta aos olhos dos brasileiros como um símbolo da modernidade e da industrialização do país, porém se reconhece que, ao lado disso, se apresentam a dicotomia entre riqueza e pobreza, entre modernidade e analfabetismo, o paradoxo entre arquitetura plástica monumental e as favelas do Brasil, realidade que o antropólogo Roberto DaMatta denominou de "dilema brasileiro".

"De fato, é Niemeyer que vem organizar, como em uma realidade antecipada, uma nova cidade, Brasília, idealizada por Costa como capital de um país que devia mover o seu próprio pólo do litoral ao interior, que devia transformar o seu próprio sistema baseado em duas culturas: uma ocidentalizada, da costa, e outra autóctone, do interior, em um único sistema, uma capital central, como ocorre em cada nação ocidental que se respeite, como Moscou ou Paris, como Roma ou Berlim".[42]

A cidade de Brasília vem representar, por fim, a maturidade do trabalho do arquiteto e artista Niemeyer, e é nela que o seu estilo é definitiva e internacionalmente reconhecido. É o triunfo da livre composição e da dialética formal, do encontro do modernismo Europeu com as especificidades brasileiras, do *international style* com a cultura autóctone nacional e,

[42] QUINTAVALLE, Arturo Carlo. *Design*: Roberto Sambonet. Milano: Federico Motta Editore, 1993, p.13.

justamente por tudo isso, Brasília é realmente surreal. Brasília, por tanta tensão social que representa e pelo seu ecletismo estético (decodificado), destina-se justamente a ser interpretada como autenticamente brasileira. Cidade símbolo de três raças, que se encontraram em um mesmo território (o Índio, o Negro e o Branco) para conformar o povo brasileiro, realidade mestiça que proporcionou o nascimento do sincretismo plástico e religioso existente no Brasil e que também propiciou o surgimento de um homem sincrético que vive em uma cultura espontânea e plural. Brasília, vista sob esse prisma, é realmente o espelho do Brasil.

Croquis de Brasília – DF
Oscar Niemeyer
Arquivo Fundação Oscar Niemeyer
Fig. 24

Como cidade patrimônio cultural da humanidade, Brasília é um dos maiores símbolos da modernidade arquitetônica do Novo Mundo. Botey nos fala da surpresa de Corbusier diante da Praça dos Três Poderes, quando foi convidado para conhecer a nova capital: "Grande Oscar, Grande!" – foram as suas palavras para Niemeyer.

Produto | Cadeira de Balanço
Design | Anna Maria e Oscar Niemeyer
Produção | Móveis Teperman
Ano | 1977, produzida pela Teperman desde 1991
Foto | Arnaldo Pappalardo
Fig. 25

Outra característica que desponta como de fundamental importância, durante o surgimento da arquitetura modernista brasileira, é que, de fato, essa se estabelece como um modelo projetual contínuo, que tem influenciado várias gerações de jovens projetistas, que, a seus modos, acrescentam-lhe novas referências e energias e a mantêm em constante transformação.

Por longo período da ditadura militar no Brasil (1964-1985), Niemeyer esteve exilado em Paris, onde conviveu com personalidades como Jean Paul Sartre, Simone de Beauvoir, Louis Aragon, André Breton, Max Jacob, Pablo Picasso e os seus companheiros do Partido Comunista Francês. Durante o seu período de exílio político, Niemeyer, como não podia trabalhar no Brasil, realizou projetos para mais de vinte e dois países, dentre eles Argentina, Alemanha, Arábia Saudita, Cuba, Congo, Cabo Verde, Costa do Marfim, França, Filipinas, Itália, Israel, Inglaterra, Líbano, Líbia, México, Portugal, Senegal, USA, Uruguai e Venezuela.

o racionalismo no design brasileiro

Ao término da analise sobre os resultados obtidos pela arquitetura e pelas artes plásticas no cenário projetual brasileiro, partindo das referências provenientes do exterior, retomamos a reflexão que fazíamos anteriormente, confrontando tais resultados com aqueles obtidos pelo design brasileiro.

Não temos, de fato, conhecimento, no âmbito do nosso design, após vários anos da sua instituição no Brasil, de um *movimento* ou *corrente*, como, por exemplo, as já mencionadas Semana de Arte Moderna, de São Paulo, e a Livre-forma Modernista, de Niemeyer, que tenha propiciado, repita-se, na área do design, o surgimento de uma linguagem que seja reconhecida como propriamente brasileira e que tenha grande repercussão, seja na esfera local seja na internacional. Dessa maneira, podemos imaginar que a espécie de transformação positiva que muitas vezes acontece em uma relação entre o exterior e o autóctone, aquilo que Ezio Manzini denomina de *localizzazione evolutiva* (facilmente identificável no Brasil no campo das artes plásticas e da arquitetura), não se faz sentir de maneira substancial (com mesmo teor e força) no âmbito da cultura material do design brasileiro.

Podemos ainda, para ilustrar esta analise, acrescentar a questão da música popular brasileira como sendo um perfeito modelo de "localização evolutiva" no Brasil, com a confluência de culturas diversas, como o caso do encontro do *jazz* americano com o samba brasileiro, que gerou um novo e celebrado ritmo musical de grande reconhecimento internacional, a Bossa Nova. De fato, acrescenta Bonsiepe: *"em outros campos da cultura quotidiana – música, dança, medicina, alimentação, literatura e na relação ambiente e trabalho – estas culturas se desenvolveram de modo autônomo e diversificado no Brasil. Mas, no âmbito do design, a realização de uma identidade ainda não aconteceu".*[43]

---

[43] BONSIEPE, Gui. *Dall'oggetto all'interfaccia*: mutazioni del design. Milano: Feltrinelli, 1995, p.127.

Símbolo da Ligth do Rio de Janeiro
Design | Aloísio Magalhães
Ano | 1967
Fig. 26

Partindo do discreto resultado da localização evolutiva proveniente da relação entre o local e os modelos do exterior, no âmbito do design no Brasil, podemos conjeturar, entre outras hipóteses, a explicação do atraso da inserção, de forma determinante, dos ícones culturais locais no design brasileiro. Essa tarefa, por tantos anos, vem sendo considerada como grande desafio. Na verdade, não se pode sustentar que não tenha havido ações evolutivas no âmbito da relação do design nacional com as influências provenientes do exterior, mas podemos seguramente observar a sua limitada dimensão e fragilidade de firmação.

Afora a contribuição inconteste de pioneiros, como Joaquim Tenreiro, Zanine Caldas e Sérgio Rodrigues, no âmbito do produto industrial, e Rubens Martins e Alexandre Wollner, no do design gráfico, podemos recordar, dentre os protagonistas do design brasileiro, dois outros de seus importantes representantes a enfrentar os desafios da inserção da cultura local – autóctone e popular – no design nacional: Aloísio Magalhães, com o design gráfico (Brasil, 1928 – Itália, 1982), e Lina Bo Bardi, com o design de produto (Itália, 1914 – Brasil, 1992). Aloísio Magalhães era um personagem com visão de empreendimento, dinâmico e moderno, que procurava inserir a memória do homem brasileiro no centro de seus trabalhos. Ele foi secretário do Serviço do Patrimônio Histórico e Artístico Nacional – SPHAN (órgão anteriormente conduzido por Lúcio Costa), criou o Centro Nacional de Referencia Cultural – CNRC, a Fundação Nacional Pró-Memória e foi nomeado Secretário da Cultura do Ministério da Educação. Devemos ainda ressaltar as atividades de Magalhães junto ao grupo que compunha "O Gráfico Amador" (Gastão de Holanda, José Laureiro de Melo e Orlando da Costa Ferreira), que representou uma experiência gráfica literária iniciada em Recife em 1954, com a finalidade de promover uma reprodução em série limitada, respeitando as limitações de uma oficina de amadores.[44]

Lina Bo Bardi, com toda sua pesquisa dedicada à arte popular, procurava encontrar uma via de meio entre o artesanato e a produção em série no Brasil. Como o escritor Ferreira Gullar,[45] Bo Bardi considerava a

[44] Ver LIMA, Guilherme Cunha. *O Gráfico Amador*: as origens da moderna tipografia brasileira. Rio de Janeiro: Editora UFRJ, 1997.

[45] FERREIRA, Gullar. *Cultura posta em questão.* Rio de Janeiro: Ed. Civilização Brasileira, 1965, p.03.

cultura popular um claro sinal de consciência da realidade brasileira. Mas é verdade também que nenhum desses dois modelos promovidos por Magalhães e Bo Bardi foram disseminados de maneira sistemática no âmbito do ensino de design no Brasil, ao ponto de tornarem-se reconhecíveis como possíveis referências e como símbolo de uma escola de design local. Podemos dizer que a obra de Magalhães e dos seus colegas da mesma geração muito se aproximou desse propósito. De fato, o design gráfico brasileiro soube responder "com maior qualidade" às condicionantes projetuais do movimento moderno, vindo por fim a se destacar, em nível nacional, como sendo mais profícuo e expressivo que o design dos nossos artefatos industriais produzidos no mesmo período.

Símbolo da Empresa de Turismo de Pernambuco – Empetur
Design | Aloísio Magalhães e Joaquim Redig
Ano | 1970
Fig. 27

Partindo dessa premissa, devemos retornar à avaliação dos desafios enfrentados quando da origem do design no Brasil e continuar a nossa análise sobre o decisivo legado deixado pelo modelo racional-funcionalista (originário das influências estrangeiras), no contexto formativo e na práxis do design local. Citamos Ortiz: "o colonizado nem sempre é capaz de reconhecer-se através de si mesmo, ele às vezes se enxerga através dos olhos do colonizador", e neste sentido, os modelos internacionais de design encontraram um terreno fértil e propício no Brasil, convertendo-se por fim a referências dominantes para o desenvolvimento do design local.

Buscando efetuar uma avaliação transparente e imparcial sobre os efeitos das referências internacionais no design brasileiro – mesmo porque aqui não se pretende julgar, mas sim analisar – colocamos em exame o modelo racional-funcionalista, vencedor na esfera local e de maior influência no estabelecimento e desenvolvimento do design no Brasil.

"O exame sobre a relevância do modelo de Ulm nos países periféricos pressupõe a definição das características principais deste modelo. Seguramente a composição internacional seja dos docentes seja dos estudantes da Hfg-Ulm não foi casual. De fato o programa tinha características que se estendiam para fora da situação interna da Alemanha federal. Isto não significa que a Hfg-Ulm pretendesse ter uma validade internacional. Era concebida para o contexto dos países industrializados, o Centro ou Metrópole, mas reunia também os países que viam a industrialização como

um instrumento para reduzir a própria dependência tecnológica, para gerar riqueza e que aspiravam por uma cultura moderna autônoma [...] O racionalismo de Ulm se opunha à pobreza e ao exotismo e impedia o comportamento paternalista do assistencialismo. Em definitivo, se pode afirmar que os problemas do design industrial na Periferia podem ser resolvido somente in loco. *O design industrial feito para o Terceiro Mundo é mera demagogia".*[46]

Essas afirmações de Bonsiepe acerca da escola de Ulm revelam suas afinidades com o projeto Brasil de então, no qual se destaca a estrada aberta pelo país rumo à modernidade e à industrialização. As características da escola de Ulm estavam em consonância com uma consciência por parte da nação brasileira que buscava a sua independência tecnológica, soberania produtiva e ideais de erradicação da pobreza local pela estrada e viés da modernização. Por tudo isso, se reconhece o legítimo valor do modelo racionalista como rica referência para o projeto local. A questão que em seguida se coloca é entender por que o modelo racional-funcionalista dissemina-se de forma abrangente e determinante, firmando-se por fim como a única e constante referência projetual para o design brasileiro.

Após trazer à tona parte dos ideais racionalistas através das observações descritas no decorrer deste texto por Bonsiepe, passamos para a avaliação feita por outro estudioso que há muito tempo vem se ocupando da questão design e modernidade. Andrea Branzi, através do seu livro *Learning from Milan*, narra uma sua tentativa de aproximar-se de Ulm com olhos bastante atuais, o que apresentaremos a seguir.

"Começarei por dizer aqui quais são, na minha opinião, os extraordinários méritos desta escola, criada em 1946, por iniciativa de Inge e Grete Scholl, para recordar os irmãos Hans e Sophie, fundadores do grupo antinazista 'a Rosa Branca' e assassinados em 1943. A idéia inicial era muito simples: reabrir a Bauhaus, fechada quinze anos antes por Hitler. Em 1956, a direção da escola passa de Max Bill para Tomás Maldonado, que a dirige até o seu fechamento, ocorrido em 1968.

[46] BONSIEPE, Gui. *Dall'oggetto all'interfaccia*: mutazioni del design. Milano: Feltrinelli, 1995, p.130-133.

Posto desta maneira, o fato não indica o notável registro de uma aventura intelectual de grande intensidade e importância. Por cerca de vinte anos, Ulm foi o mais extraordinário laboratório intelectual da Europa e do mundo; artistas, cientistas e projetistas se encontram sobre as colinas de Ulm e o seu diretor torna-se uma figura mítica. Abandonada a idéia de um revival da Bauhaus, a escola se adentra pelo território inexplorado da projetação voltada para a grande produção em série, lançando-se na base de uma problemática cujo centro apontava para o desenvolvimento de uma sociedade civil industrialmente evoluída. Por vários motivos, se nós hoje, como designers, estamos aqui falando de projeto e atuando com grande fertilidade, devemos tudo isso a Ulm, e isso não tanto pelos seus conteúdos metodológicos ou lingüísticos, mas pelo fato, bem mais importante, de haver colocado, no centro de um vastíssimo teorema cultural e civil, o design, como uma disciplina que opera em contato com as transformações reais do industrialismo de massa e como projeto que cruza o imensurável universo dos objetos com o mundo artificial que circunda o homem até o ponto de transformar-se na mais importante experiência existencial.

Fora dos limites da arte aplicada na indústria, Ulm definiu o design como uma categoria centrada no projeto moderno; e, neste sentido, tudo que acontecerá posteriormente será porque Ulm abriu uma nova dimensão para a disciplina, que ainda hoje, em termos completamente diferentes, a alimenta [...] Ulm alterou decisivamente o seu limite operativo para o disperso mas invasivo universo dos novos objetos industriais, para os instrumentos de trabalho, para os meios de transporte e de comunicação. Ela cumpre essa operação através de uma rigorosa metodologia projetual, que erroneamente sempre foi apresentada e entendida como absolutamente racional e científica, enquanto hoje nos revela como fruto de uma rica estratégia simbólica e metafísica. Tal metodologia, para impor-se naqueles anos, seguiu a forma de uma regra objetiva, incontestável, de propor um novo caminho a uma Alemanha e a uma Europa em busca de certezas, após uma guerra perdida e depois de tantos horrores e sonhos errados. Qual foi então o teorema central de Ulm? Qual estratégia aproximativa é proposta para o universo dos seus objetos industriais? A escola, de fato, propôs um substancial 'resfriamento' do próprio objeto, uma neutralização dos seus valores e significados expressivos, através de uma codificação formal de grande pureza e corretismo, e que ao mesmo tempo impedia a petulância visual e a arrogância mecânica".[47]

Como se sabe, a estratégia do método, eficiência, ordem, coordenação e de primorosidade projetual é intrínseca ao modelo de Ulm, e grande parte dos ideais racionalistas presentes no design ganham espaço no Brasil – que os adota de maneira abrangente e sistemática, tornando por fim tal modelo o vencedor durante o estabelecimento da disciplina no país. É claro que o Brasil apontava também para a decodificação desse modelo de forma a adequá-lo às características locais, mas devemos considerar que, diante das fortes e acentuadas condicionantes projetuais inerentes ao modelo racionalista, como a realidade do purismo formal e o acentuado enfoque nos aspectos funcionais, as referências e espontaneidades locais nem sempre apareciam de forma expressiva e relevada, mas, ao contrário, muitas vezes foram mesmo minimizadas diante da força dos princípios projetuais disseminados pelo modelo racional-funcionalista.

Sucede, portanto, que o design brasileiro, quando comparado com as demais localizações evolutivas ocorridas em outras disciplinas – primeiro nas artes plásticas e posteriormente na arquitetura – não promoveu, durante a sua instituição no Brasil, através do modelo funcionalista, uma decifração local de intensidade significativa que proporcionasse o surgimento de um modelo autônomo, que fosse, por fim, reconhecido como singularmente brasileiro. Os resultados dos conceitos funcionalistas que foram aplicados e disseminados no Brasil (de boa qualidade, se ressalta), nos permitem, hoje, perceber que os ideais do modelo racionalista se fizeram por fim mais visíveis e consistentes dentro do design brasileiro que a presença dos nossos próprios símbolos locais. Mas, se um resultado positivo foi obtido através do design gráfico, o mesmo não sucede quando colocamos em exame os nossos artefatos industriais.

É importante observar que parecia mesmo propício para um país como o Brasil, ainda nos anos sessenta com tantos desafios no âmbito social (com

[47] BRANZI, Andrea. *Learning from Milan*: Design and the Second Modernity. Cambridge: MIT Press edition, 1988, p.41-42.

problemas comparáveis mesmo a um pós-guerra), ter no modelo racional-funcionalista uma estrada segura a seguir, ou melhor, talvez um campo possível para a resolução dos problemas da sua produção e do seu design. Mas, por outro lado, observa-se também que um país de dimensão continental como o Brasil poderia ter promovido em paralelo, durante a instituição do ensino do design na esfera local, experiências e modelos de ensinamento diferenciados, com características e ideais diversificados, como são na verdade diversas as vocações e o comportamento dos brasileiros. Uma vez mantidos os conceitos funcionalistas como referência projetual em uma escola ou região brasileira, outras poderiam ter-se adentrado na promoção de possíveis e diferentes modelos para o design local, na busca de resultados e soluções distintas, e ainda mesmo poéticas diferenciadas.

As variadas características e as diversidades regionais nitidamente presentes no caso Brasil poderiam ter sido tomadas como possíveis referências projetuais. Deve-se dizer que, mesmo que algumas tentativas nesse sentido tenham ocorrido no Brasil, o modelo racional-funcionalista vence e torna-se predominante como modelo único e de base para a instituição do design em praticamente todo o país. *"A Hfg-Ulm apontava, sobretudo, para o âmbito de interferência do design na tipologia de produtos de bens de investimento e dos instrumentos de trabalho (por exemplo as aparelhagens médicas) como objetivo projetual. Além do mais, ela ampliou o tradicional campo da gráfica para a comunicação visual [...] De fato, já no período de fundação da escola, o programa de ensinamento tinha atraído estudantes da periferia, existiam diversos contatos com instituições de ensino do mundo periférico, mesmo que não fosse apresentada uma possibilidade de desenvolver atividades em comum por um longo tempo, que permitisse a ela ocupar-se da situação concreta do design da periferia e de colocar em debate a concessão universalista da matéria determinada pela experiência da Metrópole".*[48]

Hoje, mais de quarenta anos após a instituição do design no Brasil, marcada pelas referências racional-funcionalistas, nos parece possível efetuar um exame do complexo fenômeno vivido, apontando para os seus resultados, tanto os positivos quanto os negativos. De acordo com Andrea Branzi: *"o*

---

[48] BONSIEPE, Gui. *Dall'oggetto all'interfaccia*: mutazioni del design. Milano: Feltrinelli,1995, p.124, 141.

erro típico que é cometido neste caso em países como o Brasil é crer que possa existir uma solução unitária quando o sincretismo é a religião natural do país [...] Esta impostação foi adotada como uma estratégia feita para guiar o Brasil fora do grupo dos subdesenvolvidos, para propiciar modernidade e unidade a um país que é destinado a viver em uma pós-modernidade de fato".[49]

É curioso notar que, nesta análise sobre o fenômeno funcionalista na realidade do design brasileiro, desponta um outro componente bastante interessante: a frágil presença ou quase negação do espírito lúdico, carnavalesco e festivo local, da ingenuidade e utopia, do sacro e do profano existentes como fortes características da cultura brasileira, bem como dos dramas e das imperfeições da cultura latino-americana. Optando de maneira generalizada pelo modelo racionalista, o design brasileiro inibiu as referências locais em sua constituição, que deveriam, de outro modo, fundamentar a criação de uma linguagem própria. Na verdade, deve-se entender que os ideais funcionalistas não são compatíveis com a desregra e a desmesura, com os excessos e as imperfeições, e exatamente por tudo isto a eficiência racionalista, consequentemente, confronta-se com este lado veemente da realidade brasileira. Segundo Baktin, *"é preciso assinalar, contudo, que a paródia carnavalesca está muito distante da paródia moderna puramente negativa e formal; com efeito, mesmo negando, aquela ressuscita e renova ao mesmo tempo. A negação pura e simples é quase sempre alheia à cultura popular".*[50] Recordo-me também de David Underwood, que fala sobre Le Corbusier contagiado pela exuberância do espírito latino e da dramaticidade da paisagem sul-americana. Características que são entendidas como elementos e diferenciais socioculturais de uma possível razão local. Estas características, explicitamente brasileiras, resultam, porém, como tendo uma participação pávida no processo formativo acadêmico do design brasileiro.

Paralelamente a esta análise, para melhor entendimento do raciocínio em curso, podemos dizer que bastante diferente foi, no entanto, o percurso

---

[49] BRANZI, Andrea. *Learning from Milan: Design and the Second Modernity.* Cambridge: MIT Press edition, 1988, p.65.

[50] BAKTIN, Mikhail. *A Cultura popular na idade média e no renascimento.* São Paulo/Brasília: Edunb/Hucitec, 1999, p.10.

formativo do design nos países centrais e hoje fortemente industrializados, onde a indústria e o design aparecem como conseqüência direta da tradição do seu artesanato local (mesmo considerando-se que tiveram, eles também, dificuldades por superar). Mas esses países, deve-se lembrar, viviam também a vantagem de um saudável relacionamento entre empreendedores e designers.[51] Tomando este argumento para reflexão, e considerando as devidas diferenças e complexidades (obviamente existentes), o caso do design italiano, pela sua importância como fenômeno contemporâneo, merece aqui ser averiguado. Assim nos descreve Attilio Marcolli: *"são três as características mais salientes do design italiano; a primeira, e a mais evidente de todas, é aquela de ser um design de protagonistas, ou seja, de personagens que possuem personalidades distintas e poéticas próprias. A segunda, a mais conhecida e difundida no contexto internacional, é aquela de ser um design não normativo mas icônico. A terceira característica, e a mais oculta, mas de grande incidência operativa, é dada pela presença de empreendedores 'iluminados', que escolheram o design como o aspecto mais significativo da cultura material e como fenômeno de suas políticas industriais [...] Na Itália, parece existir a vontade de conservar e valorizar através da produção industrial, o gosto pela invenção, que no passado era nítido nos seus artistas e artesãos".*[52]

Como se observa nessa passagem descrita por Marcolli, o percurso do design italiano é estabelecido como uma espécie de continuação da própria cultura artesanal do país, e marcado por uma determinante vontade de se fazer design também por parte dos seus empreendedores e não apenas dos seus designers. Este percurso em muito difere do caso brasileiro, tornando evidente a distinção entre a instituição do design na Itália, que ocorre de maneira espontânea, e a instituição do design no Brasil, que ocorre de modo forçado. Isto é: o Brasil viveu o estabelecimento do seu design sempre com uma expectativa de transferência de modelos e soluções provenientes do exterior, se desenvolvendo não como uma conseqüência direta e espontânea das suas tradições artesanais e das suas manifestações culturais.

[51] Ver: GREGOTTI, Vittorio. *Il Disegno del prodotto industriale*: Italia 1860-1980. Milano: Electa, 1986; MARCOLLI, Attilio; GIACOMONI, Silvia. *Designer Italiani*. Milano: Ed. Idea Libri, 1988; BRANZI, Andrea. *Introduzione al design italiano*. Milano: Baldini & Castoldi,1999.

[52] MARCOLLI, Attilio; GIACOMONI, Silvia. *Designer Italiani*. Milano: Ed. Idea Libri, 1988, p.08.

do artesanato à indústria

Bonecas de Cerâmica
Glória Maria Andrade
Vale do Jequitinhonha – MG
Foto I Miguel Aum
Fig. 28

A arquiteta Lina Bo Bardi assim se expressa: *"O artesanato corresponde a uma forma particular de agremiação social, isto é, às uniões de trabalhadores especializados reunidos por interesses comuns de trabalho e mútua defesa, em associações que, no passado, tiveram o nome de Corporações [...] pintores e escultores foram, no passado, incluídos também no artesanato, nas assim chamadas 'artes menores'. As Corporações existiram na Antigüidade Clássica, isto é, na Grécia e em Roma, e tiveram o seu máximo esplendor na Idade Média, quando a Europa inteira se constituiu em Corporações. A palavra artesanato vem da palavra 'arte' equivalente de Corporação [...] o artesanato como corpo social nunca existiu no Brasil, o que existiu foi uma imigração rala de artesãos ibéricos ou italianos e, no século XIX, manufaturas. O que existe é um pré-artesanato doméstico, artesanato nunca [...] Não existe um artesanato brasileiro, existem produções esporádicas. O Brasil será obrigado a enfrentar o problema da verdadeira industrialização diretamente. As corporações artesanais não entram em sua formação histórica".*[53]

Antes que se tirem conclusões antecipadas, devemos dizer que essas Corporações, a que se refere Lina Bo Bardi, dizem respeito às associações de artesãos que desenvolviam em série, porém ainda de forma limitada, na Europa pré-industrial (entre os séculos XII e XVIII), uma vasta gama de utensílios de uso pessoal e de artefatos domésticos, que continham uma elevada qualidade estética e eficiente funcionalidade. Entre essas Corporações, obtiveram grande destaque as de *Gobelin* na França e a de *Meissen* na Alemanha no século XVII.[54]

[53] BARDI, Lina Bo. *Tempos de grossura*: o design no impasse. São Paulo: Ed. Instituto Lina Bo e P. M. Bardi, 1994, p.12, 16, 28.

[54] "Já no século XVII, com o poder concentrador das monarquias, iniciou-se o mecenato a favor dos artistas e artesãos, através da fundação de diversas instituições manufatureiras, que eram financiadas e controladas pela Coroa. Pode-se, entre elas, destacar a de *Gobelin* na França, conhecida pelos seus tapetes, móveis e objetos em metal. Essa organização contava com mais de uma centena de artesãos e serviu de escola para um considerável número de aprendizes. Outra manufatura de destaque era a de *Meissen*, fundada pelo soberano grão-duque da Saxônia em 1709, onde se dava acento à pesquisa e a experiência em muitos utensílios de porcelana". (DE MORAES, Dijon. *Limites do Design*. São Paulo: Ed. Studio Nobel, 1997, p.19.).

"A manufatura dos Gobelins, que foi instrumento privilegiado do poder e que, criada por Colbert em 1667, foi uma das quatro manufaturas nacionais até então existentes entre aquelas instituídas pelo Ancien Régime. Fábrica prestigiosa pela perfeição e excelência das suas obras, cuja história foi sempre descrita e cuja fama sempre ofuscou a atividade de outras empresas [...] a mesma compreendia grandes pintores, mestres tecelões, ourives, fundidores, incisores, lapidadores, entalhadores, marceneiros, tintureiros e outros operários hábeis em todo o tipo de arte e ofício".[55]

Bonecas de Barro
Associação dos Artesãos Coqueiro Campos
Vale do Jequitinhonha – MG
Foto | Miguel Aun
Fig.29

Essas congregações do passado (embrião do que viria a ser sucessivamente a manufatura, a fábrica e por fim a indústria atual), configuravam-se como um *mix* de espaço de produção e de escola para aprendizagens diversas. É correto que Bardi as perceba ausentes em países como o Brasil e outros do novo mundo que iniciaram contato com o continente europeu a partir do século XVI. Lina Bo Bardi reconhece o artesanato brasileiro, que ela pesquisou, defendeu e promoveu, como uma rica atividade artística proveniente da cultura popular (mais relevante que a "cultura de massa", segundo ela mesma) das regiões mais carentes e pobres do Brasil (como o Nordeste e o Vale do Jequitinhonha, em Minas Gerais), onde ele se manifesta como forma de representação dos ícones do sincretismo religioso, das histórias, das fábulas e das crendices populares brasileiras.

Nos parece oportuno recordar que Portugal, que colonizou o Brasil por mais de trezentos anos (considere-se que Portugal compunha o clube dos países ricos daquela época), não tornou possível a difusão destes modelos de manufaturas (que sucederam as corporações) no Brasil colonial. Isso poderia ter ocorrido, uma vez que as corporações existiram até o século XVIII. Mas foi assinado um acordo entre Portugal e a Inglaterra que consistia na proibição do desenvolvimento do processo de industrialização em Portugal, extensiva também a todas as suas colônias, incluindo o Brasil.

A seguir, citamos Ribeiro, em trecho que nos fornece uma visão sistêmica do cenário da época: *"Nem Portugal conseguira reter a riqueza portentosa que carreara, criando com ela novas fontes de produção. Um*

[55] VAISSE, Pierre. Francia: ascesa e caduta del modello della Manifattura reale. In: CASTELNUOVO, Enrico (Org.).1750-1850 L'Età della Rivoluzione Industriale. In: ______. *Storia del disegno Industriale.* Milano: Ed. Electa, 1991, v. 2, p.148.

Castiçal recuperado de lata de óleo.
Montesanto – BA
Arquivo Instituto Lina Bo e P. M. Bardi
Fig. 30

pacto de complementaridade econômica com a Inglaterra – Tratado de Methuen – *assegurava taxas mínimas ao* vinho do Porto *e ao* azeite português *em troca do livre comércio das* manufaturas *inglesas. Através deste tratado, era transferido quase todo o ouro português para os banqueiros londrinos. As proporções dessas transferências podem ser avaliadas em documentação da época, que indica terem alcançado até 50 mil libras semanais os pagamentos portugueses em ouro pelas importações que o reino e o Brasil faziam aos industriais ingleses. Esse ouro contribuiria para custear a expansão da infra-estrutura industrial da Inglaterra".*[56] De fato, Portugal, a despeito de ser naquela época uma potência econômica européia, não fez parte do processo de industrialização iniciado no final do século XVIII no seu próprio continente.[57]

Sabe-se ainda que a industrialização nos centros mais desenvolvidos, que dominavam a economia mundial no século XVIII, se valia de conhecimentos produtivos que nem mesmo a rica Portugal da época havia adquirido, como nos comprova a tabela 02 a seguir. Aí podemos ver os resultados das pesquisas de G. Mori, *Início e triunfo da siderurgia moderna*, publicados em *História do Desenho Industrial 1750-1850*, que nos demonstram a ausência de Portugal entre os países que se destacavam na produção mundial de ferro-gusa, elemento fundamental e decisivo para o processo de industrialização.

Em conseqüência da assinatura do referido tratado de *Methuen*, a desenvolução industrial no Brasil foi proibida pela Coroa portuguesa. *"O obstáculo fundamental à realização desse desígnio residia, porém, numa proibição expressa. Efetivamente, as tentativas de instalar fábricas toscas pareceram à Coroa tão atentatórias aos seus interesses que todas elas foram destruídas pelas tropas coloniais e se dispôs em 1785 que jamais se tornassem a levantar".*[58] Este fato não pode por nós ser subestimado, mas, ao contrário,

[56] RIBEIRO, Darcy. *O povo brasileiro*: a formação e o sentido do Brasil. Companhias das Letras: São Paulo. 1995, p.377.

[57] DE MORAES, Dijon. Design luso-brasileiro: analogia, transcurso e desafios. *Comunicarte*: revista de comunicação e arte, Aveiro, Portugal: Universidade de Aveiro, v. 1, n. 3, p.227-234, dez. 2002. (*Paper* apresentado no Iº Encontro de Pesquisadores/Investigadores Luso-brasileiros em Design. Universidade de Aveiro. Portugal, abr. 2001.).

[58] RIBEIRO, Darcy. *O povo brasileiro*: a formação e o sentido do Brasil. São Paulo: Companhia das Letras, 1995, p.378.

atentamente levado em consideração como importante fator histórico de retardamento do processo industrial no Brasil. Isso, ao trazer efeitos negativos para a promoção industrial do país, concorreu também para protelar um processo de inserção dos signos e ícones da cultura brasileira nos artefatos da cultura material local.

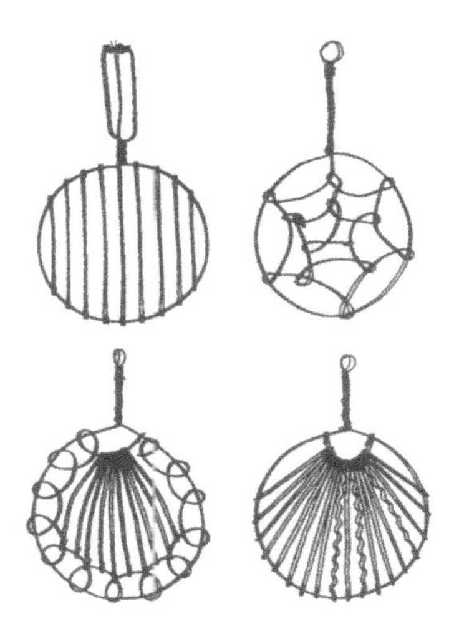

Grelhas de ferro do Mercado da Água de meninos. 1960
Salvador – BA
Arquivo Instituto Lina Bo e P. M. Bardi
Fig.31

Tabela 02

Produção mundial de ferro-gusa em 1830

País		**Quantidade (tonelada)**
Inglaterra		689.623
França		266.361
Rússia		182.965
Estados Unidos		167.965
Alemanha		97.000
Áustria		94.006
Suécia		75.000
Bélgica		35.000
Espanha	(dado referente a 1842)	35.000
Itália		20.000

Fonte: MORI, G. et al. Avvii e primi trionfi della siderurgia moderna. *Rassegna economica. Apud* CASTELNUOVO, Enrico (Org). *Storia del disegno Industriale.* Milano: Ed. Electa, 1991, v. I, p.55.

Devemos reconhecer que o design nos Novos Países Industrializados, incluindo o Brasil, deve seguir adiante, enfrentando seus desafios de afirmação, de identidade e de reconhecimento internacional, sem carregar consigo nenhuma espécie de complexo de inferioridade por histórias e por experiências não vividas. Ainda no contexto histórico mundial, *"fomos um dos últimos países do globo a entrar em contato com a tipografia, cujo exercício passou a ser autorizado entre nós, por Portugal, apenas a partir da vinda da família real para o Brasil em 1808. Portanto estamos fabricando nossos próprios livros, jornais e impressos efêmeros há menos de duzentos anos".*[59]

No entanto, deve-se reconhecer que as dificuldades na passagem do modelo artesanal para o industrial não surgiram somente no âmbito dos países em via de desenvolvimento ou de recente industrialização, o processo apresentou-se como grande desafio também para muitos outros países que integram, hoje, o denominado mundo industrializado. Na tabela 03, a seguir, se observa a ausência, em 1860, nos indicadores da capacidade industrial européia, não somente de países como Portugal, mas também de outros como Espanha, Grécia, Holanda e demais países nórdicos e escandinavos.

Tabela 03

Indicadores da capacidade industrial dos países europeus no ano de 1860

País	consumo de algodão natural (Kg per capita)	produção de gusa (Kg per capita)	consumo de carvão (Kg per capita)	potência das caldeiras a vapor (hp p/ 1000 hab.)
Inglaterra	15.1	130	2480	24
Alemanha	1.5	13	400	05
Bélgica	2.9	69	1310	21
França	2.5	26	390	05
Suíça	5.6	06	50	03
Áustria-Hungria	1.2	09	190	02
Rússia	0.5	04	50	01
Itália (1867) 0.6		1.3	20 (1866) 2.2	

Fonte: POLLARD, S. La conquista pacifica. e MORI, G. The Process of Industrialisation in General and the process of Industrialisation in Italy: Some Suggestions, Problems and Questions. In: *Disparities in Economic Development since the Industrial Revolution. Apud* CASTELNUOVO, Enrico (Org). *Storia del disegno Industriale.* Milano: Ed. Electa, 1991, v. I, p.55.

[59] ESCOREL, Ana Luisa. *O Efeito multiplicador do design.* São Paulo: Editora Senac, 2000, p.26.

É Bardi quem vem nos lembrar de um outro protagonista do processo de industrialização mundial no século XX, a Rússia, que apresentou dificuldades similares àquelas mencionadas acima, apesar de sua história bastante diferente do modelo ocidental e do Brasil: *"também na Rússia pouco havia a ser aproveitado no que tangia à Arte Popular, era puro Folclore. Lenin tinha razão de não se ocupar do assunto, e Majakovskij tinha razão quando ria das botas e das camisas bordadas em ponto de cruz de* Essenin, *e estigmatizava o Artesanato"*.[60]

Parece que nenhum país no mundo ficou livre das dificuldades do processo de transição de um modelo agrícola/artesanal para o industrial dominante, mesmo aqueles que hoje são protagonistas incontestes na confecção de artefatos industriais e gozam de grande destaque junto ao design contemporâneo mundial. Sobre isso Branzi afirma: *"o design italiano no século XX foi todo desenvolvido em campo, fora de um modelo de interesse global do país. No contexto dos países europeus, a Itália era, dentre eles, o menos apto ao sucesso dessa atividade [...] Parâmetros faltavam às instituições capazes de dar continuidade e desenvolvimento a* ela, *como museus e cursos universitários, nos quais, até o final da década de oitenta, o design não era ensinado como disciplina independente; nas universidades italianas o design muitas vezes encontrou um ambiente hostil e foi mal tratado"*.[61]

Procurando demonstrar as dificuldades encontradas por parte de países protagonistas mundiais, como a Itália (um dos países que hoje goza de maior reconhecimento e prestígio no mundo do design), durante o seu percurso rumo à modernidade e industrialização, Branzi prossegue: *"entre todas as nações européias, a nossa era certamente aquela menos dotada de museus de arte moderna, de centros de pesquisa e de inovação industrial, e até poucos anos atrás o design era considerado uma parte menor do ambiente de luxo [...] O difuso desinteresse pelo que é chamado de modernidade foi sempre confirmado por um mercado interno tradicionalmente provinciano*

[60] BARDI, Lina Bo. *Tempos de grossura*: o design no impasse. São Paulo: Ed. Instituto Lina Bo e P. M. Bardi, 1994, p.18.

[61] BRANZI, Andrea. *Introduzione al design italiano*: una modernità incompleta. Milano: Baldini & Castoldi, 1999, p.07-08.

Artesanato em Cerâmica
Produção coletiva
Vale do Jequitinhonha – MG
Foto | Guilardo Veloso
Fig. 32

e por um debate cultural sempre orientado para uma severa avaliação do consumismo e dos excessos da industrialização de massa. Apesar de tudo isso – ou talvez graças a tudo isso – a Itália é hoje o maior exportador de bens estéticos do mundo. De acordo com os experts, 70% do ativo da balança comercial da Itália é constituído de produtos ligados à moda e ao design [...] Foram sempre as condições desfavoráveis que alimentaram os fenômenos mais originais da história do nosso pensamento estético [...] podemos pensar que também o design italiano contemporâneo seja um fenômeno que assimila esta mesma energia de invenção, capaz de elaborar inovações como resposta política às condições operativas e culturais negativas [...] É interessante então aqui destacar não a grandeza e a supremacia da arte italiana, mas as fragilidades e imperfeições que fizeram com que esta se tornasse grande [...] O design italiano, ao contrário, como sistema que reflete uma modernidade imperfeita e contraditória, tirou desses elementos negativos a sua real originalidade e a sua capacidade de renovação, se adaptando às modificações advindas da economia industrial e da cultura do projeto dos últimos vinte anos".[62]

Se Branzi nos expõe a fragilidade existente dentro do processo mundial de modernidade e as imperfeições existentes dentro do percurso do apreciável sistema do design na Itália, no que diz respeito à realidade brasileira, devemos promover uma avaliação ainda mais criteriosa e sistêmica das nossas fragilidades locais. Não somente considerar a nossa imperfeição de percurso rumo à modernidade, mas, de forma ainda mais complexa, reconhecer os vários "espaços vazios e incompletos" no nosso percurso formativo de industrialização e, como sua conseqüência, de estabelecimento do nosso design. Essa imperfeição de percurso é entendida como sendo uma lacuna entre a era das manufaturas artesanais e a era mecânica industrial.

Darcy Ribeiro nos descreve o início do processo de industrialização ou do "tardo artesanato" ocorrido no Brasil em princípios do século XX, mais precisamente na região meridional do país: "*surgiu na zona colonial um desenvolvimento industrial intensivo, originado no artesanato familiar,*

[62] *Ibidem*, p.07-10.

que já alcançou a estatura de uma rede de instalações fabris de nível médio, dedicada à produção metalúrgica, à tecelagem e à indústria química, de couros, cerâmicas e vidreira. Algumas das antigas vilas coloniais gringas transformaram-se, nesse processo, em importantes centros industriais regionais como Caxias, São Leopoldo, Novo Hamburgo, Blumenau, Joinville e Itajaí. Os antigos colonos, transformados em empresários, não se circunscrevem, porém, à sua área original. Instalam suas indústrias também nas capitais regionais, fazendo-se os principais empresários modernos do sul do país [...] Esse salto da agricultura granjeira à indústria artesanal e, depois, à fabril foi possibilitado pelo conhecimento por parte dos colonos de técnicas produtivas européias singelas, porém mais complexas que as dominadas pelos outros núcleos brasileiros. Mas ele se explica, principalmente, pelo bilingüismo, que lhes dava acesso a melhores fontes de informação técnica e possibilitava contatos europeus que permitiram importar equipamentos e pessoal qualificado, quando necessário, e obter assistência na implantação e expansão de suas indústrias".[63]

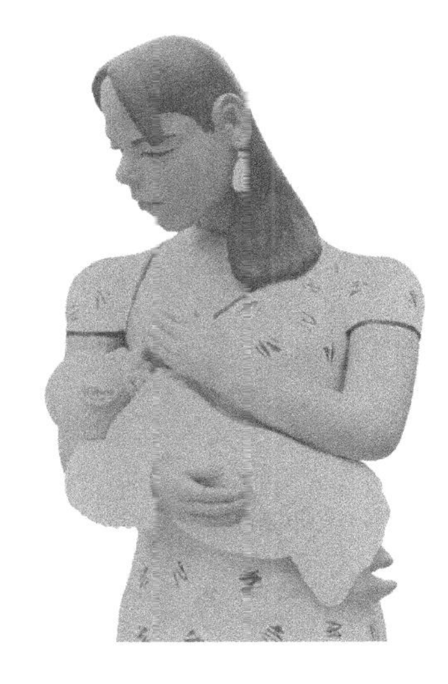

Boneca de Cerâmica
Isabel Mendes
Vale do Jequitinhonha – MG
Foto | Guilardo Veloso
Fig. 33

Utensílios em Cerâmica
Produção coletiva
Vale do Jequitinhonha – MG
Foto | Guilardo Veloso
Fig. 34

[63] RIBEIRO, Darcy. *O povo brasileiro*: a formação e o sentido do Brasil. São Paulo. Companhias das Letras, 1995, p.439.

Artesanato em Cerâmica
Produção coletiva
Vale do Jequitinhonha – MG
Foto | Guilardo Veloso
Fig. 35

Observa-se, portanto, que, tanto na história do "não artesanato", posto em debate por Bardi, quanto do "tardo artesanato", acima exposto por Ribeiro, até a época do estabelecimento oficial do ensino de design no Brasil, na década de sessenta, todas essas abordagens apontam para a mesma realidade e revelam um ponto em comum: nenhuma dessas experiências foram suficientes para as legitimar e as coligar com a cultura autóctone local. De acordo com Maldonado, mais que a imperfeição, a esperança faz parte da cultura e da utopia de futuro, e, *"na maior parte dos casos, o movente originário da utopia é a esperança. E não existem dúvidas, no sentido de que a atividade utópica positiva implique no reconhecimento de que, sendo o mundo imperfeito, seja ele perfectível"*.[64]

Sabemos que existia, na época da instituição do design no Brasil, um forte desejo, e por que não dizer esperança, da parte local, junto às referências provenientes do exterior, de realizar algo de novo e próprio que possibilitasse, mais que um reconhecimento em nível internacional, a sedimentação dos ícones e do *modus vivendi* local. "Não creio que se possa falar de projeto – escreve Vittorio Gregotti – sem falar em desejo. O projeto é o modo com que tentamos promover a satisfação de um nosso desejo".[65]

É neste cenário, entre espera e esperança, que o design no Brasil se estabelece, ganha espaço e desenvolve-se. Justamente no conflito e tensão entre a realidade local e as referências provenientes do exterior, entre os ideais dos protagonistas oriundos dos países mais industrializados e as aspirações dos atores protagonistas locais. Estes últimos, dotados de grande sentimento de determinação, apostavam justamente no futuro industrial do Brasil e na indispensável presença da atividade de design como partícipe no desenvolvimento da cultura material dentro do processo de modernidade nacional. É interessante notar que o design é instituído e entendido como um projeto de futuro, exatamente como se via e se vê o próprio Brasil: como o país do futuro.

[64] MALDONADO, Tomás. *La speranza progettuale*. 3ª ed. Torino: Einaudi, 1992, p.32.
[65] *Ibidem*, p.33.

Branzi analisa o estado da arte e, sobretudo, o futuro do design no mundo, e, por acreditar na riqueza das suas observações, me permito transcrevê-las na íntegra: *"talvez as nações que hoje possuem um maior potencial no design não sejam mais aquelas européias, ligadas a uma tradição histórica importante, mas muitas vezes pesada; hoje as novas energias nascem fora dos confins do império, das margens menos expostas ao sistema. De países que se apresentam como protagonistas da cultura moderna e que hoje trazem a vantagem das suas sólidas estranhezas. Penso, sobretudo, no Canadá e na América Latina, que, por motivos muito diversos entre si, poderão iniciar uma etapa projetual muito interessante [...] Trata-se de países com histórias distintas, apesar do fato de ter havido em todos eles uma intensa imigração européia. Esse fator não é visto aqui de forma secundária [...] A nossa idéia ocidental de design como sinônimo de democracia tornaria difícil prever o seu sucesso em países que tiveram, como os da América do Sul, uma longa história de tiranismo e de obscuridade. Podemos dizer que este axioma, embora verdadeiro, seja também relativo. Depende de como e com quais energias uma sociedade se libera de uma ditadura; se através de um movimento popular ou através de um complô de palácio. Mas talvez não seja esse o real problema. O que esses países podem oferecer é uma imagem de uma modernidade híbrida, estratégica, rica de energia irracional [...] A própria história da arquitetura brasileira nos demonstra que este país é capaz de produzir projeto somente em um estado de grande inspiração e liberdade [...] Este (o Brasil) se coloca à frente de uma projetualidade mais complexa, na qual os signos podem vir dotados de uma nova sofisticação que nasce do confronto impróprio entre a Europa e o Amazonas [...] Todas as premissas energéticas e culturais estão presentes nesses países, como grande riqueza, grande sonho e grande ambição. Nesses países a indução mais positiva da cultura ocidental ainda está por se realizar, enquanto as culturas míticas e místicas autóctones constituem ainda uma forte e importante presença.*

Após oitenta anos de modernidade, sobre o planeta design, estes países poderiam oportunamente se valer, como fez a Itália quarenta anos atrás, da 'vantagem do atraso'. Eles poderiam, portanto, entrar diretamente com energia nova, na mecânica da sociedade pós-industrial sem ter que pagar o pedágio de tantos ritos enfim superados."[66]

Essa reflexão sobre o design no mundo atual e sua perspectiva de futuro acima exposta por Branzi vai de encontro às expectativas e esperanças existentes no Brasil no que se refere ao teorema design local. Essa expectativa é visível e bastante nítida dentro do complexo panorama do fenômeno design brasileiro, em uma sociedade que soube se promover em tantas áreas distintas, mas que, até então, custa a se estabelecer como protagonista no âmbito da cultura material do design.

Tambores sagrados do candombe feitos em madeira ocada ao fogo
Vale do Jequitinhonha – MG
Foto | Guilardo Veloso
Fig. 36

Como anteriormente sentenciado, reconhece-se que, na maior parte dos casos, o movente originário da utopia seja a esperança. É exatamente

[66] BRANZI, Andrea. *Learning from Milan*: Design and the Second Modernity. Cambridge: MIT Press edition, 1988, p.66-67.

neste cenário que o design brasileiro se estabelece, tomando como referência principal a mimese dos modelos projetuais provenientes do exterior, que, agindo de forma acentuada, alia-se tenuamente aos valores autóctones nacionais. Com este dilema, o design brasileiro nasce, se alimenta e lentamente se renova, traçando, a partir do período da sua instituição, um verdadeiro percurso experimental que prossegue adiante em uma espécie de contínuo metabolismo e metamorfose correlata.

Cungas
Instrumentos musicais do congado
Vale do Jequitinhonha – MG
Foto | Guilardo Veloso
Fig. 37

| capítulo II

um novo país industrializado
1960-1970

- o papel dos militares e das multinacionais
- industrialização e modernidade
- design e industrialização forçada

o papel dos militares e das multinacionais

O governo militar, que toma o poder no Brasil através do Golpe de Estado em 1964, estabelece, como estratégia prioritária para legitimar o novo regime, um plano de crescimento para o país, com vistas à superação da condição de Terceiro Mundo.[67] Este plano, que integra as diretrizes do novo governo, através do Programa Estratégico de Desenvolvimento – PED, é anunciado como grande desafio pelo Ministério do Planejamento em julho de 1967 e propõe como objetivos fundamentais:

(i) o crescimento econômico;

(ii) o desenvolvimento industrial;

(iii) o desenvolvimento social.

O crescimento econômico[68] seria alcançado através do desenvolvimento e aplicação das seguintes ações: (i) aumento dos investimentos em diversos

---

[67] "Freqüentemente, me é atribuída a invenção do termo Terceiro Mundo. Na realidade, as honras vão para o demógrafo francês Alfred Sauvy, que foi o primeiro a utilizá-lo em um artigo no cotidiano *Le Obsevateur*, em 14 de agosto de 1952, intitulado: *Tre mondes, une planète"*. (WORSLEY, Peter. *Modelli del Sistema-Mondo Moderno*. In: FEATHERSTONE, Mike. *Cultura Globale*: Nazionalismo, globalizzazione e modernità. Roma: Edizione Seam,1996, p.149.).

De acordo com Robertson "mapear o mundo de modo sócio-científico foi, naturalmente, um procedimento comum, que se afirmou durante os anos sessenta, com a difusão de percepções relativas à existência do 'Terceiro Mundo', de um lado, e de um 'Primeiro Mundo' (liberal/ capitalista) e um 'Segundo Mundo' (industrializado/comunista), polarizados, de outro lado". (ROBERTSON, Rolan. *Mappare la condizione globale*. In: FEATHERSTONE, Mike. *Cultura Globale*: Nazionalismo, globalizzazione e modernità. Roma: Edizione Seam,1996, p.83.).

[68] "Aqui se entende crescimento econômico como desenvolvimento. A meta de crescimento do PIB brasileiro estipulada naquela época era de 6% ao ano, meta que foi amplamente superada, uma vez que, em 1973, já tinha alcançado a cifra de 14%. Deve-se ainda considerar que, neste mesmo período, a economia mundial teve um crescimento de 7%". (WILLIAMSON. *Apud* ABREU, Marcelo de Paiva. *A Ordem do progresso*: 100 anos de política econômica republicana 1889-1989. São Paulo: Editora Campus, 1989, p.36.).

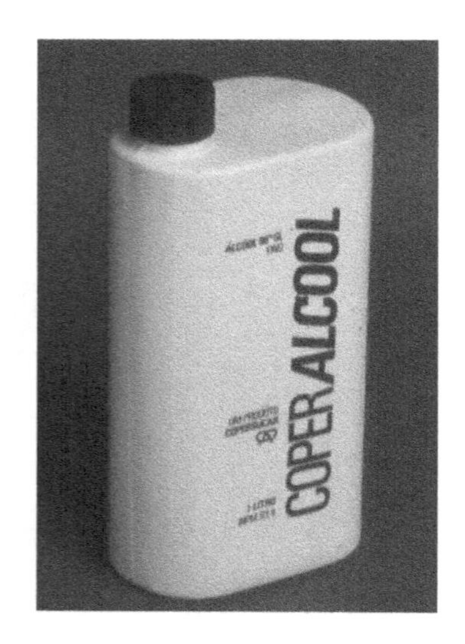

Produto | Coperálcool
Design | Joaquim Redig com colaboração de Osvaldo Hartenstein (Escritório Aloísio Magalhães P.V.D.I.)
Produção | Copersucar
Ano | 1974
Foto | Redig
Fig. 38

setores industriais no país; (ii) maior estímulo aos setores privados com uma gradativa redução das ações dos poderes públicos e centrais; (iii) controle da inflação; (iv) incentivos à expansão do comércio exterior (exportação); (v) elevado aumento da oferta de emprego e outros objetivos sociais.[69]

Entre as estratégias de investimentos supra elencadas, as infra-estruturas de base despontam de forma prioritária e como grande necessidade para levar adiante o audacioso projeto de desenvolvimento proposto pelo governo. Dentre outras ações do novo regime, se destacavam ainda como prioridades: a energia, o transporte, a comunicação, a siderurgia, as minas de extração de ferro e a educação. Como se pode notar, o plano de ação do governo militar procurava propiciar, na verdade, as estruturas de base para promover o assentamento de novos parques produtivos, visando uma forte e rápida industrialização no Brasil. É importante perceber que este período em análise também coincide com a criação de vários institutos e centros de pesquisas e desenvolvimento (P&D) de caráter estatal, cuja intenção seria dar suporte à industrialização. Não se via, entretanto, de forma determinante no programa do governo militar, a proposta de um suporte próprio e local para o desenvolvimento tecnológico nacional, a proposta de um modelo que buscasse o desenvolvimento de forma autônoma e soberana, isto é: pelo viés do desenvolvimento auto-sustentável.[70]

O modesto esforço nacional no investimento em P&D na década de sessenta girava em torno de um valor de menos de 1% do PIB ao ano. Assim ficava patente que era indiferente para o governo que o desenvolvimento e a industrialização no país ocorressem de modo dependente ou auto-sustentável,

[69] SYVRUD. *Apud* ABREU, Marcelo de Paiva. *A Ordem do progresso*: 100 anos de política econômica republicana 1889-1989. São Paulo: Editora Campus, 1989, p.45.

[70] Percurso diferente do brasileiro trilharam outros Novos Países Industrializados, como a Coréia do Sul, Singapura e Taiwan: "No que se refere a países em desenvolvimento, deve-se enfatizar que, no âmbito dos países do sudeste asiático, políticas industriais e tecnológicas têm sido praticadas extensivamente, mesmo ao longo da década de 1980. Mais recentemente, a agenda de políticas de competitividade para tais países na década de 1990 tem como pilar central a promoção de P&D, inovação e difusão tecnológica para o setor industrial (OECD, 1992a). As previsões são de que, através de diversos programas centrados nas novas tecnologias, a Coréia do Sul passe a gastar 3,5% do PNB em ciência e tecnologia em 1996 e 5% em 2001. Da mesma maneira, crescimentos significativos são planejados por Singapura (2% do PIB em 1995) e Taiwan (2,5% do PIB em 1996)." (COUTINHO, Luciano; FERRAZ, João Carlos. *Estudo da Competitividade da indústria brasileira*. Campinas: Ed. Papirus, 1995, p.44-45.).

o objetivo do plano era promovê-los a qualquer preço. Na realidade, esse programa de industrialização em muito assimilava a versão da política de substituição de importações iniciada pelo governo democrático ainda nos anos cinqüenta, se diferenciando deste, no entanto, na sua intensidade de ação.

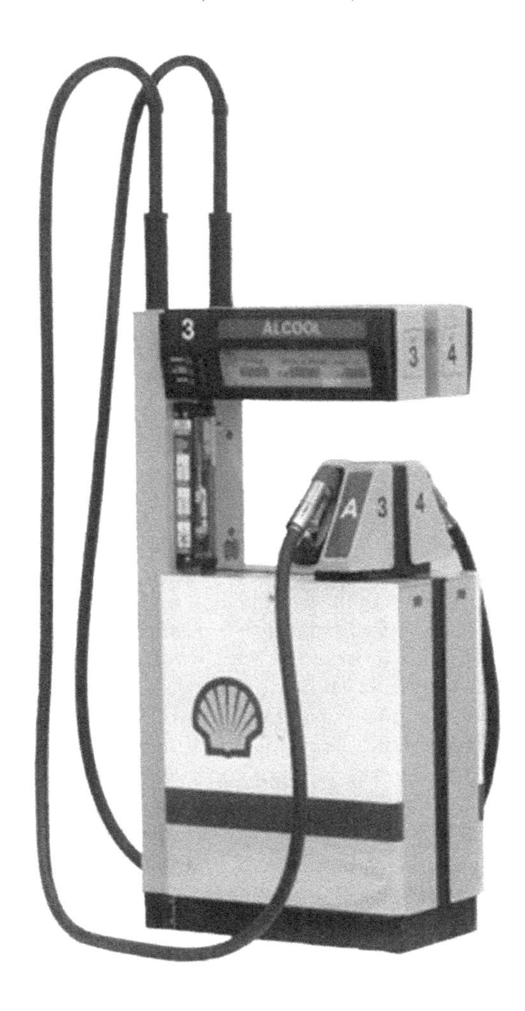

Produto | Bomba Eletrônica de Abastecimento de Combustíveis
Design | Joaquim Redig com colaboração de Lula Bittencourt
Produção | Shell Brasil
Ano | 1983
Foto | Redig
Fig. 39

Essa espécie de corrida ao desenvolvimento industrial idealizada pelo governo militar propiciou indubitavelmente um clima favorável ao investimento das empresas provenientes dos países mais industrializados, que detinham os recursos tecnológicos e previam a expansão de suas empresas para além de suas fronteiras. Da década de sessenta em diante, percebe-se, de forma acentuada no território brasileiro, o assentamento de parques produtivos e de investimentos econômicos provenientes de diversas partes do mundo rico ocidental e do Japão.[71] Estas empresas são reconhecidas no cenário produtivo e mercadológico mundial como as Empresas Multinacionais – EMNs.

Para melhor ilustrar as proporções dos investimentos das multinacionais no território brasileiro, ressaltamos que eles cresceram, em média, de cinqüenta e sete milhões de dólares, em 1964 (ano do golpe militar), para novecentos e quarenta milhões de dólares, em 1973.[72] Os principais investidores foram: os Estados Unidos, com 37,5%; a Alemanha, com 11,4%; o Canadá, com 7,9%; a Suíça, com 7,8%; a Inglaterra, com 7,1%; o Japão, com 7%; e a França, com 4,5%. Os percentuais restantes provieram de diversos outros países europeus.[73] Pode-se considerar, portanto, que foi propriamente neste período que se iniciou o percurso brasileiro em direção a um mercado aberto e a uma política neoliberal que colocou o país nos trilhos da globalização[74] que hoje rege o planeta.

---

[71] "O debate sobre a temática ocidentalização é uma noção bem mais ideológica que geográfica e, na geopolítica contemporânea, designa um triângulo que coliga o hemisfério norte do planeta com a Europa ocidental, o Japão e os Estados Unidos [...] O ocidente identifica-se com o capitalismo, que nasceu na Europa ocidental e que posteriormente se difundiu em todo o mundo, através das seguintes constantes: industrialização com relativa urbanização, proletarização das massas, culto à mecanização, à técnica, à ciência e ao progresso, e, por fim, o domínio da natureza, tendência a unir a idéia de desenvolvimento com a de crescimento econômico e acumulo de capital. Essas características são ligadas a símbolos sociais imaginários, a valores, a crenças que são ocidentais e, portanto, segundo Latouche, não são facilmente transmissíveis se não através da imposição." (RIBONI, Doriana; SCHILLACI, Sabrina. *I sistemi produttivi e la natura delle merci nella realtà attuale tra locale e globale*. Milano: Tese Politécnico de Milão, 1996, p.40-41.).

[72] LAGO, Luiz Aranha Corrêa do. A retomada do crescimento e as distorções do "milagre": 1967-1973. In: ABREU, Marcelo de Paiva. *A Ordem do progresso*: 100 anos de política econômica republicana 1889-1989. São Paulo: Editora Campus, 1989, p.282.

[73] "A criação no Brasil de mecanismos como a Resolução 63 e a Resolução 4.131, ainda na década de 1960, abre as portas para a poupança internacional. É importante lembrar que há uma enorme diferença entre capital externo e poupança externa. Capital externo é o dinheiro próprio de empresas multinacionais que vêm ao Brasil abrir subsidiárias e, como todo investidor, projetam retornos de 15% a 20% ao ano sobre o seu investimento." (KANITZ, Stephen. *O Brasil que dá certo*: o novo ciclo de crescimento 1995-2005. São Paulo: Makron Books do Brasil, 1995, p.03.). Ver também: BANCO CENTRAL (Brasil). Separata do Boletim, ago. 1984, p.79-91.

[74] ROBERTSON, Roland; APPADURAI, Arjun. Cultura globale: un'introduzione. In: FEATHERSTONE, Mike. *Cultura Globale*: Nazionalismo, globalizzazione e modernità. Roma: Edizione Seam, 1996, p.14, 36. Esses estudiosos descrevem a diferença entre globalização e internacionalização: segundo eles, a internacionalização, ao contrário da globalização, é uma estrada de mão única.

De acordo com Antony King, *"os principais protagonistas da internacionalização da economia dos anos sessenta em diante foram três: os bancos, as multinacionais e o Estado [...] A isto se associa à internacionalização da produção e do consumo, a conversão vinte e quatro horas de títulos, o desenvolvimento revolucionário dos transportes e das tecnologias das telecomunicações, e ainda um enorme crescimento da emigração internacional de mão-de-obra. Tudo isso, em conseqüência, provocou a desterritorialização das culturas, levando a cultura regional para fora do seu local de origem".*[75]

O programa brasileiro de industrialização foi levado adiante com tal intensidade e obstinação que, em pouco menos de cinco anos do seu estabelecimento, o país viveu um período de crescimento e de desenvolvimento industrial sem precedentes na história sul-americana.[76]

Quando em confronto com outros países da mesma época, o crescimento brasileiro compara-se somente com os desempenhos alcançados por aqueles como a Coréia do Sul e Singapura, que neste mesmo período iniciaram os seus percursos rumo ao clube que será posteriormente

---

[75] KING, Anthony. L'architettura, il capitale e la globalizzazione della cultura. In: FEATHERSTONE, Mike. *Cultura Globale*: Nazionalismo, globalizzazione e modernità. Roma: Edizione Seam, 1996, p.221.

[76] É importante considerar que, para levar adiante o Programa Estratégico de Desenvolvimento – PED, o governo militar brasileiro recorreu a empréstimos e financiamentos junto ao Banco Mundial e ao Programa de Desenvolvimento do Terceiro Mundo do Fundo Monetário Internacional – FMI. Este capital foi utilizado sobretudo no investimento em infra-estrutura de base para estabelecer as multinacionais e para financiar a instituição de grandes empresas estatais. A partir deste período, a divida externa brasileira cresce significativamente: "No período de 1964 a 1966, os empréstimos externos concedidos ao Brasil tiveram, em boa parte, caráter oficial e conotação política, e contribuíram para o reescalonamento da dívida externa promovido pelo governo americano [...] Em fins de 1966, a dívida externa bruta de médio e longo prazos alcançava US$3.666 milhões e a dívida líquida, US$3.245 milhões [...] No final de 1973, a dívida bruta passará para US$12.572 milhões e a dívida líquida, para US$6.156 milhões [...] Assim o déficit de serviços fatores, que fora em média US$243 milhões em 1967-68, alcançou US$520 milhões em 1972 e US$712,4 milhões em 1973, como resultado principalmente de pagamentos anuais de juros de US$164 milhões em 1967-68, que aumentaram para US$359 milhões em 1972 e US$514 milhões em 1973". (LAGO, Luiz Aranha Corrêa do. A retomada do crescimento e as distorções do "milagre": 1967-1973. In: ABREU, Marcelo de Paiva. *A Ordem do progresso*: 100 anos de política econômica republicana 1889-1989. São Paulo: Editora Campus, 1989, p.278-280.).

reconhecido como o dos Tigres Asiáticos.[77] De fato, entre 1967 e 1973, o Produto Interno Bruto – PIB brasileiro cresceu em média cerca de 11,2% ao ano, chegando, por fim, em 1973, ao valor de 14%.[78] Ao compararem-se os dados médios do crescimento mundial, o setor da manufatura no âmbito local brasileiro revela-se bastante produtivo, mantendo, entre 1965 e 1980, um crescimento médio em torno de 9,5% ao ano. Neste mesmo período, tal empenho industrial foi superado somente pela Coréia do Sul, com 18,99%; por Singapura, com 11,41%; e pela Indonésia, com 10,20% de crescimento produtivo industrial anual. Ressaltamos ainda que a média de crescimento de todos os países em via de desenvolvimento foi de cerca de 6,55% ao ano, e a média dos países desenvolvidos ficou em torno de 4,6%.[79]

Produto | Embraer 170 Utilizado pela LOT Polish Airlines da Polônia
Design | Embraer
Produção | Empresa Brasileira de Aeronaves – Embraer
Foto | Galeria de imagens Embraer
Fig. 40

Segundo diversos estudiosos do processo de industrialização no Brasil, o crescimento industrial brasileiro acontece de maneira mais acentuada no

[77] "Utilizando como referência os dados do Brasil, do México e dos *quatro pequenos tigres asiáticos,* Harris afirma que estes países representam o futuro de todo o Terceiro Mundo. Para sustentar esta tese, ele teve que ignorar grande parte do Terceiro Mundo, de modo particular o fato pouco confortante de que o *gato médio* do mundo rico consome cerca de quinhentos dólares de comida ao ano – mais que o PIB *per capita* das sete nações mais pobres da terra: Chad, Bangladesh, Etiópia, Nepal, Mali, Birmânia e Zaire". (ICHIYO *Apud* FEATHERSTONE, Mike. *Cultura Globale.* Roma: Edizioni Seam, 1996, p.157.).

[78] LAGO, Luiz Aranha Correa do. *Op. cit.*, p.239.

[79] COUTINHO, Luciano; FERRAZ, João Carlos. *Estudo da competitividade da indústria brasileira.* Campinas: Ed. Papirus, 1995, p.29.

período que se estende do início do ano de 1968 até o final do ano de 1973. A indústria (que é a atividade que mais nos interessa aqui) obteve uma taxa média de crescimento em torno de 13,3% ao ano, chegando, por fim, no ano de 1973, ao seu pico, com 16,6%. É importante notar que, para atingir os seus propósitos expansionistas e industriais, o governo militar brasileiro[80] definiu como meta elevar o crescimento da produção local, até o ano de 1973, para 100% do valor alcançado no ano de 1968. Foi neste ano que se instituiu o Programa Estratégico de Desenvolvimento – PED. Com aquele intuito, o governo brasileiro facilitou a entrada no país de diversas empresas multinacionais, provenientes de diferentes regiões industrializadas do mundo. O governo, como se sabe, foi amplamente benevolente neste propósito, não medindo esforços e conseqüências, fazendo, por fim, uso da sua autoridade ditatorial[81] ao promover as seguintes ações:

---

[80] É curioso perceber que existe bastante semelhança entre as ações e propósitos industriais do governo militar brasileiro e aqueles instituídos pelo regime ditatorial fascista italiano quarenta anos antes, e ainda os regimes militares da Coréia do Sul e da Tailândia em períodos mais recentes. Notam-se, nas passagens abaixo de Massimo Bonfantini e Peter Wosley, algumas dessas semelhanças: "Portanto, já nos anos vinte, o governo fascista italiano começa a favorecer, através de promoções e construção de rodovias asfaltadas e auto-estradas, a produção de automóveis. Ao incrementar o transporte privado em detrimento do transporte público [...] O bonde iniciou elétrico em Milão em 1893. Nos primeiros anos do século XX, eles já faziam congestionamento na Praça do Duomo e contavam com uma rede que tinha 63.142 metros. Em 1922, a rede milanesa era de 142 Km e, em toda a Lombardia, já chegava a 1.514 Km. Foi o fascismo que veio desmantelá-la, reduzindo-a para 638 Km em 1940. E, após a Segunda Guerra Mundial, a rede extra-urbana desaparece: 119 Km em 1958. Tudo em favor dos automóveis, das empresas de transportes e da senhora Fiat [...] Eis que em 1925 aparece a primeira auto-estrada realizada no mundo: a Milão-Lagos [...] Todavia, o regime começa a incentivar a produção em série de aparelhos de rádio nacionais. Que inicia-se em 1930, com o 'Rádio Marelli', que cresceu consideravelmente em 1937. No ano seguinte à 'proclamação do império', é produzido e vendido à preço político o 'Rádio Balilla'. Finalmente, no ano de 1938, a produção dos aparelhos de rádio na Itália beira a um milhão de unidades. Enquanto que em 1946 chega a 1.648.000 unidades". (BONFANTINI, Massimo *et al. Oggetti Novecento*. Milano: Moretti &Vitali, 2001, p.14, 31, 40.).

"A Coréia do Sul e a Tailândia foram descritas por Jon Halliday, no período inicial de suas industrializações, como sociedades semi-militarizadas (se bem que nestes países a democracia esteja lentamente fazendo progressos significativos como conseqüência das lutas políticas)". (WORSLEY, Peter. Modelli del sistema-mondo moderno. In: FEATHERSTONE, Mike. *Cultura Globale*: Nazionalismo, globalizzazione e modernità. Roma: Edizioni Seam, 1996, p.156.).

[81] Existe, na América do Sul, a teoria do imperialismo associado, isto é: a participação e contribuição local às ações do imperialismo internacional. No Brasil, o fenômeno do imperialismo associado vem de tempos longínquos: da contribuição dos fazendeiros latifundiários a colonização portuguesa entre os séculos XVI e XIX; dos coronéis aos governos populistas no início do século XX; e, por fim, dos militares ao domínio norte-americano a partir do Golpe de Estado de 1964.

(i) isenção fiscal através do pagamento de taxas a longo prazo;

(ii) concessão gratuita de terrenos onde construir os parques industriais;

(iii) desvalorização da moeda local e valorização do dólar americano;

(iv) possibilidade de remessa ao exterior de até 12% do capital investido sem adicional de imposto de renda;

(v) controle dos salários dos operários por parte do governo local;

(vi) dissolução e declaração de ilegalidades a todos os sindicatos trabalhistas;

(vii) abolição por lei do direito de greve;

(viii) dissolução de todos os partidos de esquerda contrários ao regime militar instituido;

(ix) abolição do sistema eleitoral no âmbito estadual e presidencial, mantendo eleições somente para as cidades que não eram capitais dos Estados.

Embora se trate de um regime ditatorial de direita, que demonstrava pouca sensibilidade às causas humanistas e sociais, constata-se que, durante este período de seis anos, houve, de fato, um grande desenvolvimento industrial, que coincide porém com a época mais autoritária do governo. Isso levou diversos estudiosos do âmbito econômico mundial a nomear esse episódio da nossa história de *milagre econômico brasileiro*.[82]

[82] Nos anos que compreendem o período entre 1967-1973 (anos do milagre econômico brasileiro), a equipe do governo militar era expressivamente propícia aos investimentos provenientes do exterior. As autoridades locais acreditavam que o desenvolvimento econômico auxiliaria, consequentemente, as empresas locais. "No período entre 1967 e 73, as autoridades econômicas foram claramente favoráveis ao investimento estrangeiro [...] Mencionava-se que o 'desenvolvimento econômico impõe o fortalecimento da empresa privada nacional, sem qualquer discriminação em relação à empresa estrangeira [...] o capital externo será admitido como instrumento de aceleração do desenvolvimento. A execução dessa política deve ser consistente com o fortalecimento da empresa nacional' (Ministério do Planejamento, 1967, p.14, 16). Porém, mais do que as declarações, as boas intenções da nova equipe de governo foram fatores de grande relevância para a ampliação dos investimentos estrangeiros no Brasil". (ABREU, Marcelo de Paiva. *A Ordem do progresso*: 100 anos de política econômica republicana 1889-1989. São Paulo: Editora Campus, 1989, p.283.).

Produto | Embraer 170 utilizado pela United Express
Design | Embraer
Produção | Empresa Brasileira de Aeronaves – Embraer
Foto | Galeria de imagens Embraer
Fig. 41

Ao contrário das empresas hoje conhecidas no mercado global como Empresas Transnacionais – ETNs (corporações formadas por *joint ventures* entre empresas provenientes de diferentes países), as Empresas Multinacionais – EMNs, como se sabe, provêm de uma nação específica e atuam através de uma coligação reconhecida como sendo composta por matriz e filial.

Como já mencionamos, durante o período do regime militar no Brasil, as empresas multinacionais se estabeleceram no território brasileiro de maneira ampla e difusa. Era nítido o interesse do governo militar em estabelecer uma rápida industrialização no país. Isto pode ser comprovado através da tabela 04 a seguir, na qual o Brasil é apresentado pelo Relatório da UNIDO de 1985 como um dos países que mais sofreram transformações estruturais e industriais no período correspondente aos anos 1965-1980. Mas quais seriam os interesses das empresas multinacionais em se estabelecer em outros países e transportar seus parques produtivos para além de seus países de origem? Afora a política benevolente de incentivo do governo brasileiro, que praticamente anulava os riscos dos investimentos estrangeiros, devemos nos lembrar de que as multinacionais viam, no Brasil, dois outros atrativos. Um era a possibilidade de produzir bens industriais de baixo custo, destinados à exportação para os países centrais.

Tabela 04

Newly Industrialised Countries (NICs) **Países com transformações estruturais e industriais entre 1965-1980**		
Países	Nível de transformação estrutural no setor manufatureiro	Taxa de crescimento do setor manufatureiro dos *NICs*
NICs europeus		
Espanha	24,73	6,78
Iugoslávia	12,01	6,94
Portugal	21,61	7,18
Grécia	13,56	7,00
NICs asiáticos		
Índia	20,89	2,59
Coréia do Sul	31,37	18,99
Hong Kong	9,87	6,05
Singapura	48,32	11,41
NICs latino-americanos		
Brasil	**30,03**	**9,50**
México	14,83	7,09
Argentina	15,90	3,12
Colômbia	10,90	6,36
Média Global		
Países desenvolvidos	10,90	4,66
Países em desenvolvimento	13,90	6,55
Média Mundial	10,60	4,85

Fonte: Relatório UNIDO, USA (1985).

NOTA: O nível de transformação estrutural da UNIDO mede a alteração na participação em 16 setores manufatureiros no valor adicional da indústria entre 1965 e 1980. Um índice reduzido indica a ocorrência de uma pequena transformação na estrutura de produção industrial do país no período indicado. Um índice elevado constitui a evidência de uma grande transformação estrutural no setor manufatureiro.

Sobre este argumento, afirma Kanitz: *"As multinacionais desenham um mapa comercial próprio que muitas vezes não tem nada a ver com os interesses brasileiros. As subsidiárias dessas empresas no país normalmente preferem contratar auditorias americanas ou suas associadas e entregam suas contas publicitárias às mesmas agências multinacionais em um país. Até mesmo a escolha do produto que é fabricado está ligada ao planejamento global da empresa, como o carro mundial, que nem sempre é adequado às condições locais onde essa multinacional opera".*[83]

Produto | Samsat: sistema de transmissão de dados via satélite
Design | Freddy Van Camp
Produção | Splice do Brasil – Telebrás
Ano | 1989
Foto | Freddy Van Camp
Fig. 42

Outro atrativo que as multinacionais viam no Brasil era a possibilidade de formação, no país, de uma classe média de consumidores, que o programa de desenvolvimento do governo iria propiciar. Elas contavam, então, com o surgimento e a ampliação de um mercado interno que em muito lhes interessava.

De fato, aquilo que estava previsto no plano das empresas multinacionais no Brasil se realizou plenamente. Quanto às exportações de bens industriais, as multinacionais cumpriram um papel decisivo (deve-se lembrar que isso em muito interessava também ao regime militar). Ainda deve-se considerar que *"Mesmo utilizando-se uma estatística oficial subestimada do total do capital estrangeiro, a relação percentual entre as remessas de lucros e dividendos e o estoque de capital entre 1970 e 1973 permaneceu em média em 5,9% (Batista Jr., 1983, p.111), nível relativamente baixo especialmente diante das informações sobre taxas de lucros das empresas multinacionais no período (ver, por exemplo, Von Doellinger e Cavalcanti, 1975, p.85, que*

[83] KANITZ, Stephen. *O Brasil que dá certo*: o novo ciclo de crescimento 1995-2005. São Paulo: Makron Books do Brasil, 1995, p.41.

estimaram em 15,8% a relação lucro líquido sobre patrimônio líquido das empresas multinacionais no setor industrial) e da possibilidade de remessa de até 12% do capital registrado sem adicional de imposto de renda".[84]

Salienta-se, apenas como esclarecimento, já que a questão excede os limites deste trabalho, que o envio dos lucros das multinacionais no Brasil para os seus países de origem (mesmo após os investimentos feitos nos seus parques produtivos e na aquisição de outras unidades locais) cresce constantemente no período denominado de milagre econômico brasileiro: *"as remessas de lucros e dividendos (excluindo o reinvestimento no Brasil) também mostraram uma tendência de aumento. De uma média de US$30 milhões, em 1965-66, ainda sob o governo de Castelo Branco, tais remessas passaram para uma média de US$119 milhões, entre 1967 e 1973, e para US$198 milhões no último ano do período. O saldo líquido para o Brasil das contas relativas a investimentos estrangeiros diretos entre 1967 e 1973 foi, portanto, da ordem de US$148 milhões por ano [...] Em dezembro de 1973, do estoque local de US$4.579 milhões, 77% estavam investidos na indústria de transformação; 4,2% nos serviços industriais de utilidade pública; 1,7% no setor mineral; 3,5% em bancos e companhias de investimentos e 0,7% no setor agropecuário, cabendo o saldo a serviços diversos [...] Tal atuação teve também impacto relevante em termos tecnológicos. Cabe mencionar que, em 1973, as subsidiárias de empresas multinacionais não (dominavam), em termos absolutos, os mercados de produtos industriais, nem os setores de ensumos básicos, porém (concentravam-se) nos setores de maior crescimento, de maior conteúdo tecnológico e de maiores linkages (efeitos de arrasto para frente e para trás) com os demais setores da economia".*[85]

Quanto à formação de um mercado interno para o consumo de seus produtos, as multinacionais obtiveram, da mesma forma, o sucesso almejado. Em 1973, o Brasil, com uma população aproximada de 100 milhões de habitantes, constituia-se em um grande mercado potencial, que já apresentava um consumo de bens industriais semiduráveis em constante expansão.

---

[84] VON DOELLINGER e CAVALCANTI. O aumento dos investimentos estrangeiros. *Apud* ABREU, Marcelo de Paiva. *A ordem do progresso*: 100 anos de política econômica republicana 1889-1989. São Paulo: Editora Campus, 1989, p.282.

[85] BANCO CENTRAL (Brasil). Separata do Boletim. *Apud* VON DOELLINGER e CAVALCANTI. *Apud* LAGO, Luiz Aranha Corrêa do. A retomada do crescimento e as distorções do "milagre": 1967-1973. In: ABREU, Marcelo de Paiva. *A Ordem do progresso*: 100 anos de política econômica republicana 1889-1989. São Paulo: Editora Campus, 1989, p.282-83.

O governo, procurando vencer os desafios anteriormente propostos no seu Programa Estratégico de Desenvolvimento, colocou em prática uma nova determinação: *"Em contraste com a supervisão exercida sobre estados e municípios, o governo central permitiu a proliferação de empresas estatais federais e estaduais no período 1967-1973. Na realidade, aquele período caracterizou-se como o de maior intensidade de criação de novas empresas públicas no Brasil. Examinando-se o conjunto de empresas federais e estaduais, constata-se que foram criadas, entre 1968 e 1974, 231 novas empresas públicas (sendo 175 na área de serviços, 42 na indústria de transformação, 12 em mineração e 2 na agricultura) [...] O aumento das estatais também derivou do crescimento na escala e extensão a nível nacional dos monopólios estatais de eletricidade, telecomunicações e outras áreas de infra-estrutura, nas quais nem o setor privado nem o investimento estrangeiro tinham muito interesse, cabe citar a criação da Eletrobrás, da Telebrás e da Embratel [...] De fato, a diversificação e expansão de empresas estatais existentes ajuda a explicar a criação de 50 a 60 empresas industriais e de mineração após 1968"*.[86]

Produto | Cadeira de rodas infantil
Design | Suzana Padovano
Ano | 1975
Foto | Suzana Padovano
Fig. 43

É oportuno ressaltar que não é, portanto, de todo verdade, como comumente se difunde no exterior, que no Brasil não se tenha ainda formado uma classe média, existindo somente uma classe rica e afortunada e outra

---

[86] TREBAT. *O Crescimento das estatais e a descentralização. Apud* ABREU, Marcelo de Paiva. *A Ordem do progresso*: 100 anos de política econômica republicana 1889-1989. São Paulo: Editora Campus, 1989, p.269.

miserável e analfabeta. A industrialização no Brasil promoveu uma classe de consumidores de nível médio, proveniente, entre outras, das empresas estatais supracitadas, dos parques produtivos industrias locais e das multinacionais estabelecidas no Brasil. O que não houve, porém, foi um constante e necessário alargamento dessa classe média. Assim, na realidade, a relação entre a riqueza produzida durante o milagre econômico e sua efetiva divisão no âmbito social local não se manifestou positivamente.[87]

Ao lado disso, se reconhece que, de fato, o estabelecimento das multinacionais no Brasil promoveu em largas proporções um crescimento no setor de mão-de-obra operária. Na verdade, como se sabe, muitas dessas empresas tiveram que praticar três turnos de trabalho ao dia, compreendendo o período noturno, com uma linha de produção denominada de *no stop production*.

Assim o país entra no *ranking* dos maiores exportadores mundiais. No ano de 1980, o Brasil desponta no 16º lugar entre os grandes países exportadores, como se pode ver na tabela 05, a seguir.

---

[87] "É particularmente impressionante a concentração de renda nas mãos dos 5% mais ricos e dos 1% mais super ricos. No primeiro caso, a sua participação na renda passa de 28,3%, em 1960, para 34,1%, em 1970, e 39,8%, em 1972, enquanto no segundo caso o aumento é de 11,9%, em 1960, para 14,7%, em 1970, e 19,1%, em 1972. Em contraste, os 50% mais pobres, que recebiam 17,4% do rendimento total da População Economicamente Ativa – PEA, em 1960, passaram a auferir apenas 14,9% do total, em 1970, e 11,3%, em 1972 (IBGE, 1979, p.196). Essa concentração levou diversos autores a afirmar que o crescimento econômico no 'período do milagre', de 1968 a 1973, beneficiou apenas uma pequena parcela da população brasileira [...] Segundo dados das PNADS de 1968 e de 1973, abrangendo as cinco principais regiões econômicas do país, o total de pessoas ocupadas aumentou de 28.455, em 1968, para 35.096, em 1973, mostrando uma taxa de crescimento de 4,3% ao ano, bastante superior à taxa de crescimento demográfico, da ordem de 2,9% entre 1960 e 1970 (IBGE, 1979, p.105-6, 37) [...] Assim, são inegáveis os progressos em várias frentes, durante o período de crescimento de 1967 a 1973. Porém, os dados de salários e de distribuição de renda indicam que os benefícios do crescimento não foram distribuídos de forma eqüitativa entre a população e que essa situação decorreu, em parte, de políticas implementadas pelo governo naquele período". (LAGO, Luiz Aranha Corrêa do. *A política salarial, a distribuição de renda e o emprego*. In: ABREU, Marcelo de Paiva. *A Ordem do progresso*: 100 anos de política econômica republicana 1889-1989. São Paulo: Editora Campus, 1989, p.290-291.).

"Em 1973, o governo, nas suas três esferas e nas empresas estatais, segundo dados do PASEP, empregava 3.351 pessoas (1.186 na área federal, 1.515 na área estadual e 650 mil na área municipal), correspondendo a 8,5% do emprego assalariado urbano, em contraste, por exemplo, com os Estados Unidos, considerado o paradigma da livre empresa, onde o setor público responde por um quinto dos empregos". (REZENDE e BRANCO. *A participação do estado na economia no inicio dos anos 70*. *Apud* ABREU, Marcelo de Paiva. *A Ordem do progresso*: 100 anos de política econômica republicana 1889-1989. São Paulo. Editora Campus, 1989, p.270.).

Tabela 05

Comércio Mundial de Mercadorias – Principais Exportadores Ano 1980 Valor, participação percentual e posição no ranking mundial.			
Países	**Valor (US$ Bilhões)**	**%**	***Ranking***
EUA	225	11,7	1º
Alemanha	192	10,0	2º
Japão	130	6.8	3º
França	116	6,0	4º
Inglaterra	110	5,7	5º
Arábia Saudita	109	5,7	6º
Países Baixos	85	4,4	7º
Itália	78	4,1	8º
Canadá	67	3,5	9º
Bélgica/Luxemburgo	64	3,4	10º
Suécia	30	1,6	11º
Suíça	29	1,5	12º
África do Sul	25	1,3	13º
Austrália	21	1,1	14º
Espanha	20	1,1	15º
Brasil	**20**	**1,0**	**16º**
Taiwan	19	1,0	17º
Hong Kong	19	1,0	18º
Singapura	19	1,0	19º
Noruega	18	1,0	20º
China	18	0,9	21º

Fonte: International Financial Statistics Yearbook – FMI, vol. XLVI, 1993, p.108-111. In: COUTINHO, Luciano; FERRAZ, João Carlos. *Estudo da competitividade da indústria brasileira.* Campinas: Ed. Papirus, 1995, p.37.

NOTA: Esses dados reportam-se ao valor de exportação referente ao final dos anos 1979-80. São dados vulneráveis, que se modificam a cada ano, diante do crescimento e queda da economia e da produção de cada país. No ano de 1992, por exemplo, este quadro apresentava-se bastante diferente, com a Itália subindo para o 6º lugar, Hong Kong subindo para o 10º, Taiwan para o 11º e a China saltando do 21º para o 12º. De outra parte, ao contrário, aparece a Arábia Saudita caindo para o 18º lugar, a África do Sul para o 26º e o Brasil para o 23º. *"Este quadro de graves desafios não deve ser subestimado. A perda de posição do Brasil no ranking de exportadores mundiais na segunda metade dos anos 80 é expressiva e fala por si: o país caiu da 17ª posição em 1985 para a 23ª em 1992".* (COUTINHO, Luciano; FERRAZ, João Carlos. *Estudo da competitividade da indústria brasileira.* Campinas: Ed. Papirus, 1995, p.37.).

É importante assinalar qual era a realidade da classe média no Brasil, que pode ser percebida pela expansão industrial e ampliação do mercado consumidor, a partir dos anos sessenta. Procurando legitimar o surgimento de novos países no cenário produtivo mundial, até a realidade de firmação dos denominados *Newly Industrialised Countries*, Worsley toma justamente o Brasil como exemplo e estudo de caso: *"a constituição de uma imponente indústria automobilística no triângulo do ABC paulista no Brasil foi seguramente obra da Volvo, da Mercedes-Benz, da Ford, da GM e da Wolkswagen, como grande parte de outros estabelecimentos industriais".*[88]

Como oportunamente nos revela Ortiz: *"No mercado paulista (grande São Paulo e interior), o número de indivíduos cuja renda per capita mensal varia entre $659 e $1.317 equivale a 13,5 milhões de pessoas adultas. Um número de consumidores potenciais superior a vários mercados nacionais europeus".*[89] Esse número de consumidores em potencial fornecido por Ortiz desponta mesmo como sendo maior que toda a população de países como Portugal e Grécia.

É oportuno assinalar que a proliferação de empresas multinacionais na cena mundial provocou aquela situação que seria tematizada pela teoria do colonialismo da era moderna. Em novos países industrializados, como o Brasil e o México, por exemplo, em 1980, mais de dois terços das grandes indústrias manufatureiras estavam concentradas nas mãos dessas empresas. Esse fato proporcionou ao Brasil o curioso apelido de "Paraíso das Multinacionais".

[88] WORSLEY, Peter. Modelli del sistema-mondo moderno. In: FEATHERSTONE, Mike. *Cultura Globale*: Nazionalismo, globalizzazione e modernità. Roma: Edizioni Seam, 1996, p.155.

[89] ORTIZ, Renato. *Mundialização e Cultura.* São Paulo: Editora Brasiliense,1994, p.178.

industrialização e modernidade

Sabe-se que o processo de industrialização em um país promove profundas transformações no âmbito do seu território e da sua população. Os hábitos e a forma de vida são radicalmente transformados por novos modos de consumir, comportar, alimentar e vestir, dentre outros, em uma verdadeira espécie de revolução sociocultural.

Produto | Carteira Escolar componível e empilhável
Design | Marcelo de Resende
Produção | L'Atelier Móveis
Ano | 1971
Foto | A. Alvir
Fig. 44

"A industrialização arrasta consigo outras ramificações societárias de caráter genérico. Introduz o padrão da diferenciação em outras áreas da vida social à medida que, do ponto de vista funcional, estas tornam-se mais articuladas com o núcleo industrial – as famílias especializam-se no consumo, as escolas dão formações profissionais especializadas, as competentes unidades governamentais fornecem a infra-estrutura econômica, os órgãos de comunicação social vendem os símbolos apropriados e as igrejas promovem

os valores de suporte. Estas mudanças estruturais levam a uma substituição de valores no sentido da individualização, do universalismo, da secularização e da racionalização. A este conjunto de transformações chama-se 'modernização'. À medida que a industrialização se espalha pelo globo, arrasta consigo a modernização, transformando as sociedades rumo a uma única direção".[90]

Produto | Carteira Escolar componível e empilhável
Design | Marcelo de Resende
Produção | L'Atelier Móveis
Ano | 1971
Foto | A. Alvin
Fig. 45

Mas, caso contrário, se uma sociedade, principalmente uma que compõe o mundo ocidental, permanecer hoje fora da estrada que conduz à modernidade e à industrialização, ela carregará consigo "vazios" no seu percurso histórico e evolutivo, que refletirão em todos os segmentos possíveis e imagináveis da sua sociedade-nação: desde o âmbito da cultura artística e material até o científico. *"Nação e modernidade não são apenas 'fatos sociais' correlatos; é preciso dizer mais: uma nação se constitui historicamente através da modernidade. Porque a sociedade industrial inaugura um novo tipo de estrutura social [...] Urbanização e industrialização são fenômenos que mudam a cara de um pais".*[91] No entanto, essas transformações mencionadas acima por Ortiz resultam em valores e referências tanto positivas quanto negativas. É importante notar que estima-se que cerca de 20% da população

[90] WATERS, Malcolm. *Globalization.* Oeiras: Celta Edition, 1995, p.13.

[91] ORTIZ, Renato. *Cultura brasileira e identidade nacional.* São Paulo: Editora Brasiliense, 1985, p.49, 118.

do Brasil, até o momento de sua industrialização, ou seja, até os anos sessenta, vivia na cidade.

Hoje, este quadro se inverteu completamente, causando por fim a violência urbana e o caos social nas cidades mais industrializadas.

Produto | Talher Camping
Design | José Carlos Bornancini e Nelson Ivan Petzold
Produção | Hercules S.A.
Ano | 1974
Foto | Arquivo dos autores
Fig. 46

Este produto desde 1975, compõe o catálogo de Bom Desenho do MOMA de New York, tornando parte do seu acervo. Até o ano 2000, quando sua produção foi interrompida, foram produzidos mais de um milhão do conjunto talher camping.

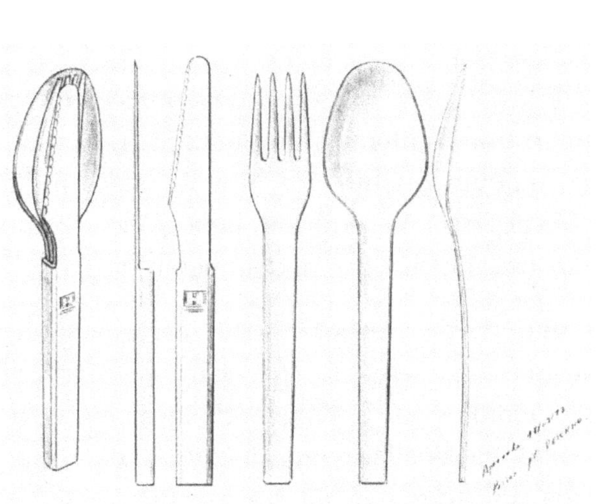

Produto | Talher Camping
Design | José Carlos Bornancini e Nelson Ivan Petzold
Produção | Hercules S.A.
Ano | 1974
Foto | Croquis dos autores
Fig. 47

A industrialização promoveu ainda um aumento vertiginoso das periferias e das favelas como novo fenômeno urbano, como nos comprova a tabela 06: pode-se perceber aí o impacto desta transformação urbana em território brasileiro, onde, num espaço de quarenta anos, acontece uma marcante migração do campo para a cidade, a população que comprovadamente vive em centros urbanos chega, por fim, no ano de 2000, ao patamar de 81%.

Tabela 06

TRANSFORMAÇÃO URBANA NO BRASIL – 1960-2000			
Ano	Campo	Cidade	População do País
1960	55%	45%	70.967.000
2000	19%	81%	174.445.874.000

Fonte: Anuário IBGE, Rio de Janeiro, 2000.

Observa-se, na tabela 07, outro dado de extrema importância na avaliação das transformações promovidas pelo processo de industrialização: o percentual de participação na riqueza proveniente de vários segmentos produtivos (medidos através do Produto Interno Bruto – PIB) apresenta, a partir dos anos 1980, um significativo aumento nos valores agregados na indústria e serviço e uma acentuada redução no item referente à agricultura.

Mesmo que, na atualidade, através do fenomeno da agro-indústria, as diferenças percentuais tenham sido reduzidas, tanto nos países de industrialização madura quanto nos Novos Países Industrializados, é importante ressaltar que ainda se matém uma grande diferença percentual em favor da indústria e do serviço em detrimento da agricultura.

Nao obstante, deve-se recordar que a margem de lucro e o valor de *linkage* da indústria e do serviço continuam crescendo em proporções, geometricamente, maiores que a margem de lucro e o valor de *linkage* da agricultura, que ainda se penaliza com as incertezas das variações climáticas, pragas nocivas, calamidades e demais intempéries imprevistas.

Tudo isto faz com que todos os países, principalmente os ocidentais, queiram se industrializar e a este modelo se apega como forma de modernização, como veremos na tabela 07, a seguir.

Tabela 07

ÍNDICE DE DESENVOLVIMENTO MUNDIAL – WORLDBANK

DISTRIBUIÇÃO DO PRODUTO INTERNO BRUTO – PIB (%) 1980

País	PIB (Milhões de US$) 1980	Valor agregado Agricultura	Valor agregado Indústria	Valor agregado *Manufatura	Valor agregado Serviço
Países Industrializados					
USA	2.708.150	03	34	21	64
Japão	1.059.253	04	42	29	54
Inglat.	537.382	02	43	27	55
Itália	452.648	06	39	28	55
Newly Industrialised Countries – NICs					
Brasil	**235.025**	**11% Agric.**	**44% Ind.**	**33% Man.**	**45% Serv.**
China	201.688	30	49	41	21
México	194.914	08	33	22	59
Índia	172.321	38	26	18	36

Fonte: **WORLDBANK,** Washington, D.C. 20435, EUA. Disponível em <http://www.worldbank.org>.

NOTA: por manufatura entende-se a parte mais dinâmica do setor da indústria.

Como pode ser observado, através dos dados acima apresentados, a imigração em massa ocorrida nas grandes cidades, fruto do processo de industrialização, reduziu consideravelmente o percentual nos valores agregados na agricultura. Esta realidade aparece na tabela de maneira determinante nos paises mais industrializados como nos Estados Unidos, Japão e Inglaterra, onde o percentual do PIB referente à agricultura não ultrapassa mais os 4% percentuais.

Observa-se que, em Novos Países Industrializados, a diferença entre a agricultura e outros setores produtivos não se apresenta tão discrepante quanto nos paises mais industrializados, mas demonstra percentuais bastante inferiores aos da indústria e serviço somados.

o design no contexto de uma industrialização forçada

A grande expansão do mercado, durante o chamado milagre econômico brasileiro, fez com que as empresas privadas locais, que também haviam crescido bastante, determinassem destinar a sua produção somente ao mercado interno. Exceto, como já foi visto anteriormente, no que diz respeito às empresas de exportação de bens primários e de *comodities*.

Produzir exclusivamente para o mercado interno, prática mantida por muitos anos, afetou, obviamente, o desenvolvimento do design na indústria nacional: uma vez que as empresas brasileiras não tinham o propósito de exportar seus artefatos industriais, elas não se deparavam com os desafios do confronto e da competição no âmbito do design internacional. Este procedimento fez com que as empresas brasileiras se tornassem competitivas apenas dentro do próprio Brasil e condenou definitivamente os artefatos industriais brasileiros ao mercado interno regional, composto, naquela época, por consumidores ainda frugais, que aceitavam pacificamente tudo aquilo que lhes era oferecido.[92]

Como já foi dito, grande parte da população brasileira ficou excluída dos lucros e dos proventos da riqueza econômica produzida no período compreendido entre os anos de 1967-1973, época em que o Brasil começou a se estabelecer de fato como um Novo País Industrializado. Essa parcela da população, naturalmente, não participava de modo expressivo do grupo de consumidores locais. Já os brasileiros que podiam consumir em maior escala, por sua vez, valorizavam de forma determinante o baixo preço em detrimento do design e de outros valores agregados e percebidos dos artefatos industriais.

Nesse cenário, que se mantém por toda a década de setenta, o design local, paradoxalmente (considerando-se que essa é a fase de maior

[92] "Uma das causas do sucesso do Japão é o altíssimo nível de exigência do consumidor japonês. Neste país, as lojas e os supermercados ficam abertos aos domingos para dar mais tempo ao consumidor japonês para fazer comparações entre um produto e outro". (KANITZ, Stephen. *O Brasil que dá certo*: o novo ciclo de crescimento 1995-2005. São Paulo: Makron Books do Brasil, 1995, p.81.).

prosperidade industrial no país), começa a se desenvolver acentuadamente no âmbito acadêmico, ao contrário do que ocorre na esfera produtiva da indústria. Houve um certo distanciamento entre o design brasileiro e a sua real aplicação no âmbito do desenvolvimento dos nossos bens industriais. Sobre esta realidade, argumenta Coutinho: *"Além do baixo conteúdo tecnológico e conseqüente pequena agregação de valor nos produtos privilegiados na estrutura produtiva nacional, destaca-se a permissividade para com a ineficiência que prevalece na indústria brasileira. De um lado, existe a passividade do consumidor final, que prioriza preço acima de qualquer atributo, gerando tolerância para com a falta de qualidade e não-conformidade de produtos, com reflexos negativos também no montante das cadeias produtivas; de outro, a inflação crônica gerou uma 'cultura' nociva à competitividade sob diversos aspectos".*[93]

Pode-se acrescentar também que estes "reflexos negativos", apontados por Coutinho, não se fazem sentir somente no âmbito produtivo industrial, mas, em sentido mais amplo e com efeito dominó, em diversos outros âmbitos do conhecimento, compreendendo inclusive o design industrial. Por outro lado, não convinha às multinacionais estabelecidas no Brasil, já habituadas ao lucro fácil, investir em produtos feitos *ad hoc* ou destinados ao mercado consumidor local; assim adotaram a prática de abastecer o mercado brasileiro com produtos já obsoletos nos seus países de origem.

Focalizaremos agora outro aspecto da relação entre as multinacionais e o contexto brasileiro. É sabido que, ao contrário da tendência atual da prática de *up grade* aplicada aos bens industriais, com a inserção de valores agregados ao produto, as multinacionais estabelecidas no Brasil praticavam o *down grade*, isto é, eliminavam as partes ou componentes de maior custo dos produtos, acabando muitas vezes por eliminar também as suas qualidades intrínsecas. Com esta ação, as multinacionais demonstravam-se preocupadas somente em reduzir os custos operacionais da cadeia produtiva e, em conseqüência, o preço do produto final para o consumidor.

[93] COUTINHO, Luciano; FERRAZ, João Carlos. *Estudo da competitividade da indústria brasileira*. Campinas: Ed. Papirus, 1995, p.252.

Deve-se, portanto, salientar que as empresas multinacionais que operavam em território brasileiro não mantinham um departamento próprio de desenvolvimento de produtos, fazendo, assim, pouco uso dos serviços dos designers locais, não obstante o Brasil já contar, naquela época (década de setenta), com várias faculdades de design estabelecidas nas principais cidades industriais do país. Existiam, porém, nas empresas multinacionais, os departamentos de projeto e de engenharia, que se ocupavam prioritariamente em adaptar os produtos provenientes do exterior às suas estratégias locais.

Sobre alguns dos aspectos da experiência das empresas multinacionais no Brasil, nos revela Coutinho: *"O formato organizacional das empresas estrangeiras, naturalmente, corresponde ao padrão da casa matriz e a diversidade de origens implica diversidade de orientações organizacionais. Estas empresas vieram para o Brasil para explorar oportunidades do mercado interno e aquelas que direcionam suas vendas para outros mercados o conseguiram por construir sólidas bases produtivas internas".*[94] De fato, ainda sobre esta realidade, comenta Branzi: *"conceitos de produtos como o veículo comercial italiano 'Ape', pelas suas características quanto à prestação de serviço, custo e benefício, se aplicariam muito bem ao tipo de mercado e de consumidor de países como o Brasil, e não somente pelo baixo preço do próprio produto, mas também pela realidade do caótico tráfico existente nas grandes cidades brasileiras, como São Paulo, por exemplo. Porém veículos como estes nunca foram produzidos no Brasil para não interferir nas vendas e na fatia de mercado de outros modelos mais caros, que interessam às multinacionais ali estabelecidas. Parece mesmo existir um pacto entre os produtores multinacionais neste sentido, uma vez que nenhuma, dentre tantas indústrias automobilísticas instaladas neste país, tenha andado naquela direção".*[95]

---

[94] *Idem,* p.190.

[95] BRANZI, Andrea, em depoimento ao autor, em 2001.

Se esclarece que o veículo Ape é em forma de triciclo, contendo uma cabine para somente duas pessoas e uma carroceria para pequena carga, montado sob plataforma de motocicleta. Este veículo é bastante difundido na Itália, tanto para uso no campo quanto na cidade, devido ao seu baixo preço e facilidade de movimentaçao nos centros históricos, onde não se permite a entrada de caminhões para a entrega de mercadorias no setor comercial.

Não devemos esquecer, mas, ao contrário, salientar, que a prática de *down grade* (introduzida no Brasil pelas multinacionais durante os anos setenta, como já foi visto) aplicada aos "produtos localizados" requeria mais a intervenção de engenheiros e de técnicos mecânicos que propriamente de designers – profissionais que deveriam se ocupar de maneira sistêmica do conceito e desenvolvimento dos artefatos produzidos industrialmente.

De fato, as interferências de técnicos na "adaptabilidade e redesenho" dos produtos provenientes do exterior, no sentido de adequá-los à realidade do consumidor brasileiro, obtiveram terminologia própria e estereotipada no Brasil, como se percebe através do slogan: "tropicalização do produto". Devemos, da mesma forma, salientar que as empresas locais, também absorveram esta prática de "tropicalização de produtos" das multinacionais. Assim as empresas brasileiras começaram a procurar, nas principais feiras internacionais, produtos de segmentos diversos para serem "tropicalizados", isto é, adaptados à capacidade produtiva das empresas e também ao poder de compra do consumidor brasileiro.

Esta prática, da parte dos empresários locais, sob o slogan de "tropicalizaçâo de produtos", possibilitou e em muito reforçou a cópia de bens industriais do exterior na esfera local. O *down grade* e a cópia direta provocaram o empobrecimento do design local, ao utilizarem referências e modelos que apontavam somente para os aspectos objetivos do projeto e para as condicionantes limitativas da produção industrial local, distanciando, por sua vez, o consumidor (ao tolher importantes componentes do produto em nome da economicidade) do acesso a outras qualidades inerentes ao produto. Isso equivale ao empobrecimento conceitual do design local, que, dessa forma, não encontra um espaço próprio de expressão.

Diante disso, o ensino apresenta-se aos designers brasileiros como a melhor alternativa para colocar em prática as suas próprias percepções e conceitos experimentais da atividade de design. É curioso notar que as melhores soluções projetuais surgidas no país a partir desse momento, no âmbito escolar, não foram colocadas em prática nas indústrias locais. Permaneceram como propostas e protótipos no âmbito acadêmico, como nos confirmam os inúmeros prêmios e concursos de design promovidos no país[96] – longe, portanto, da produção e dos reais vínculos industriais que os legitimassem.

São também curiosas as observações do português Nuno Portas sobre a situação do design em seu país, durante os anos noventa – parece mesmo estar descrevendo o estado da arte do design no Brasil, durante o nosso período de maior industrialização. Assim disserta Portas: *"os designers têm cada vez mais coisas para fazer e a indústria, no país, ainda nem sequer os descobriu, mesmo para a fase do design que polui"*.[97] Com as palavras "nem sequer os descobriu, mesmo para a fase do design que polui", ele vem demonstrar o *gap* existente entre a realidade do design em seu país, Portugal (e é também o que ocorre no Brasil), e a efetiva aplicação do design em outros países de industrialização mais madura, onde este último destaca-se como componente expressiva e determinante do próprio povo. Como se sabe, países como Alemanha, Itália e Finlândia, por exemplo (somente para citar alguns), já completaram todos os percursos do ciclo projetual (convencional) do design, e debatem hoje, portanto, seus erros, bem como alimentam "novas esperanças projetuais".[98]

Diante das conseqüências para o design brasileiro advindas do estabelecimento das multinacionais no âmbito local, quais seriam, então, as expectativas para hoje? Para este momento de chegada das empresas transnacionais, neste contexto atual de globalização? Quais seriam as inovações e as transformações ainda por vir, nesta decisiva fase de interconexão mundial, que rapidamente se delineia? Qual seria desta vez o papel e o destino reservado ao design dos denominados Novos Países Industrializados?

---

[96] Recordam-se, dentre outros, os seguintes prêmios nacionais: Prêmio Museu da Casa Brasileira (São Paulo); Prêmio MOVESP de Mobiliário (São Paulo); Prêmio Aluísio Magalhães – CNPq (Brasília); Bienal Brasileira de Design (Curitiba); Prêmio CNI – Gestão de Design (Rio de Janeiro); Prêmio MOVELSUL (Bento Gonçalves); Prêmio ABIMOVEL (São Paulo); Prêmio Brasil Faz Design (São Paulo); Prêmio Masisa Design (Curitiba).

[97] PORTAS, Nuno. Duas ou três considerações pessimistas sobre o designer e os seus produtos. In: CALÇADA, Ana; MENDES, Fernando; BARATTA, Martins. *Design em Aberto*: uma antologia. Lisboa: Edizione CPD, 1993, p.99.

[98] Ver também MALDONADO, Tomás. *Il futuro della modernità*. Milano: Feltrinelli, 1987; BRANZI, Andrea. *Learning from Milan*: Design and the Second Modernity. Cambridge: MIT Press Edition, 1988; MANZINI, Ezio e VEZZOLI, Carlo. *Lo sviluppo di prodotti sostenibili*. Milano: Maggioli Editore, 1998 (em português: *O Desenvolvimento de produtos sustentáveis*. São Paulo: Edusp, 2002); CHIAPPONI, Medardo. *Cultura sociale del prodotto*: nuove frontiere per il disegno industriale. Milano: Feltrinelli, 1999.

Encontrei no trabalho: Pesquisa, industrial design e inovação, de Manzini e Pizzocaro, uma tentativa de resposta, em que se deposita na "possibilidade de interação" a esperança de uma relação profícua entre a esfera local e as empresas produtoras: *"a inovação pode acontecer quando as empresas promovem ou executam explicitamente formas de interações entre elementos que, por si só, normalmente não se interagiriam [...] as empresas podem aprender a usar, melhorar e produzir produtos, serviços e sistemas justamente através do processo produtivo, através de atividades informais de resolução de problemas de produção, adequando-se às necessidades dos consumidores, superando passo a passo problemas de diversas naturezas [...] além da aprendizagem por meio do processo produtivo (learning by doing) e da aprendizagem através da utilização (learning by using), que representam uma relevante contribuição ao processo de inovação: uma diferente forma de aprendizagem surge quando se tem uma interação (learning by interacting) entre partes, ou entidades unidas, através de fluxos de produtos e serviços gerados pela própria produção (Lundwal, 1988).*

A própria inovação pode, deste modo, agir como elemento organizativo, capaz de estabelecer novas interações dentro de um sistema produtivo. Em um sentido puramente teórico, se poderia então assumir que a inovação pode ser vista como resultado do modo em que se organizam as relações entre os agentes independentes. Isto torna, portanto, admissível que o evento da inovação possa ser estimulado e a sua direção planejada, não obstante os resultados específicos permanecerem imprevisíveis".[99]

Apesar de se terem modificado época e cenário, devemos relevar que, tendo o Brasil absorvido, antes mesmo das outras nações (desde a década de cinquenta), a voracidade do mercado multinacional e posteriormente à do mercado globalizado, esta sã interação sustentada por Manzini e Pizzocaro (que, em hipótese, poderia tornar-se no futuro uma práxis natural entre os países já industrializados) não encontrou solo fértil em nosso território.

---

[99] MANZINI, Ezio; PIZZOCARO, Silvia. Ricerca, disegno industriale e innovazione: Note a margine di un programma di dottorato. In: CECCHINI, Cecilia e D'ALESSANDRO, Massimo. *Q/Disegno Industriale*: I Quaderni di ITACA. Roma: Gangemi Editore, 1999, p.50. MANZINI e PIZZOCARO citam neste artigo: *learning-by-doing* (Arrow, 1962); *learning-by-using* (Rosemberg, 1982) e *learning-by-interacting* (Lundvall, 1988).

Deve-se ressaltar que as relações das multinacionais com o Brasil, nas décadas de sessenta e setenta, se iniciam de maneira acentuadamente desigual. De um lado, se encontrava um país carente de indústrias e de tecnologias e, de outro, uma quantidade de empresas provenientes de diversas partes do mundo, em busca de lucros mais altos que aqueles obtidos nos seus países de origem.

Por fim, esse expressivo crescimento industrial, que ocorre no Brasil durante os anos setenta e é marcado pela intensa participação das empresas multinacionais, trouxe, de fato, pouca contribuição para o âmbito do design local. É verdade que uma grande transformação ocorreu no terreno da inovação produtiva e na gestão do processo de produção em série. Justamente pela aplicação do mimetismo fabril e tecnológico por parte das empresas locais, influenciadas pelas multinacionais aqui instaladas. Mas o mesmo não se pode dizer quanto ao design. De acordo com Verganti: *"diversas são as motivações que podem induzir à inovação dos produtos industriais, as quais normalmente agem de maneira conjunta:*

- *Fatores estratégicos*:

  a necessidade de alargar a oferta, para entrar em novos *business*, ou como resposta aos novos produtos lançados pelos concorrentes;

- *Fatores de mercado*:

  a importância de satisfazer cada vez mais o desejo dos clientes, dando respostas às suas necessidades específicas, personalizando e enriquecendo os produtos com serviços complementares;

- *Fatores tecnológicos*:

  a exigência de ter os produtos em sintonia com a tecnologia em contínua evolução, introduzindo novas funcionalidades e melhorando suas prestações;

- *Fatores normativos*:

  a necessidade de tornar os produtos compatíveis com as normas ambientais e de segurança.

"Qual empresa pode permanecer, hoje, na condição de não priorizar a inovação do produto e do serviço como centro do seu próprio pensamento estratégico?"[100]

Estes fatores e motivações indicadas por Verganti[101] como indutores da inovação dos produtos industriais não foram, de maneira sistemática, observados pelas multinacionais em suas atividades produtivas no Brasil. Sabemos que, durante os anos setenta, a estratégia destas empresas apontava de forma acentuada para o lucro fácil e rápido, sem considerar a segmentação da classe de consumidores locais – no sentido de possibilitar a opção por produtos diferenciados (*customizes*) – e menos ainda a capacidade e criatividade do design local.

Outro aspecto que deve ser analisado diz respeito à curiosa hipótese de que, com a globalização em curso, aconteceria a "brasilianização do mundo", com todos os efeitos positivos e negativos que isso produziria.

De acordo com Beck: "*Não seria difícil representar o mundo glocal (global + local) como sendo um mundo possivelmente desagregado pelos conflitos. Por fim, a visão de uma guerra das culturas permanece, de certa forma, nas dimensões limites do Estado-Nação (não obstante o horror que lhe é próprio). Porque a globalização significa também que, no lugar do 'conflito' (que sempre pressupõe um modelo mínimo de integração), surge o 'dis-flito'. Basta pensarmos na possível cisão do mundo que pode acontecer com a exclusão daqueles que serão privados do poder de compra – talvez seja o caso da maioria da humanidade – isto é: a brasilianização do mundo [...] Se este New Deal se verificar, se o fatalismo do pós-moderno e do globalismo neoliberal tornar-se uma profecia que se confirme sozinha, será*

[100] VERGANTI, Roberto; BARTEZZAGHI, Emílio; SPINA, Gianluca. *Organizzare le Piccoli e Medie Imprese per la crescita.* Milano: Il Sole 24 Ore, 1999, p.235.

[101] Tive a oportunidade de participar de dois workshops conduzidos por VERGANTI sobre a pesquisa: Sistema Design Itália – SDI (pesquisa *Premio Compasso D'Oro 2002*), em que ele sustentava que o design italiano nasceu da prática *learning by doing* e *learning by praticing* (principalmente no âmbito das pequenas e médias empresas locais). Deve-se, portanto, ressaltar que esta ação que obteve grande sucesso na Itália, no seu reconhecido design, foi colocada em prática pelas próprias empresas italianas, isto é, vale frisar: dentro das empresas de capital e gestão italiana. Sem a participação e distante do fenômeno das empresas multinacionais. Estas, por sua vez, não fazem parte do contexto formativo industrial e do design italiano.

veramente fatal. Então as visões catastróficas que exclusivamente compõem hoje a fantasia coletiva poderão tornar-se realidade. Conferindo como conclusão convencional: a brasilianização da Europa." [102]

Se podemos reconhecer que esta hipótese, formulada por Ulrich Beck, tem algum fundamento, é também importante reconhecer (em nível micro), inversamente, que o modelo de estabelecimento das multinacionais em território brasileiro provocou efeitos correlatos, positivos e negativos, no Brasil, proporcionando, por fim, e algumas vezes de modo abrupto, profundas alterações na cena brasileira. Considerando-se esse fato, podemos formular a contra-hipótese de que, antes da "brasilianização do mundo", tenha ocorrido a "ocidentalização do Brasil", isto é, os países mais industrializados do ocidente trouxeram (sob o aspecto negativo), durante o percurso de industrialização no Brasil, através das empresas multinacionais, diversos modelos produtivos que não poderiam mais ser aplicados em seus países de origem, tais como: larga margem de lucro, poluição e descaso com o impacto ambiental e exploração da mão-de-obra local.

Todas essas transformações sociais, que normalmente surgem a reboque do processo de industrialização, são consideradas pelo sociólogo Zygmunt Bauman como conseqüências diretas dos ideais da modernidade. Estes ideais promovem, em um mesmo espaço, a coexistência dualista de ordem e de caos; e, como sabemos, estes dilemas da modernidade ganham amplos espaços no Brasil.[103] Hoje, através da mão dupla da globalização, parece ser verdade que diversos outros problemas surgidos dentro e no âmbito dos Novos Países Industrializados – NPIs disseminam-se, como em efeito bumerangue, pelo mundo afora, em direção aos primeiros países industrializados. Pelo somatório de tudo isso, explica-se o dúbio conceito de brasilianização do mundo, de que fala Ulrich Beck.

---

[102] BECK, Ulrich. Prospettive – Decadenza à la carte: la brazilianizzazione dell'Europa. In:______.*Che cos'è la globalizzazione*. Roma: Carocci Editore, 1999, p. 71,193.

[103] "Exemplos como o Brasil – país com grandes desigualdades sociais e econômicas, onde a riqueza e a pobreza são encontradas lado a lado nas ruas e cidades, e cujo complexo industrial tem sofrido um grande risco de desintegração diante das corporações multinacionais, que têm incorporado, quando não aniquilado, várias empresas nacionais – evidenciam a necessidade de uma maior ênfase em pesquisa sobre mercados, usuários e contextos locais, bem como acerca da cultura material". (ONO, Maristela; CARVALHO, Marília. *The roule of designer in the local and global context*. In: EAD CONFERENCE, 2001, Aveiro, Portugal. *Anais*. Aveiro, 2001. p.290.).

capítulo III

a caminho das teorias
1970-1980

- teoria da tecnologia alternativa
- teoria da dependência

teoria da tecnologia alternativa

O "imperativo verde", que começa a se manifestar no final dos anos sessenta e início dos setenta, torna-se o símbolo da insatisfação contra o modelo de vida prevalente no mundo ocidental. Ele repercutia contrariamente ao sistema industrial e ao modelo capitalista então em vigor. Dentre os expoentes das teorias anticonformistas, destacam-se: Ivan Illich, E. F. Schumacher, S. Latouche, R. J. Congdon, Edgar Morin, Ignacy Sachs (do Centro Internacional de Pesquisa sobre o Ambiente e o Desenvolvimento – CIRED/França), o Grupo de Desenvolvimento das Tecnologias Intermediárias de Londres, os ecologistas do "Clube de Roma" – enfim, alguns dos maiores críticos do modelo econômico capitalista do ocidente no âmbito dos estudos sociais durante os anos setenta – e, no âmbito do design industrial, desponta com maior expressividade Victor Papanek (1925-1996).

Produto | Borrifador
Tecnologia alternativa
Design | anônimo
Ano | 1983
Foto | Arquivo CETEC
Fig. 48

Todos esses pensadores se opuseram à transferência do modelo produtivo capitalista ocidental para os países de Terceiro Mundo, como o Brasil, que, de fato, nas décadas de sessenta e setenta, buscavam a modernização e a industrialização. Não se deve esquecer de que os próprios países periféricos mantinham o ocidente como referência e como modelo em que se espelhar. Sustentados então pelas suas teorias, aqueles estudiosos afirmavam que: "*os países do sul do planeta não deveriam simplesmente industrializar-se e integrar-se no núcleo do sistema econômico mundial, mas deveriam, sobretudo, modificar a realidade social, as estruturas políticas e culturais da própria sociedade*".[104]

Eles posicionavam-se de forma categórica contra o agressivo expansionismo do ocidente e a favor de outra alternativa para o desenvolvimento dos

[104] RIBONI, Doriana; SCHILLACI, Sabrina. *I sistemi produttivi e la natura delle merci nella realtà attuale tra locale e globale*. Milano: Tese Politécnico de Milão, 1996, p.35.

países periféricos, que não a adoção do modelo ocidental em prática. Sintetizamos a seguir alguns de seus principais conceitos e teorias.[105]

Latouche

Uniformização do estilo de vida, padronização do imaginário, unidimensionalidade da existência e conformismo comportamental são apenas alguns dos resultados provocados pela invasão ocidental, 'máquina impessoal sem alma e sem controle, que promove uma erradicação planetária', como se fosse um rolo compressor.

Ivan Illich

O sistema industrial é filho do imperialismo ocidental, afirmamos que seja necessário um redimensionamento das expectativas e dos consumos para promover um equilíbrio que seja pós-industrial, aquele mesmo a que os países industrializados deverão recorrer diante da ameaça do caos.

Ignacy Sachs

A sociedade industrial é, hoje, muito voltada para a produção de bens de posse, em detrimento do bem-estar, e o nível de vida vem sendo medido apenas em função do nível de consumo.

R.J. Gordon

A tecnologia intermediária deve trabalhar em harmonia com a natureza, ao invés de ser contrária a ela; o que se observa hoje é que a tecnologia e a economia moderna contribuem para a alienação do homem, do seu trabalho e da própria natureza.

E.F. Schumacher

A via intermediária é também a via democrática que consente às pessoas comuns um pouco de independência [...] a moderna tecnologia

[105] *Ibidem,* p.35-36.

produziu: os ricos e riquíssimos, com os pobres cada vez mais desesperados. A via intermediária vem a ser, então, um conceito essencialmente econômico, uma alternativa às caríssimas tecnologias da Europa e da América do Norte.

V. Papanek

A civilização ocidental, orientada para o lucro e o consumo, se tornou superespecializada no permitir que somente poucas pessoas tenham acesso aos prazeres e aos benefícios de uma vida plena, enquanto a maioria não participa nem mesmo das mais modestas formas das atividades criativas [...] o nosso escopo será o de projetar e replanejar a função e a estrutura de todos os utensílios, os produtos e as habitações das organizações humanas, em um ambiente de vida integrado: um ambiente capaz de crescer, mudar, adaptar-se e regenerar-se em resposta à sociedade atual.

As teorias de Ignacy Sachs e Victor Papanek obtiveram, de maneira difusa e consistente, um maior espaço no Brasil e seus modelos de desenvolvimento tornaram-se uma referência no país. Sachs (economista) e Papanek (designer) tinham, como princípio e razão conceitual, a teoria dirigida para uma tecnologia alternativa que devesse redefinir a própria estratégia do desenvolvimento periférico. Eles percebiam os conceitos ecológicos e econômicos de modo bastante particular: propunham um caminho intermediário entre o economicismo voraz e o ecologismo tutorial. Na verdade, essa linha de pensamento, disseminada ao longo da década de setenta, torna-se um verdadeiro dogma no panorama do design brasileiro. Na teoria proposta por Papanek, encontra-se, como nos outros conceitos e teorias acima expostos, algumas questões polêmicas como a utópica exclusão da indústria (convencional) no processo de desenvolvimento tecnológico e no design dos países de Terceiro Mundo.

Não obstante algumas incompatibilidades com conceitos modernos, procurava Papanek, em suas idéias (de maneira bastante coerente), evidenciar a responsabilidade social da indústria e a questão ética do designer. A primeira como responsável pela produção e o segundo, pela concepção dos artefatos industriais.[106] Assim sustentava Papanek: "*se é verdade que o motivo do*

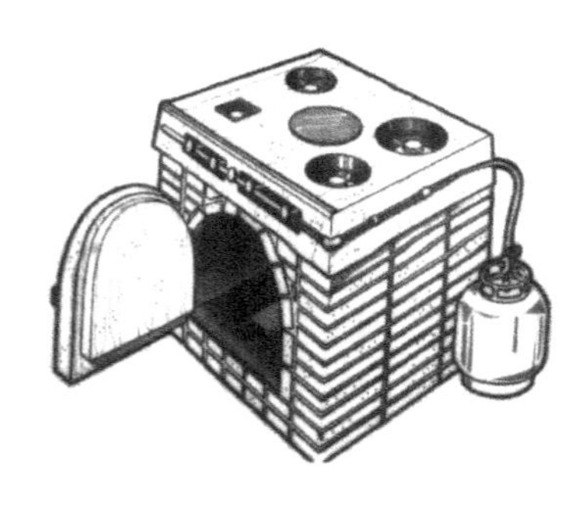

Produto | Fogão a Gás em alvenaria
Tecnologia alternativa
Design | CETEC-MG
Ano | 1982
Foto | Arquivo CETEC
Fig. 49

envenenamento do nosso ar e da poluição dos nossos rios e lagos é muito complexo, é também verdade que o designer, em função da indústria, e a indústria em si são certamente co-responsáveis por este assustador estado em que estamos chegando [...] O designer deve ter a consciência de sua responsabilidade social e moral. De fato, o progresso é o instrumento mais potente que o homem pode ter para dar uma forma aos seus produtos, aos seus ambientes e, por extensão, a si mesmo: mediante seus projetos, o homem deve avaliar as conseqüências dos seus atos passados e prever aqueles do futuro [...] Todo o ato projetual é uma espécie de educação [...] a nossa responsabilidade como projetistas consiste também em fazer com que as nações em via de desenvolvimento não repitam os nossos erros, isto é: empregar de forma errada o talento projetual, para promover ainda mais os ricos e propiciar mais lucros à indústria".[107]

É interessante notar, que as idéias de Sachs e Papanek, quando ambos vieram difundi-las aqui, se apresentavam de certa forma contrárias aos propósitos brasileiros, ao esforço já realizado por parte do governo com seus investimentos em infra-estrutura de base, buscando efetivar o projeto de industrialização e de desenvolvimento tecnológico local. Deve-se considerar ainda que o ambiente era muito propício às multinacionais já estabelecidas no país. Assim, era evidente que o caminho rumo à modernidade e industrialização no Brasil era um caminho sem volta. Isto é, já haviam sido efetivados muitos investimentos, tanto da parte do governo,

[106] "Outra peculiaridade do industrial design na periferia consiste, apesar de menos surpreendente como sempre anunciado, em ter mantido uma associação com o conceito de responsabilidade social. Desde a sua introdução no contexto periférico, como aconteceu nos países da América Latina e Índia, o design tem sido percebido por tantos como um mecanismo de resolução de problemas que pode vir a ser empregado em diferentes escalas no âmbito social e econômico. De tempo em tempo, esta percepção vinha distorcendo o discurso profissional do design industrial em muitos destes países. Entretanto, apesar dos mal-entendidos e das irreais interpretações, o design na periferia carrega consigo uma rica herança de responsabilidade, tendo como referência as próprias teorias do centro. Esta é uma crítica que guarda relações com a comunidade internacional do design, uma vez que fomos nós que iluminamos a face dos problemas sociais, que mantinha-se relativamente apagada para o design por meio dos nossos projetos e critica às empresas globais".

(ER. H. Alpay. *Peculiarities of the Periphery*: Industrial Design Education in Peripheral Context. Aveiro: EAD Conference Proceeding, 2001, p.27.).

[107] PAPANEK, Víctor. *Disenar para el mondo real*: Ecologia Humana y cambio social. Madrid: H. Blume Ediciones,1971, p.57, 77, 82, 94, 136.

quanto da parte das empresas privadas locais e das multinacionais. Na verdade, deve-se recordar que, quando as teorias sobre o design e a tecnologia alternativa de Victor Papanek chegaram ao Brasil, o país era já um *Newly Industrialised Country* e isto não foi devidamente considerado.

Produto I Tr turador de grãos a pedal
Design I CETEC-MG
Ano I 1985
Foto I Arquivo CETEC
Fig. 50

Abriremos aqui um parêntese, buscando oportunamente esclarecer que a preocupação com a sustentabilidade ambiental evidenciada, dentre outros, por Ezio Manzini, a partir dos anos oitenta, apresenta substanciais divergências com as teorias defendidas por Victor Papanek. De fato, nas propostas de desenvolvimento sustentável, Manzini não exclui em hipótese alguma a participação da indústria, contrariamente a Papanek. Para melhor esclarecer as dissensões existentes entre os dois, citemos Manzini: *"é necessário, então, enfrentar a questão ambiental de forma proposital e projetual [...] o ambiente (na realidade) é um fator de inovação [...] este tem a ver com a dimensão dos processos produtivos, e diz respeito também aos produtos e serviços, à organização das indústrias e das instituições"*.[108]

108 MANZINI, Ezio. *Apud* CANGELLI, Eliana. Qualità ambientale dei processi produttivi In: CECCHINI, Cecilia e D'ALESSANDRO, Massimo. *Q/ Disegno Industriale*. I Quaderni di ITACA. Roma: Gangemi Editore, 1999, p.88.

Produto | Tubulação hidráulica em bambu.
Design | CETEC-MG
Projeto Juramento de Tecnologia alternativa
Ano | 1983
Foto | Arquivo CETEC
Fig. 51

Em Manzini, propõe-se a redução do uso de energia e da quantidade de matérias-primas não renováveis, com o intuito de promover o desenvolvimento sustentável. Manzini propõe o envolvimento eco-aceitável e eco-eficiente da indústria, da pesquisa e do desenvolvimento de produtos. Ele contempla, em sua teoria, a contínua e inevitável evolução tecnológica industrial, à qual Papanek radicalmente se contrapunha. Manzini articula a indústria, como agente produtor, e a sociedade, como agente consumidor, propondo que surja desta interação o *green consumerism*.[109] Já Papanek propõe de forma unilateral o *green imperialism*.

Fechando o parêntese sobre a diferença entre a corrente alternativa de Papanek e o design sustentável de Manzini, retomamos nossas considerações sobre o âmbito brasileiro. Podemos então relembrar que, durante os anos setenta, o design no Brasil encontrava-se no ambívio entre a sua negação por parte dos empreendedores brasileiros e a indiferença por parte das multinacionais, cujas estratégias e ações eram coligadas às suas matrizes centrais, que ordenavam o destino dos produtos nas filiais brasileiras.

Diante desta realidade, o design brasileiro encontra, no discurso humanístico e social de Papanek, uma possível estrada a ser seguida e, de maneira quase que generalizada, as teorias das tecnologias apropriada, alternativa e intermediária ganham força e espaço. Esse fenômeno se apresenta, entretanto, como um paradoxo, visto que em meio a um expressivo crescimento industrial, que se dava naqueles moldes já aqui explicitados.

[109] "Os estudos sobre o tema da sustentabilidade ambiental caracterizam alguns aspectos do que deverá ser o ponto de chegada dessa transição: é preciso pensar em uma sociedade cujo metabolismo, isto é, a capacidade de transformar recursos ambientais para satisfazer as nossas necessidades materiais, seja muito diferente do que é praticado na atualidade. Ou, dito mais precisamente, seja de maneira tal, que venha a responder à demanda de bem-estar social consumindo menos do que os 10% de recursos hoje consumidos nas sociedades industriais maduras. Ainda em outras palavras, um aspecto fundamental desta transição é que ela deverá apresentar-se como um imponente processo de desmaterialização do sistema de produção e consumo. E é a partir daqui mesmo que começaremos a construção do nosso cenário [...] Em outras palavras, não podemos fazer hipóteses a respeito de qualquer sociedade futura que não seja também, de algum modo, uma sociedade sustentável, ou seja, fundada em um sistema de produção e de consumo coerente com as necessidades da sustentabilidade ambiental".

(MANZINI, Ezio e VEZZOLI, Carlo. *Lo sviluppo di prodotti sostenibili.* Rimini: Maggiori Editore, 1998, p.38. Edição em português: MANZINI, Ezio e VEZZOLI, Carlo. *O Desenvolvimento de Produtos Sustentáveis.* São Paulo: Editora Edusp, 2002, p.44.).

Não é secundário, mas, ao contrário, é um aspecto de mesma relevância, que o conceito de produto vernacular ou autóctone disseminado, através do conceito de tecnologia alternativa, no Brasil, já existia aqui, antes mesmo das teorias propagadas por Papanek e dos ideais pacifistas dos ecologistas do *green imperialism*. O que sucedeu, na realidade, como fator de inovação, no âmbito do design brasileiro, foi a absorção e promoção dos ideais da tecnologia alternativa de forma mais ordenada e como uma resposta contra o modelo de industrialização ocidental. A tecnologia alternativa, no Brasil, foi (a partir de Papanek) elevada à condição de instrumento de protesto contra o modelo "colonialista industrial" predominante.

Detalhe da conexão em "T" confeccionada em bambu.
Design | CETEC-MG
Projeto Juramento de Tecnologia alternativa
Ano | 1983
Foto | Arquivo CETEC
Fig. 52

Diante destas considerações, podemos levantar a hipótese de que a experiência da tecnologia apropriada surgiu primeiro na periferia, desenvolveu-se como conceito nos países de industrialização mais madura, e retornou como modelo projetual para o design da periferia, passando a se apresentar também como panacéia para os problemas produtivos e tecnológicos dos países periféricos.

Construção do sistema de abastecimento de água, tendo como matéria prima o bambu.
Design | CETEC-MG
Projeto Juramento de Tecnologia alternativa
Ano | 1983
Foto | Arquivo CETEC
Fig. 53

O Centro Tecnológico do Estado de Minas Gerais – CETEC, que instituiu, em 1972, um dos primeiros centros de pesquisa em design do Brasil e de toda a América do Sul, ao se encontrar diante do 'bívio dilema' do design brasileiro, já previamente assinalado no capítulo anterior, opta por perseguir a tecnologia alternativa, contrariando sua política inicial, que, de acordo com Resende, *"gerou, em uma certa época, um 'motim branco', provocado quando parte da equipe 'rebelou-se', assumindo um posicionamento mais sóciopolítico, com o projeto Juramento de ecodesenvolvimento e de tecnologias apropriadas"*.[110]

As palavras acima, de Marcelo de Resende (coordenador do Departamento de Design do CETEC na época), dizem respeito a uma experiência realizada entre os anos de 1977 e 1985, em Juramento, um lugarejo no norte de Minas Gerais, onde as pesquisas sobre o modelo da tecnologia alternativa foram implementadas, tendo como base as próprias teorias propostas por Victor Papanek e Ignacy Sachs.

Entre tantas experiências desenvolvidas pelo projeto Juramento, uma delas consistia na tentativa de desenvolvimento de um sistema de distribuição de água, que abasteceria o lugarejo, tendo o bambu como elemento condutor e como produto alternativo aos tubos de PVC, convencionalmente já utilizados.

Após vários meses, entre erros e tentativas de aplicação da tecnologia alternativa, verifica-se o insucesso da experiência. Os técnicos envolvidos no projeto Juramento optaram por não dar continuidade ao projeto, vez que os valores aplicados em dinheiro durante as etapas do trabalho já se aproximavam do valor suficiente para a realização do sistema de abastecimento de água pelo método convencional, isto é, através do uso de condutores industrializados e confeccionados em PVC.[111]

Outro pensador que se debruçou sobre tais questões foi Emmanuelle Arghiri, que, se revelando um opositor, não compartilhava com seus colegas

[110] RESENDE, Marcelo. Avaliação da experiência da unidade de design: CETEC. In: WORKSHOP UNIDADES DE DESIGN NOS INSTITUTOS DE PESQUISA E DESENVOLVIMENTO. 1998, Fortaleza. *Anais*. Brasília: Edição Abipti/ Sebrae/ Cnpq, 1998, p.13-40.

[111] Ver também: CASTELLO BRANCO, Alceu et. al. *Anais do Workshop:* Unidades nos Institutos de Pesquisa e Desenvolvimento. Fortaleza: Ed. ABIPTI-SEBRAE Fortaleza – CNPq-PBD, 1998, 245p. MINEIRO, Ricardo et al. *Prática de Implantação e Disseminação de Tecnologias Apropriadas ao Meio Rural*: 1983-1984. Projeto Juramento. Belo Horizonte: Edição CETEC/FINEP, 1985, 56p.; DE MORAES, Dijon. *Limites do Design*. São Paulo: Studio Nobel Editora,1997, p.78.

economistas a idéia da tecnologia alternativa como uma solução para o desenvolvimento dos países de Terceiro Mundo. Segundo a avaliação de Arghiri, *"a tecnologia apropriada não é adaptável ao desenvolvimento econômico moderno, e não é também capaz de resolver os problemas de subdesenvolvimentos [...] a pesquisa de tecnologia apropriada condena ao isolamento comercial e incorpora mais atraso àqueles já precedentemente existentes. A tecnologia apropriada, por fim, congela o subdesenvolvimento [...] a tecnologia apropriada deveria ser considerada como tecnologia subdesenvolvida, motivação já definida pelo próprio nome, porque, se esta deve adaptar-se às condições existentes ao invés de tentar resolver os problemas do subdesenvolvimento, será sempre uma tecnologia pobre para os pobres".*[112]

Seguindo o fio condutor do pensamento de Arghiri, podemos, colocando as vestes de designers, acrescentar que os códigos visuais e estéticos intrínsecos aos produtos confeccionados através da aplicação da tecnologia apropriada não são por si mesmos capazes de eliminar ou neutralizar os fortes símbolos da pobreza existente. O produto apropriado carrega consigo mesmo o sentido de *design póvero* ou de um produto que apresenta, como resultado final, características de segunda ordem, quando confrontado com os artefatos industriais que apresentam maiores qualidades tecnológicas. Em outras palavras: os produtos alternativos não trazem consigo muitos dos fatores inerentes à atividade projetual do design. Esses produtos se estabelecem como não sendo nem artesanato nem cultura popular, muito distantes ainda dos valores simbólicos que nos comunicam um sentido de modernidade e de desenvolvimento tecnológico. Por fim, eles também não são reconhecidos como produtos industriais. Considerar todos esses aspectos era fundamental para um país que se propunha competir na arena de um mercado que, já naquela época, vinha se internacionalizando.

Outro efeito paradoxal da aplicação das idéias de Papanek no Brasil veio do fato de que foi nos programas de ensino das faculdades de design do país, por mais de dez anos, que se adotou o modelo da tecnologia alternativa: os novos graduados, ao deixar a faculdade e ingressar no mercado de trabalho,

---

[112] RIBONI, Doriana; SCHILLACI, Sabrina. *I sistemi produttivi e la natura delle merci nella realtà attuale tra locale e globale.* Milano: Tese Politécnico de Milão, 1996, p.60.

se deparavam com um parque produtivo, já bastante desenvolvido, cujo modelo estava fundamentado na tecnologia produtiva ocidental. Os parques industriais locais vinham se equipando, mais e mais, com ferramentas e maquinários próprios da produção industrial de perfil convencional, nos moldes da modernização mundial.

A experiência brasileira da tecnologia alternativa e apropriada, fundamentada nos conceitos e ideais de Victor Papanek, não obstante o debate sóciopolítico e humanístico já mencionado, não trouxe solução para os problemas e os desafios que precisavam ser enfrentados pelo design local.

Produto | Torno manual
Tecnologia alternativa
Design | anônimo
Ano | 1983
Foto | Arquivo CETEC
Fig. 54

Já discutimos anteriormente o papel das teorias externas na formação do design brasileiro. Recordemo-nos do início dos anos sessenta, quando da instituição oficial da disciplina no cenário local, seguindo o modelo racionalista. Esclareça-se, entretanto, que a experiência racional-funcionalista no Brasil, bem como seus resultados práticos, foi bem mais profícua que a experiência relacionada à tecnologia alternativa.

A constância com que modelos do exterior eram transportados para o design brasileiro, determinando uma relação denominada inicialmente como centro-periferia, e posteriormente como nexo norte-sul, nos deixa propensos a reflexão sobre a interessante tese sustentada por Andrea Branzi: *"nenhum modelo nacional é exportável; no sentido de que nenhum modelo tem um valor de perfeição transferível a outros contextos"*.[113]

A reincidência de tantos insucessos na tentativa de transferência de experiências e modelos projetuais do exterior para o Brasil nos confirma, de certo modo, essa tese.

Produto | Forno feito de placas de automóveis.
Tecnologia alternativa
Design | anônimo
Ano | 1973
Imagem reproduzida do livro: Design for the real world.
Victor Papanek, p.61.
Fig. 55

[113] BRANZI, Andrea. *Pomeriggi alla media industria*: design e seconda modernità. Milano: Idea Books Edizioni, 1988, p.32.

teoria da dependência

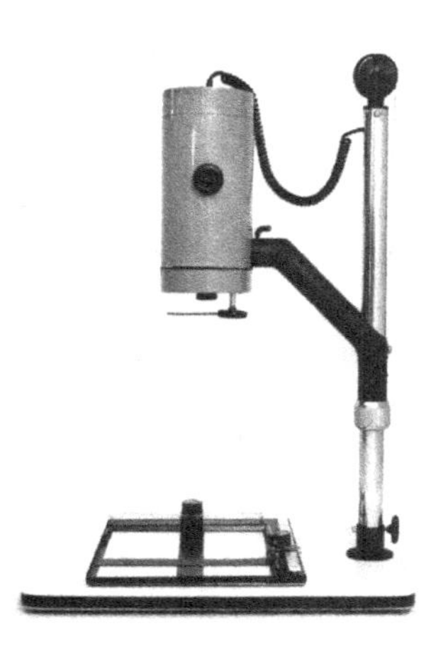

Produto | Ampliador Fotográfico
Design | CETEC-MG
Cliente | Indústria Fototécnica Brasileira
Ano | 1972-1989
Vista do produto fechado
Foto | Arquivo CETEC
Fig. 56

A teoria da dependência surge, na América do Sul, inicialmente, através da esquerda latino-americana, durante os anos sessenta e início dos setenta. Ela ganha força através de expressivos intelectuais, políticos e personalidades da literatura sul-americana, como Salvador Allende, Octavio Paz, Vargas Llosa, Darcy Ribeiro, Eduardo Galeano, Garcia Marques, Pablo Neruda e Jorge Amado, para citar somente os mais conhecidos em nível internacional. Não se pode dizer que eles tivessem uma solução política para o continente, mas, em seus manifestos, se percebia um descontentamento geral com a relação desigual existente entre centro e periferia e um descrédito no futuro dos países do hemisfério Sul, caso essa situação não se transformasse.

No centro do debate brasileiro, se encontrava, nos anos setenta, o sociólogo e hoje ex-presidente do Brasil Fernando Henrique Cardoso, que, em seu livro Dependência e Desenvolvimento na América Latina,[114] definia a condição dos países latino-americanos como sendo aqueles que se encontravam na periferia do núcleo capitalista e a este mantinham-se vinculados em uma relação de eterna dependência. Segundo a tese sustentada por Cardoso, *"as empresas multinacionais transferem parcelas do sistema produtivo, e os produtores locais prendem-se ao capital estrangeiro em um modelo de desenvolvimento 'dependente-associado'. Estamos tratando, efetivamente, de um fenômeno mais cruel: ou o Sul (ou parte dele) ingressa na corrida democrático-tecnólogico-científica, investe pesadamente em P&D, e suporta a metamorfose da 'economia da informação', ou se torna desimportante, inexplorado, e inexplorável"*.[115]

No âmbito dos países desenvolvidos, de acordo com Worsley, destacam-se as idéias de André Gunder Frank, um dos primeiros teóricos do Primeiro Mundo a ocupar-se da teoria da dependência. Gunder Frank apresenta um mundo polarizado entre os países ricos, do Centro, e aqueles dependentes, da Periferia.

[114] CARDOSO, Fernando Henrique; FALETTO, Enzo. *Dependency and development in Latin América.* Los Angeles: University of California Press, 1979.

[115] CARDOSO, Fernando Henrique. Relações Norte/Sul no Contexto Atual: Uma Nova Dependência?. In: BAUMANN, Renato et al. *O Brasil e a Economia Global.* Rio de Janeiro: Editora Campus, 1996, p.11-12.

De acordo com todos esses estudiosos, a teoria da dependência tornara visível o fato de que as multinacionais instaladas no continente latino-americano cresciam em ritmo intenso e traziam, para os países onde se instalavam, a sua tecnologia produtiva. Usufruíam da mão-de-obra e dos recursos naturais locais, sem proporcionar ao continente uma contrapartida que lhe possibilitasse um desenvolvimento tecnológico e industrial de forma sustentável. Ao contrário do que desejavam os intelectuais latino-americanos, as multinacionais promoviam um desenvolvimento local estreitamente vinculado à matriz central. Assim, os países periféricos tornavam-se cada vez mais dependentes, enquanto os países centrais determinavam as relações entre o centro e a periferia, favorecendo a si mesmos de maneira disforme e unilateral. *"Entre os modelos que caracterizam a economia do mercado mundial, se reconhece o desequilíbrio existente entre os baixos preços pagos pelas matérias-primas aos países periféricos e o alto preço pago aos produtos industriais fornecidos pelos países centrais. Esta diferença, cada vez mais profunda, jamais será resolvida entre os países subdesenvolvidos e aqueles fortemente industrializados, se estes últimos não pagarem um preço mais justo às nossas matérias-primas, que são, na verdade, o produto de base para o desenvolvimento deles".*[116]

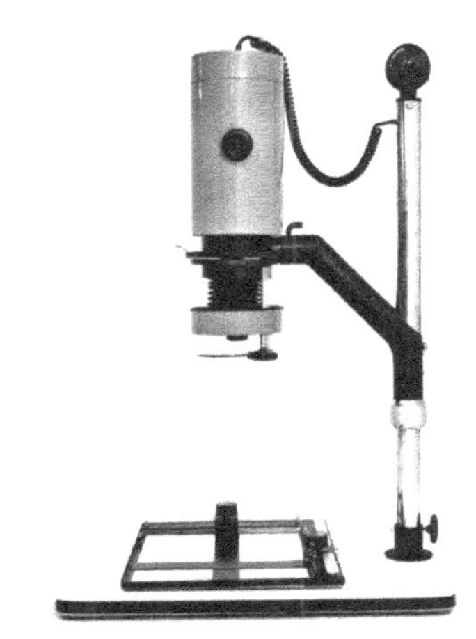

Produto | Ampliador Fotográfico
Design | CETEC-MG
Cliente | Indústria Fototécnica Brasileira
Ano | 1972-1989
Vista do produto aberto
Foto | Arquivo CETEC
Fig. 57

Ainda hoje, observa-se que, com a globalização in fieri, o dilema da dependência persiste com novas roupagens. A dependência, além de apresentar-se hoje de maneira mais complexa e com maiores dificuldades de identificação, os reflexos para o design industrial nos países em desenvolvimento ainda não são, muitas vezes, positivos.

A questão da dependência, que hoje se delineia entre os países que compõem a nova relação Norte e Sul do planeta (diferentemente daqueles tempos em que os termos da relação eram chamados de centro e periferia), continua a existir mesmo para aqueles países que conseguiram mudar sua condição e passaram a participar ativamente do novo paradigma da segunda modernidade industrial. Hoje, portanto, a teoria da dependência retoma o seu antigo debate, não obstante o modelo de dependência atual não demonstre mais uma rápida identificação e um fácil reconhecimento.

[116] PAZ, Octavio. *O labirinto da Solidão e Post-Scriptum.* Rio de Janeiro: Ed. Paz e Terra, 1984, p.162-63.

Procurando traçar um paralelo entre os desafios atuais que deverão ser enfrentados pelos novos países industrializados, nos tempos da globalização, e aqueles anteriores, que fizeram surgir a teoria da dependência, Worsley observa: *"as primeiras gerações de teóricos da esquerda pensavam ser impossível a industrialização das economias do Terceiro Mundo sob o capitalismo. Tal desenvolvimento era geralmente desacreditado, todavia, como desenvolvimento dependente, era simplesmente um novo mundo em que o capital global dos países de centro estavam agora penetrando em cada ângulo do planeta, não mais somente à procura de matéria bruta, mão-de-obra barata ou mercado de bens manufaturados, sob forma de uma sucursal de um segmento industrial, naquilo que era agora uma divisão do trabalho produtivo, manipulado, concebido e iniciado pelo centro e dentro dos interesses do centro. Os pioneiros da teoria da nova divisão internacional do trabalho (Froebel et. al., 1980), por exemplo, sustentavam que o desenvolvimento industrial sucedia somente nos setores de tecnologia antiquada, que o ocidente era grato por abandoná-las".*[117]

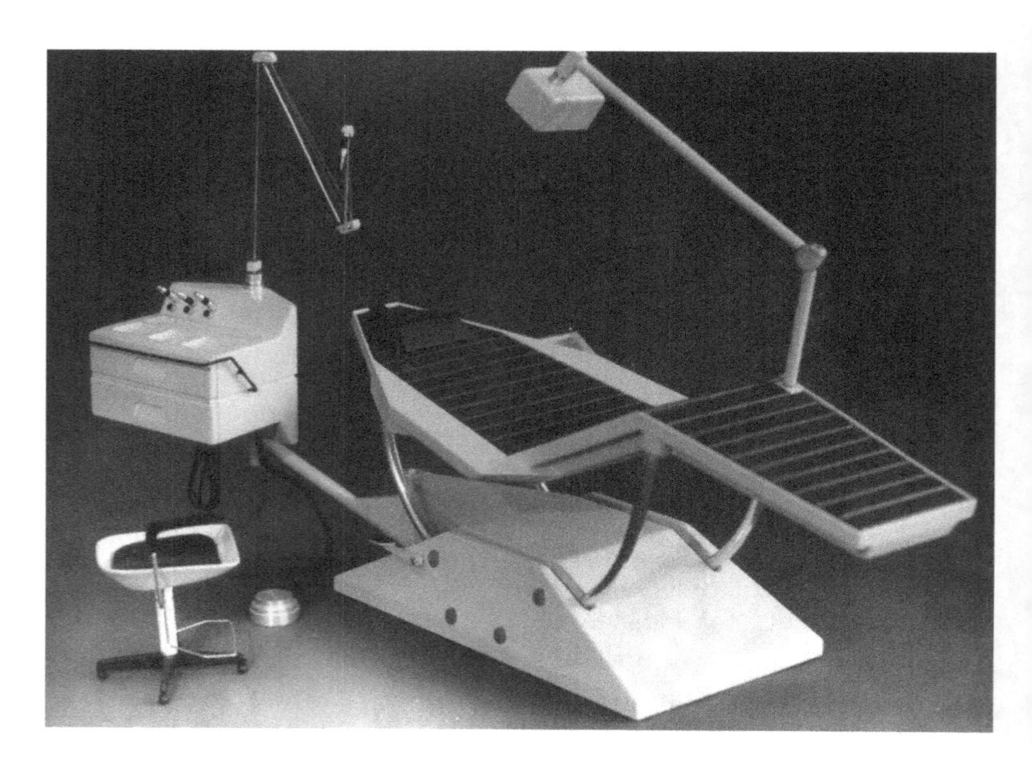

Produto | Equipamento Odontológico Simplificado
Design | CETEC-MG
Cliente | CETEC/PUC-MG
Ano | 1972-1989
Foto | Arquivo CETEC
Fig. 58

[117] WORSLEY, Peter. *Modelli del sistema-mondo moderno*. In: FEATHERSTONE, Mike. *Cultura Globale*: Nazionalismo, globalizzazione e modernità. Roma: Edizioni Seam, 1996, p.155.

No Brasil, a tentativa de contraposição à dependência tecnológica e às suas conseqüências para o design inicia-se ainda no final dos anos setenta e ganha força com a chegada de Gui Bonsiepe,[118] que aqui se estabelece, após o encerramento das atividades da Escola de Ulm, na Alemanha. Bonsiepe nos fala sobre sua experiência na América Latina: *"Só na América Latina descobri o significado da política. Isso eu não aprendi na Alemanha, muito menos em Ulm. Lá os problemas eram, digamos, muito superestruturais"*.[119]

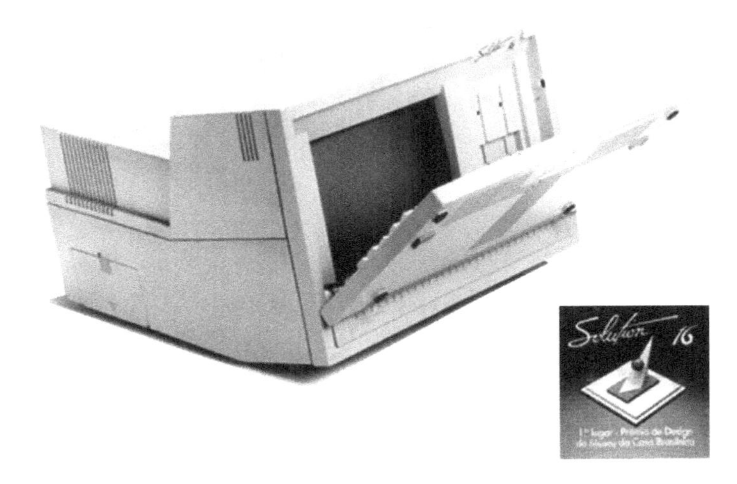

Produto | Micro computador Solution 16
Design | Luciano Devià
Produção | Prológica
Ano | 1986
Prêmio Museu da Casa Brasileira de 1986
Foto | Arquivo do Autor
Fig. 59

O início da relação de Bonsiepe com a América do Sul, coincide com a esperança, anteriormente apontada, de fazer do design local um instrumento de redução da dependência do continente sul-americano frente à tecnologia e às soluções projetuais provenientes do centro.[120] Esse desejo se espalha

---

[118] "No ano de 1966 cheguei na Argentina com um contrato de trabalho da ONU para realizar um curso de *packaging design* no *Design Centre de Buenos Aires*. Após esta primeira experiência fui me dando conta, pouco a pouco, que as regras universais-universalistas são uma mentira, porque atrás disto tudo existe um grande esquema de domínio". (Bonsiepe em depoimento ao autor em 2001.).

[119] BONSIEPE, Gui. *A Tecnologia da Tecnologia*. São Paulo: Editora Edgard Blücher, 1983, p.65.

[120] Quando perguntado sobre a sua participação, como designer, na teoria da dependência no Brasil, assim responde Bonsiepe: "Existia entre nós uma clara idéia que se referia aos conceitos dos economistas que propagavam, naquela época, uma política de aquisição de pacotes tecnológicos. A idéia deles não levava em consideração a necessidade de que uma verdadeira industrialização não podia prescindir da sua componente de inovação. O processo industrial dependente caracteriza-se exatamente pelo fato de colocar entre parênteses o quesito inovação". (Bonsiepe, em depoimento ao autor em 2001.).

Produto | Televisão em Preto e Branco
Design | CETEC-MG
Cliente | Advance Eletrônica
Ano | 1972-1989
Foto | Arquivo CETEC
Fig. 60

por diversos âmbitos e segmentos sociais, e foi sustentado pelos já citados protagonistas da teoria da dependência no Brasil e demais países sul-americanos.

Após uma experiência na Argentina[121] e outra no Chile, onde contribuiu com o governo socialista de Salvador Allende,[122] Bonsiepe fixa residência no Brasil[123] e, contratado pelo governo brasileiro, aí trabalha por vários anos consecutivos. Muitas ações no âmbito do planejamento em design feito pelo governo brasileiro naquele período contaram com a colaboração de Gui Bonsiepe. A tudo isto se soma a sua adesão aos ideais da teoria da dependência local, que foram difundidos através do seu livro: A Tecnologia da Tecnologia, publicado pela editora Edgard Blücher em 1983, cuja apresentação foi escrita por Darcy Ribeiro, este também um dos adeptos da mesma teoria. *"Estou longe de lançar-me numa diatribe contra o poderio das empresas multinacionais, ainda que não as julgue candidatas a um prêmio por bom comportamento nos países anfitriões da Periferia. No que se refere ao desenho industrial, pouco há que se esperar delas, não porque sejam intrinsecamente mal-intencionadas, mas porque o poder financeiro e a imaginação poucas vezes foram compatíveis [...] Certamente não faltam as caixas de ressonância, quer dizer, as tendências locais da Periferia que reproduzem e emulam in situ o desenho industrial, um mimetismo cultural ansioso por receber a aprovação do Centro [...] Enquanto isso, os países centrais monopolizam a inovação tecnológica e avançam, aumentando a distância entre os países tecnologicamente avançados e os não-avançados. Assim, em vez de exportar madeiras contra televisores em preto e branco, exportam-se móveis contra televisores a cores [...] Mudará o estado de*

[121] Na Argentina, Bonsiepe trabalhou entre os anos de 1974 e 1980.

[122] "No caso do Chile, havia um programa político, econômico e social, dentro do qual se podia desenvolver algo como uma política de desenho industrial, que visasse, sobretudo, à satisfação das necessidades sociais e a redução da dependência tecnológica [...] Dentro dessa situação excepcional, formulou-se uma política de desenho industrial e realizou-se, num curto espaço de tempo, uma série de projetos muito diversificados. Havia ali a convergência entre o projeto político-social e o projeto tecnológico".

(BONSIEPE, Gui. *A Tecnologia da Tecnologia.* São Paulo: Editora Edgard Blücher, 1983, p.47.).

[123] No Brasil em 1981, Bonsiepe torna-se pesquisador do Conselho Nacional de Desenvolvimento Científico e Tecnológico – CNPq. Foi um dos fundadores e primeiro coordenador do Laboratório Brasileiro de Design Industrial – LBDI no ano de 1994 [NdA].

dependência passando a interdependência, quando a industrialização nos países dependentes se fizer acompanhada pela inovação tecnológica e industrial local [...] Indústria, no sentido real e completo da palavra, apenas se terá a partir do momento em que a inovação tecnológica constituir parte intrínseca da prática industrial cotidiana [...] deve-se evitar cair na armadilha de uma pregação da pobreza feita pelos países ricos, que aconselham a não industrialização, alegando que os recursos deste planeta são finitos e insuficientes para todos [...] falta aos países centrais, com seu nível de hiperconsumo e cumplicidade com o sistema de troca desigual, legitimidade para pregarem aos países periféricos a renúncia a suas aspirações mais legítimas. O subconsumo é tão repressivo quanto o hiperconsumo é anestesiante [...] Não se pode subestimar o alarmante peso econômico de uma dependência tecnológica em um país".[124]

Diante desta realidade, e com a expectativa de mudança no quadro de dependência no âmbito produtivo, tecnológico e do design local, o governo brasileiro, através do Ministério da Indústria, Comércio e Turismo – MICT e de órgãos como o Conselho Nacional de Desenvolvimento Científico e Tecnológico – CNPq e a Financiadora de Estudos e Projetos – FINEP, adota uma série de ações, buscando minimizar o *gap* existente na capacidade competitiva dos produtos locais no contexto internacional.

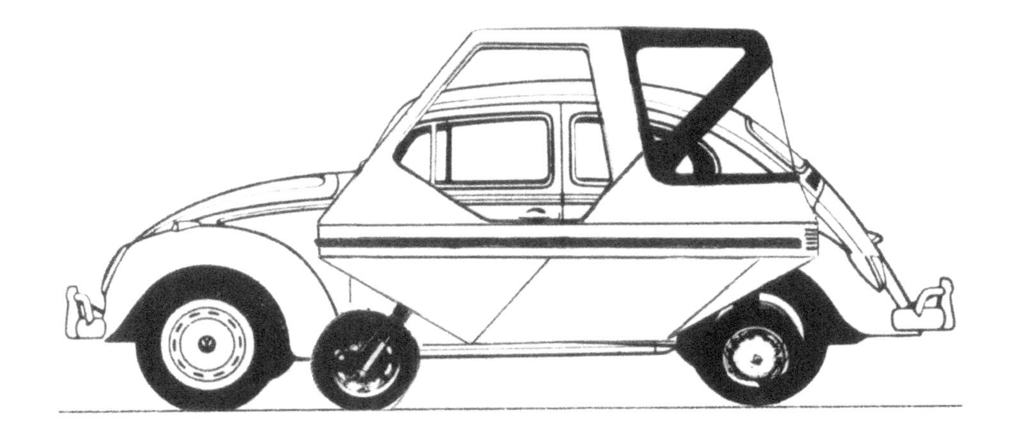

Estudo de veículo Triciclo Urbano
Design | CETEC-MG
Cliente | Fibrom
Ano | 1972-1989
Foto | Arquivo CETEC
Fig. 61

[124] BONSIEPE, Gui. *A Tecnologia da Tecnologia*. São Paulo: Editora Edgard Blücher, 1983, p.03-4, 07, 16-7.

Dentre estas ações, destaca-se o estabelecimento, com o apoio do CNPq, de três laboratórios associados de design. O mais expressivo deles foi o Laboratório Brasileiro de Design Industrial – LBDI,[125] implantado em 1984, inicialmente sob a coordenação de Gui Bonsiepe (1984-1987)[126] e, posteriormente, de Eduardo Barroso Neto (1988-1997), na região Sul do país, na cidade de Florianópolis, em Santa Catarina. Os outros dois laboratórios foram estabelecidos um na região Sudeste, na cidade de São Carlos, no Estado de São Paulo, e o outro em Campina Grande, na Paraíba, região Nordeste do Brasil. Como se pode supor, a estratégia inicial era a difusão e o estímulo da prática de design, de maneira abrangente e sistêmica, nas regiões meridional, central e setentrional do país.[127]

Segundo Barroso Neto, *"a proposta de criação de laboratórios associados de design foi, de certo modo, um desdobramento prático das ações programadas do III PBDCT Plano Brasileiro de Desenvolvimento Científico e Tecnológico conduzido pelo CNPq a partir de 1981. A política industrial e de comércio exterior defendida durante a segunda metade da década de 70 estava em parte apoiada na lógica da substituição do governo federal, através*

[125] Originalmente, o LBDI chamou-se Laboratório Associado de Desenvolvimento de Produto/ Desenho Industrial de Santa Catarina.

[126] "O laboratório tinha duas estratégias fundamentais: o primeiro ponto consistia em oferecer cursos de aperfeiçoamento para os docentes de design brasileiros. Pois os cursos de mestrado e programas de doutorado no exterior naquela época eram considerados muito longos para se obter um *feed back* no tempo desejado. O segundo ponto consistia em sensibilizar os empresários das pequenas e médias empresas locais para a necessidade de considerar o design como parte das suas políticas empresariais." (Bonsiepe em depoimento ao autor em 2001.).

[127] Vale recordar que diversas ações de promoção do design brasileiro foram ativadas em vários âmbitos após a década de setenta no Brasil. Além do já mencionado Setor de Desenho Industrial do Centro Tecnológico de Minas Gerais – CETEC/MG (1972), ressaltam-se, dentre outros a Divisão de Desenho Industrial do Instituto Nacional de Tecnologia do Rio de Janeiro – INT/RJ (1975); o Núcleo de Desenho Industrial do Departamento de Tecnologia da Federação das Indústrias do Estado de São Paulo NDI:DETEC – FIESP/CIESP (1979); a Unidade de Design da Fundação Osvaldo Cruz – FIOCRUZ/RJ (1986); o Núcleo de Design do Instituto Tecnológico do Estado de Pernambuco – ITEP/PE (1997). Através de ação do Ministério da Indústria, Comércio e Turismo – MICT e com a participação da Confederação Nacional da Indústria – CNI, surgem o Programa Brasileiro do Design – PBD (1995); os Núcleos de Apoio ao Design do Serviço Nacional da Indústria – NAD/SENAI (1998) e o Programa Via Design do SEBRAE Nacional (2002). O Núcleo de Desenho Industrial – NDI/Detec: FIESP/CIESP foi uma iniciativa do empresário José E. Mindlin, que procurava, através das ações do NDI, sensibilizar a classe empresarial brasileira para a importância do design. De 1980 a 2000, o NDI/Detec esteve sob a coordenação de Joice Joppert Leal.

de algumas instituições e agências, entre elas: CNPq, FINEP, CAPES, STI/ MIC, APEX e CACEX/BB que retomavam, ainda que modestamente, o apoio ao design interrompido durante a segunda metade de 70, primeiro com ações pontuais e, a partir de 1982, com a implementação de programa específico de apoio ao design.

Produto | Eletrola Portátil com Embalagem
Design | CETEC-MC
Cliente | Advance Eletrônica
Ano | 1972-1989
Foto | Arquivo CETEC
Fig. 62

Este programa de design do CNPq pode ser considerado como um dos primeiros instrumentos de ação, de âmbito nacional, na área do design, estrategicamente planejado, e que visava atacar simultaneamente os problemas identificados em nível da oferta e da demanda por design".[128]

No planejamento institucional do Laboratório Brasileiro de Design Industrial – LBDI (1984-1997), indica-se a sua missão: *"Buscar a inserção do design em todos os níveis da atividade humana como forma de contribuir para o desenvolvimento sócio-econômico brasileiro e na melhoria da qualidade de vida".*[129] No quadro das estratégias e objetivos a serem atingidos, apontava o laboratório para as seguintes ações:

[128] BARROSO NETO, Eduardo. Laboratório Brasileiro de Design: Avaliação da experiência. In: WORKSHOP UNIDADES DE DESIGN NOS INSTITUTOS DE PESQUISA E DESENVOLVIMENTO. 1998, Fortaleza. *Anais*. Brasília: Edição Abipti/ Sebrae/ Cnpq, 1998, p.146.

[129] *Ibidem*, p.164.

apoiar as empresas brasileiras, em geral, e as indústrias catarinenses, em particular, no seu esforço de incremento da competitividade de seus produtos e serviços, a partir de projetos de diversificação qualitativa e de agregação de valor pelo uso do design;

capacitar recursos humanos na área de design, em especial na área de design management e de design de software;

desenvolver projetos e pesquisas de interesse social e que contribuam para o resgate e valorização da cultura material e iconográfica brasileira;

promover eventos que coloquem em discussão a função do design e sua contribuição nos processos de desenvolvimento autóctone e sustentado;

captar, processar e difundir informações técnicas de interesse do design.[130]

Entre as ações dos três laboratórios de design citados, destacavam-se também aquelas orientadas para o aumento da capacidade competitiva das

[130] *Ibidem*, p.164.

pequenas e médias empresas – PMEs brasileiras. Os laboratórios associados propunham ainda reduzir, através da melhoria da produção local, a importação de produtos provenientes do exterior, dentro da política de substituição dos importados do governo brasileiro, já precedentemente mencionada. Outras ações diziam respeito à pesquisa e melhoria de produtos destinados à aplicação no âmbito social, como aparelhagens médico-hospitalares e ambulatoriais, móveis escolares e produtos de segurança no trabalho.

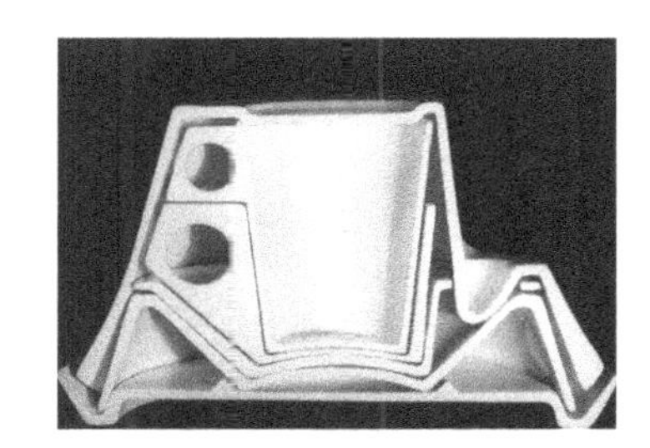

Produto | Conjunto de Refeição Infantil
Design | CETEC-MG
Cliente | Brasividro
Ano | 1972-1989
Detalhe de vista em corte
Foto | Arquivo CETEC
Fig. 64

Dentre as maiores dificuldades encontradas pelos laboratórios esteve, curiosamente, a falta de interesse das próprias micros e pequenas empresas locais. É oportuno salientar que, no Brasil, um dos parâmetros utilizados para a classificação das empresas em micro, pequena e média, é a quantidade de funcionários que elas mantêm. Deve-se considerar que o custo médio de um operário no Brasil era e ainda é bastante baixo (além do *turnover*, que é expressivo nas empresas) Na realidade, uma empresa de baixa capacidade fabril e tecnológica pode ser classificada como média empresa, devido ao seu número de funcionários. Assim, podemos perceber que tal método de classificação, se é considerado eficiente para outras áreas, não o é no campo das atividades produtivas e do design.

Produto | Conjunto de Refeição Infantil
Design | CETEC-MG
Cliente | Brasividro
Ano | 1972-1989
Detalhe do conjunto com embalagem
Foto | Arquivo CETEC
Fig. 65

Os países de industrialização mais madura adotam como critério de classificação das empresas, além do número de funcionários, o nível de tecnologia produtiva disponível e a quantidade de patentes obtidas por elas. Desta maneira, torna-se mais fácil a identificação de possíveis clientes PMEs que estariam, ao menos em hipótese, preparadas para absorver o design, de maneira sistemática e consciente, como ferramenta estratégica na confecção dos artefatos industriais. Achar que seja possível a inserção do design, no sentido mais amplo da atividade (considerando o design estratégico, comunicação e serviço), em todas as micro, pequenas e médias empresas do Brasil, é mera utopia, como bem nos demonstra a experiência dos laboratórios associados. Existirão também, na verdade, empresas que procurarão, segundo os seus princípios, a via da cópia de produtos já existentes como referência para a prática do seu design. Outras não irão nem mesmo considerar a necessidade do design (na maneira convencional) como fator de importância e de competitividade para o produto e para a sua própria empresa.

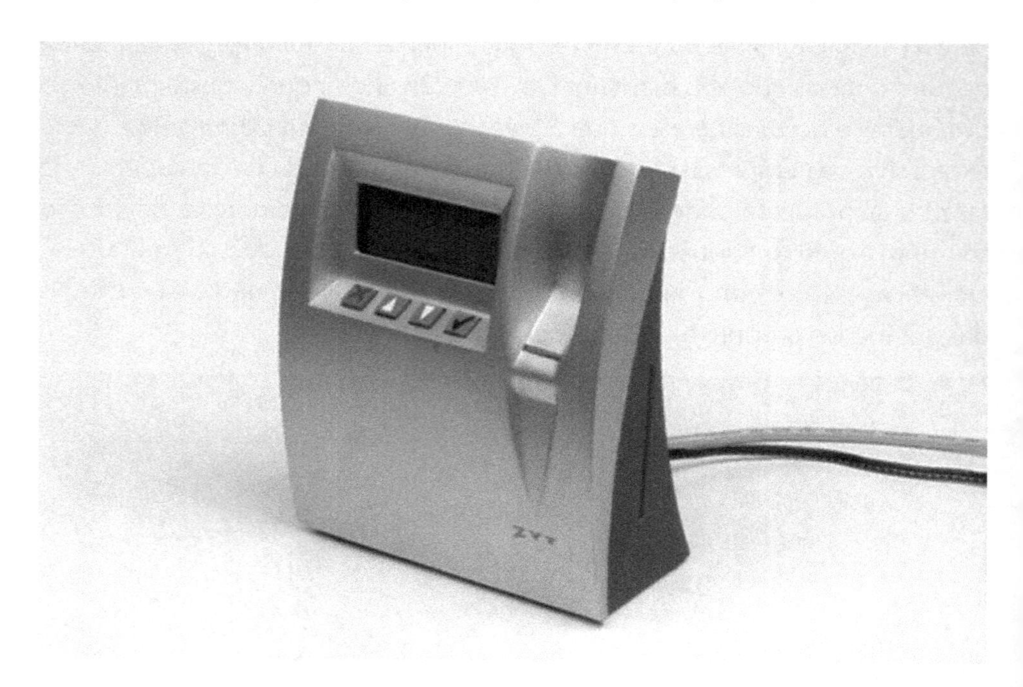

Produto | Periférico para Assinatura Digital
Design | Joaquim Redig com colaboração de Claudia Haddad
Cliente | Tauá Biomática
Ano | 2003
Foto | Redig
Fig. 66

Desta forma, não havendo clientes suficientes no âmbito das micro, pequenas e médias empresas locais, e longe das grandes corporações, que não se encontravam no escopo do projeto nacional de design (referimo-nos também aqui às multinacionais), os laboratórios associados começaram a encontrar constantes dificuldades operativas que vieram a se tornar, por fim, um grande empecilho aos ideais e desafios propostos. *"Uma análise dos resultados obtidos nos dois anos de atuação dos três laboratórios mostrou que os projetos desenvolvidos para as PME's quase nunca eram implementados e quando isto ocorria a repercussão era mínima, evidenciando a necessidade de redirecionar-se para o atendimento das demandas de empresas de maior porte do setor privado. Esta nova opção visava obter melhores resultados financeiros e um maior impacto das ações a nível de mercado [...] De todos os projetos desenvolvidos pelo LBDI, apenas um percentual muito pequeno chegou efetivamente a ser implantado/produzido (entre 10 e 20%) e destes nenhum que tenha sido produzido por uma PME encontra-se hoje no mercado. Estes números falam por si, e atestam a falência do modelo e das práticas adotadas, dentre estas os critérios de seleção dos clientes e projetos [...] As unidades de design dos centros de pesquisa que desejarem no futuro atuar junto às PME's deverão buscar métodos mais eficazes de seleção de seus clientes e projetos respectivos".*[131]

O LBDI foi o último dos três laboratórios que permaneceu em atividade (até o ano de 1997). Assim mesmo, mudando de estratégia ao se voltar para a esfera governamental como cliente potencial, apontando as suas atividades de projeto para o âmbito do design social dentro da esfera governativa. *"Do mesmo modo, buscou-se a implementação de projetos de pesquisa de alcance social, principalmente na área de saúde, compensando, deste modo, os investimentos públicos já realizados e abrindo a possibilidade de conseguir novos apoios para duplicar a área física e ampliar a oferta de recursos humanos".* [132]

Parece haver consenso quanto à dificuldade de sensibilizar as PMEs no que diz respeito à implantação do design em seus parques produtivos. Seja no campo da didática, da pesquisa ou da prática em diferentes regiões do país, os especialistas são unânimes ao afirmar a dificuldade de assimilação do design, por parte dos empreendedores brasileiros, como ferramenta estratégica para o desenvolvimento dos bens industriais, durante o período da década de setenta e oitenta no Brasil: *"a meu ver, a tecnologia pode ser interpretada como um conjunto de conhecimentos para produzir um*

---

[131] *Ibidem*, p.151-181.

[132] *Ibidem*, p.152.

determinado produto. Porém aquilo que faltava na indústria brasileira era a consciência sobre o que produzir. A atenção era voltada somente para o Know How do produto (e a sua reprodução), esquecendo de dirigir a atenção para o Know How do projeto. Este pode ser que seja a explicação do profundo desprezo pelo trabalho intelectual (e projetar é uma atividade de conhecimento) na América Latina como um todo. Projeto, design, foi (e pode ser que ainda hoje seja) considerado como um custo e não como um investimento. Um empresário não tinha dúvidas quanto ao adquirir uma máquina ou uma nova ferramenta industrial, se fosse necessário, mas adquirir uma coisa volátil e pouco tangível como o design não fazia parte (ou ainda não faz) do costume e do pensamento empresarial, não obstante casos excepcionais".[133]

Produto | Linha STX2
Design | Freddy Van Camp
Produção | OCA S.A.
Ano | 1977
Foto | Georges Racs
Fig. 67

Por outro lado, não se pode dizer que, no Brasil e em outros países que hoje compõem o clube dos *Newly Industrialised Countries*, não tenha havido um grande desenvolvimento através da modernidade e da industrialização perseguida. Isto é se considerarmos os resultados econômicos e produtivos alcançados pelo Brasil, torna-se patente que o país superou consideravelmente as expectativas e surpreendeu grande parte do rico mundo

[133] Gui Bonsiepe em depoimento ao autor em 2001.

industrial. Foi isso que possibilitou ao Brasil participar, junto às grandes economias mundiais, em boa posição, na corrida rumo à segunda modernidade, o que foi visto com admiração pelos estudiosos da economia, da gestão financeira e por aqueles que se ocupam dos processos produtivos fabris em larga escala.[134]

Assim, vimos que à situação geral do desenvolvimento industrial no Brasil não correspondia, absolutamente, um desenvolvimento do design. É claro que todo o esplendor do boom econômico e da forte industrialização alcançada pelo Brasil no final dos anos setenta não se estendia para o âmbito do design industrial local, não obstante a evolução em setores que despontaram isoladamente, como foi o caso da produção de eletrodomésticos de linha branca (por linha branca se entende o grupo de eletrodomésticos de grande porte para cozinha e lavanderia), na qual se destacaram, dentre outras, as empresas Cônsul, Brastemp, Embraco, Semer e Continental;[135] de

---

[134] Na atualidade, já se fala do fenômeno BRIC. Isto é, Brasil, Rússia, Índia e China.

[135] O gerente geral de design Newton Gama Júnior nos descreve a empresa Multibrás S.A. Eletrodomésticos, que hoje pertence ao grupo Whirlpool, dos Estados Unidos: "A empresa foi sendo adquirida, gradualmente, ao longo de muitos anos, nos anos 60. Através da Brastemp, foi iniciado um processo; com o primeiro acordo, em 1976, a Cônsul e a Embraco foram adquiridas; em 1986, a Semer passou a fazer parte do grupo. Nos anos 90, a Whirlpool fez um esforço para se tornar sócia majoritária, sendo que, em 1994, a Brastemp, a Cônsul e a Semer foram unificadas, formando a Multibrás Eletrodomésticos. Todo esse processo foi desenvolvido através de uma parceria entre a Whirlpool e a Brasmotor, que é a holding que controla a Multibrás e mais uma série de empresas no Brasil, Argentina e Chile [...] tivemos ao longo do tempo muitas dificuldades para manter a área de design. No início do processo anos 76-79 era uma relação de troca de experiências; nos anos 80, a Whirlpool desativou a área interna nos EUA, passando a contar apenas com consultores externos. Nesta época, acabou ocorrendo o questionamento, aqui, sobre se não seria melhor fazer o mesmo. Conseguimos mostrar que o custo e o desempenho da equipe interna justificavam a continuidade do trabalho.

Já no início dos anos 90, a Whirlpool voltou atrás e montou novamente sua área nos EUA. Nesta época, já havia adquirido da Phillips todo o negócio e fábricas de linha branca na Europa, que incluiu no pacote toda a área de Engenharia e a parte do Design que cuidava da linha branca. A década de 90 marcou pela globalização, a Whirlpool iniciou logo uma unificação de metodologias e processos, buscando tornar a empresa equalizada.

Em 1991, iniciou-se uma unificação das empresas do grupo Brasmotor, que começou por duas áreas, Informática e Design Industrial. Iniciamos a unificação das áreas de Design existentes na Semer, Brastemp e Cônsul, com o objetivo de tornar os produtos perfeitamente adequados à estratégia de marcas que foi definida pelas áreas de Marketing das três empresas, a Semer, com produtos de baixo custo e benefícios básicos, a Cônsul, com produtos modernos e ótima relação custo/benefício, e a Brastemp, com produtos de alto custo destinados à classe A." (Newton Gama Júnior, em depoimento ao autor, em 2001.).

parte da indústria eletroeletrônica, na qual despontaram a Gradiente e a Arno; e da área moveleira, na qual o destaque ficou para o segmento de móveis para escritório, com empresas como Forma, Escriba, Probjeto, Teperman, Mobilínea, Hobjeto e L'Atelier, em São Paulo, a Madeirense Móveis para Escritório, em Belo Horizonte, e a OCA e ML Magalhães, no Rio de Janeiro.

Apesar de termos conhecimento sobre a aplicação do design nestes segmentos produtivos acima expostos, podemos, todavia, afirmar que o design brasileiro, assim como a sua tecnologia, se conserva dependente, isto é, chega aos anos oitenta ainda não reconhecido como soberano.

Produto | Mobiliário Urbano da Avenida Paulista
Design | Cauduro & Martino
Ano | 1973
Foto | Low Parrela
Fig. 69

| capítulo IV

a caminho de um design múltiplo
1980-1990

- a caminho de um pensamento plural
- o design no contexto de uma cultura heterogênea
- multiculturalismo como aspecto local
- mestiçagem e design brasileiro

a caminho de um pensamento plural

É bem verdade que, já a partir do final dos anos sessenta, o modelo moderno não era, na sua totalidade, capaz de exprimir-se como símbolo e pensamento de uma nova sociedade que surgia. Esta nova realidade manifesta-se de forma mais estruturada, durante os anos da década de oitenta, através de novos e diferentes desejos coletivos que emergem e se manifestam. No entanto este processo de transformação mundial, segundo Lyotard, vem de tempos mais remotos: *"a nossa hipótese de trabalho é que o saber muda de estatuto ao mesmo tempo em que as sociedades entram na era dita pós-industrial e as culturas na era pós-moderna. Esta passagem começou mais ou menos no final dos anos cinqüenta"*.[136]

Croquis do Edifício Rainha da Sucata
Belo Horizonte – MG
Éolo Maia e Sylvio E. de Podestà
Fig. 70

O fato da cultura pós-moderna ter como referência a multiplicidade fez com que ela se afastasse de um modelo narrativo linear, lógico e racional, inerente ao Moderno, e adotasse a própria diversidade como símbolo do seu pensamento e percurso evolutivo. Segundo Bonfim: *"O idealismo platônico, pela procura de identificação entre o Bem, o Belo e a Verdade, mesmo que jamais alcançada, permaneceu como ideário do Moderno [...] O conhecimento estético, sensual, sensorial, sempre cedeu lugar ao conhecimento noético, legitimado pela tradição epistemológica do Moderno, herdeira do método analítico cartesiano e da ideologia capitalista"*.[137]

O pensamento pós-moderno, todavia, não se propunha ser uma dominante cultural com ordens e regras preestabelecidas (como se via

[136] LYOTARD, Jean François. *La condizione postmoderna.* Milano: Feltrinelli, 1981, p.09. Ver também: TOURAINE, Alain. *La società postindustriale.* Bologna: Il Mulino, 1970.

[137] BONFIM, Amarante Gustavo. *A relação entre mimese e poiese na configuração.* In: CIPINIUK, PORTINARI, BONFIM. *A epifania da mimese na Narratio de Imagene Edessena.* Rio de Janeiro: Arcos, 2000/2001, p.42-44.

anteriormente no modelo moderno), mas expressar-se como o reflexo de uma complexa transformação dentro do contínuo desenvolvimento do modelo capitalista ocidental.

Edifício Rainha da Sucata
Belo Horizonte – MG
Projeto I Éolo Maia e Sylvio E. de Podestà
Ano I 1985
Foto I Arquivo dos autores
Fig. 71

Durante os anos sessenta, os Estados Unidos da América[138] despontam como grande laboratório de rompimento com o modelo predominante e foi propriamente esta experiência americana que proporcionou a delineação de um cenário onde se prefigurou grande parte do pensamento pós-moderno. A abrangência do capitalismo americano, que compreende desde o monopólio imperialista até o capitalismo de mercado e a expansão das multinacionais por diferentes partes do planeta comprova isso. Foram mesmo as empresas multinacionais que atuaram como ponte entre a apoteose do

[138] "Um espectro gira pela Europa: o Pós-Moderno. Assim um articulista do *Le Monde* intitulou um serviço sobre o fenômeno mais apaixonante que se tenha verificado no mundo da cultura nos últimos anos, um fenômeno que explodiu vitoriosamente na América no final da década passada, mas que tem raízes profundas sobretudo na Europa e que na Europa está encontrando o terreno mais fértil para o seu debate teórico [...] o adjetivo Pós-Moderno concluiu, de forma alternada no último decênio, uma viagem através das disciplinas do campo humanístico. Utilizado pela primeira vez de forma sistemática em 1971 por Ihab Hassan a propósito da literatura, chegou posteriormente às ciências sociais, à semiologia, à filosofia e encontrou na arquitetura um terreno fértil de cultura, alimentando-se de um processo que, da crítica e da historiografia, projetou-se na prática até tornar-se uma etiqueta unificadora de uma série de tendências, de proposições teóricas e de experiências concretas". (PORTOGHESI, Paolo. *Postmodern*: l'architettura nella società postindustriale. Milano: Electa Editrice, 1982, p.07, 10.).

sistema capitalista e a segunda modernidade que então emergia.[139] Isto sucede, dentre outros, com a expansão dos meios de produção do Norte em direção ao Sul do planeta e, conseqüentemente, com a transferência da cultura capitalista, primeiro através dos bens de produção e dos artefatos industriais e, posteriormente, através dos meios de comunicação informatizados. Após a acentuada expansão da era moderna, cujo ápice ocorreu entre as décadas de sessenta e oitenta, tornou-se difícil imaginar alguma coisa que, fora deste modelo, pudesse prefigurar-se como uma nova ordem mundial.

Croquis do Edifício Rainha da Sucata
Belo Horizonte – MG
Éolo Maia e Sylvio E. de Podestà
Fig.72

Edifício Rainha da Sucata
Belo Horizonte – MG
Projeto | Éolo Maia e Sylvio E. de Podestà
Ano | 1985
Foto | Arquivo dos autores
Fig. 73

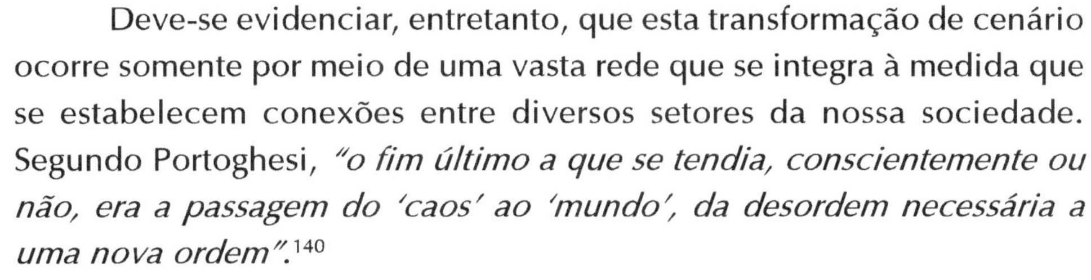

Deve-se evidenciar, entretanto, que esta transformação de cenário ocorre somente por meio de uma vasta rede que se integra à medida que se estabelecem conexões entre diversos setores da nossa sociedade. Segundo Portoghesi, *"o fim último a que se tendia, conscientemente ou não, era a passagem do 'caos' ao 'mundo', da desordem necessária a uma nova ordem"*.[140]

[139] "Jameson refere-se a Mandel e o seu livro *O Capitalismo Tardio* através desta citação: Houve três momentos fundamentais no capitalismo, cada um assinala uma expressão dialética em relação à etapa precedente: o capitalismo de mercado, a etapa do monopólio ou do imperialismo e este nosso que erroneamente é chamado de pós-industrial, mas que seria melhor designá-lo como de capital multinacional". (JAMESON, Fredric. *Postmodernism*: the cultural logic of late capitalism. North Carolyn – USA: Duhe University Press, 1991, p.61.).

[140] PORTOGHESI, Paolo. *Dopo l'architettura Moderna*. Roma-Bari: Laterza & Figli, 1980, p.17.

O pensamento pós-moderno dentro desta nova ordem (aqui entendido como fator positivo) procura decodificar e traduzir o exato momento das transformações que sucediam no mundo, isto é, o da passagem de um velho a um novo modelo mundial. O modelo moderno predominante, como representante de um pensamento social, na sua lógica de identificação com o sistema produtivo industrial vigente, parece recusar os signos das transformações que fortemente já se manifestavam. Parece que o modelo moderno não presumia uma radical alteração do cenário existente, pois como nos revela Portoghesi: *"a própria palavra 'moderno' exprime qualquer coisa que se move continuamente, como uma sombra de uma pessoa que caminha. Como se faz para liberar-se da própria sombra? Não por acaso os expoentes mais corajosos e radicais da crítica ao Movimento Moderno foram obrigados a escolher, para a definição de suas posições ideológicas, o mais incômodo e paradoxal dos adjetivos: 'pós-moderno', como o único que consentia exprimir-se claramente como a recusa de um continuísmo"*.[141]

Os pós-modernistas, por sua vez, livres do mito modernista de modificar completamente a sociedade através de fórmulas pré-estabelecidas, interpretavam o advento da nova ordem mundial, em concomitância com o próprio percurso de transformação, isto é, contornando os bordos das suas diversas realidades e manifestações. Exatamente por esta razão e sem o estigma de não poder cometer erros de percurso, o modelo pós-moderno leva adiante a sua própria percepção e interpretação do mundo que então se prefigurava. Entre diversos movimentos e correntes de pensamento que tiveram origem mais ou menos em um mesmo período (Pós-Industrial, Tardo Capitalismo, Capitalismo Avançado e por fim a Segunda Modernidade), o Movimento Pós-Moderno é reconhecido como sendo o mais visível e popular, justamente pelo fato de ser marcadamente composto de linguagens icônicas e semânticas de forte impacto e de grande poder de comunicação.

No seu escopo de ser um movimento que apontava para os valores múltiplos (entre os quais se destacam os valores estéticos e os semiológicos), a cultura pós-moderna valeu-se também de signos e estilos do passado, como

[141] *Ibidem*, p.23.

uma verdadeira canibalização histórica e semiológica.[142] Por essa razão, o movimento foi criticado como marcadamente historicista e mesmo maneirista.[143]

É verdade que, na sua estranha coerência de ter como referência um ideal múltiplo e plural, o pós-moderno valeu-se de signos e ícones do passado que, porém, interagiam-se com aqueles do presente, propondo novas alternativas estéticas e novas formas de expressão comportamental, e tornando, por fim, o movimento um verdadeiro laboratório de novas linguagens e de novos comportamentos. Assim é que a cultura múltipla pós-moderna se origina e desenvolve.

É interessante notar que talvez o pós-moderno tenha sido o mais heterogêneo, o mais sincrético, o mais popular (no sentido comunicativo) e também o mais irreverente de todos os movimentos que sucederam ao moderno.

É oportuno evidenciar outro importante valor da cultura pós-moderna: ela ter sido capaz de antecipar a multiculturalidade étnica e estética do modelo de globalização que hoje se delineia com maior

[142] "Não existe arte que não proceda da memória, que não seja de algum modo uma repetição". In: PORTOGHESI, Paolo. *Dopo l'architettura Moderna*. Roma-Bari: Laterza & Figli, 1980, p.37.

"Buscando ao máximo purificar a sua práxis compositiva, o estatuto funcionalista prescrevia a arquitetura como uma espécie de regressão da matéria à idéia. As formas espaciais deixam de ter origem na cabana – como na tradição teórica do classicismo – e passam a ter origem na geometria, nas formas primárias do universo euclidiano e de maneira especial no cubo, arquétipo fundamental do qual é permitido escavar por simplificação ou agregação sucessiva de todos os elementos básicos do léxico funcional: a pilastra, a viga, o plano, as aberturas e os produtos combinatórios das entidades primárias. Esta escolha radical interrompe um processo contínuo, embasado na reciclagem e na transformação criativa de alguns protótipos que existiam no mundo ocidental por alguns milhares de anos [...] Na realidade, a destruição desta continuidade morfológica foi uma revolução das formas às quais correspondem somente em parte uma revolução de método e de idéias, e o seu resultado foi tornar-se uma camisa de força, um labirinto sem saída no qual a pesquisa do novo no mais produziu uma trágica planificação, um terreno de cinzas". (PORTOGHESI, Paolo. *Dopo l'architettura Moderna*. Roma-Bari: Laterza & Figli, 1980, p.30.).

"Não nos envergonhamos de projetar edifícios que pareçam edifícios, que sejam maneiristas em vez de expressionistas". (VENTURI, Robert; BROWN, Denise Scott. *Maniera del Moderno*. Roma-Bari: Editori Laterza, 2000.).

[143] MARCOLII, Attilio; GIACOMONI, S. *Designer Italiani*. Milano: Idea Libri, 1988.

clareza.[144] É em Fredric Jameson que se encontra a legitimação da cultura pós-moderna como um pensamento plural e também como antecessor e preanunciação do modelo global em formação: *"nos resta o puro jogo aleatório das expressões que chamamos de pós-modernismo, que não produz obras monumentais como aquelas modernistas, mas mistura sem fim os fragmentos de textos pré-existentes, como um puzzle da produção cultural e da produção social mundial, em um novo e verdadeiro potencial bricolage em que se encontram metalivros que canibalizam outros livros, metatextos feitos de partes de outros textos já existentes; assim é a lógica do pós-modernismo em geral, que encontrou na arte do vídeo-experimental um dos pontos mais fortes, mais originais e mais autênticos da sua obra".*[145] Mas a ressonância do pós-moderno vai além do mero aspecto estético ou de uma simples linguagem artística, como muitas vezes mencionado. A cultura pós-moderna, de fato, propõe colocar em questão as diversas características que estavam intrinsecamente coligadas ao modelo e à cultura moderna, entre estas: a rigidez de linguagem, a linearidade, o cientificismo e a austeridade formal. Todos estes conceitos apareciam de forma imperativa na visão dos pós-modernistas como pontos frágeis no âmbito do movimento moderno, dentro ainda de uma lógica comportamental e cultural que não mais correspondia à realidade mundial. Essa nova era, de fato, é apontada como pós-industrial e pós-moderna.[146]

O pensamento pós-moderno, portanto, abre o debate sobre a real e legítima condição do Moderno como representante de uma nova ordem mundial que se estabelecia, cujas características não mais se apresentavam de

---

[144] "Nunca fui capaz de entender como se pode esperar que as classes desapareçam, exceto no cenário especial do socialismo, mas a reestruturação global da produção e a introdução de tecnologias radicalmente novas – que arrancaram trabalhadores das velhas fábricas e de seus empregos, deslocaram novos tipos de indústria para lugares inesperados do mundo e recrutaram uma força de trabalho diferente das tradicionais em muitos aspectos, do gênero à habilidade e nacionalidade – explicam porque tantas pessoas queriam pensar assim, pelo menos por um certo tempo. Desse modo, tanto os novos movimentos sociais quanto o novo proletariado global, emergente, resultam da expansão prodigiosa do capitalismo em seu terceiro estágio (ou estágio 'multinacional'); ambos são, nesse sentido, 'pós-modernos'". (JAMESON, Fredric. *Postmodernism*: The cultural logic of late capitalism. North Carolyn – USA: Duhe University Press, 1991, p.323.).

[145] *Ibidem*, p.118.

[146] Ver também: BRANZI, Andrea. *Learn from Milan*: those monks on the hill. Cambridge, Massachusetts: The MIT Press,1988, p.40, 54.

forma equilibrada nem como uma estrutura linear previsível. O Movimento Pós-Moderno, em toda a abrangência de sua ação, evidencia ainda a condição de *non luogo* que começa a se estabelecer dentro da nova lógica urbana das grandes cidades do mundo, como é demonstrado por Robert Venturi através do manifesto *Learning From Las Vegas*.[147] É a época de examinar o fenômeno de desestruturalização da nossa idéia tradicional de cidade (quando se teoriza sobre a possibilidade de *não-cidade*, ou melhor, de *novos locais*).[148] É interessante notar que esta nova percepção sobre as transformações do espaço territorial urbano e sobre a crise da periferia das grandes cidades em muito se aproxima do debate de *non luogo* que se estabelece atualmente dentro do modelo de globalização. Da mesma forma, mas em escala diversa, merece ser recordada a grande mudança que vem ocorrendo nas relações entre países, como o surgimento e a expansão dos blocos multinacionais, entre eles a União Européia – UE. Conforme Featherstone, *"com a globalização, a pessoa que era inequivocamente outsider agora se torna o 'vizinho de casa', e, como resultado, a dicotomia interno/externo deixa de existir"*.[149] Na mesma linha de pensamento, mas apontando diretamente para o fenômeno da globalização, destacamos outra observação, desta vez enunciada por Beck: *"a conclusão está no ar, o projeto da modernidade, assim nos parece, faliu. Os filósofos do pós-moderno foram os primeiros a atestar, com humor e entusiasmo, a declaração de morte da pretensa racionalidade da ciência [...] Nesta obscura perspectiva, a globalização econômica não faz outra coisa senão seguir adiante coligada intelectualmente com o pós-moderno e politicamente com a individualização: a queda do moderno. O diagnóstico é claro: o capitalismo perde e faz com que o trabalho também perca. Com isto se rompe a histórica aliança existente entre a economia de mercado, o Estado e a democracia, que até então integravam e legitimavam o projeto de modernidade, do qual a base era o Estado-nação."*[150] Mas foi mesmo em Kumar que encontramos o parecer mais sucinto sobre as fortes transformações que levaram ao novo modelo

---

[147] ROBERT, Venturi; BROWN, Denise Scott; IZENOUR, Steven. *Learnirng from Las Vegas.* Cambridge: MIT Press,1972.

[148] VACCARO, Carolina. Moderni e/o Contemporanei? In: VENTURI, Robert; BROWN, Denise Scott. *Maniera del Moderno.* Roma-Bari: Editori Laterza, 2000, p.IX.

[149] FEATHERSTONE, Mike. *Cultura globale*: Nazionalismo, globalizzazione e modernità. Roma: Edizioni SEAM, 1996, p.19.

[150] BECK, Ulrich. *Che cos'è la globalizzazione*: rischi e prospettive della società planetaria. Roma: Carocci Editore, 1999, p.21.

mundial: *"aquela velha divisão do Mundo em três mundos nos parece hoje obsoleta. Temos hoje somente um Mundo, aquele do capitalismo global".*[151]

A partir de então, nasce 'a utopia' da cultura pós-moderna, que torna-se uma poderosa linguagem não somente estética mas também política. Nela, os ideais pós-modernistas apresentam-se mais próximos do pensamento contestador da esquerda dos países industrializados e do pensamento liberalista dos países periféricos.

Observando por este prisma, podemos avaliar então a cultura pós-moderna também pelo viés político, como bem nos demonstra Jamenson: *"é essencial entender o Pós-Moderno não somente como um estilo isolado mas como uma dominante cultural contínua [...] o Pós-Moderno, por assim dizer, foi bem inserido nas diversas áreas pertinentes da nossa vida diária; a sua ressonância cultural é propriamente mais envolvente que o mero aspecto estético e artístico do movimento".*[152] De fato, o pensamento pós-moderno, através dos seus fortes 'rumores estéticos e lingüísticos', teve o mérito de iluminar (e decodificar melhor) uma grande transformação mundial que até então ainda não era percebida de forma bastante clara. Na verdade, estas transformações vinham também sendo interpretadas por outras correntes, que também andavam em sintonia com o Pós-Moderno, mas que não foram capazes de provocar os mesmos 'rumores' e de aglutinar uma variada gama de seguidores em torno do seu projeto como fez o pós-moderno. Dentro deste âmbito, podem ser recordados: a Sociedade Pós-Industrial (Bell e Touraine), Sociedade da Informação (Bell, Harvey e Masuda), o Pós-Fordismo (Larch e Urry), Capitalismo Multinacional (Mandel e Jamenson), Pós-Estruturalismo (Foucault e Derrida) e o Capitalismo Tardio (Mandel).[153]

---

[151] KUMAR, Krishan. *From post-industrial to post-modern society*: new theories of the contemporary world. Oxford: Blackwell Publishers, 1996, p.204.

[152] JAMESON, Fredric. *Postmodernism*: The cultural logic of late capitalism. North Carolyn – USA: Duhe University Press, 1991, p.29.

[153] Ver também: BELL, Daniel. *The coming of post-industrial society*. New York: Ed. Basic Books, 1973. LYOTARD, J.F. *La condition postmoderna*. Milano: Feltrinelli, 1979. MANDEL, Ernest. *Late Capitalism*. London, 1978. KUMAR, Krishan. *From post-industrial to post-modern society*: new theories of the contemporary world. Oxford: Blackwell Publishers, 1996. DE MASI, Domenico. *Verso la formazione post industriale*. Roma: Franco Angeli,1994.

Por fim, o pós-modernismo, de fato, como novo protagonista da cena, é entendido como o início de uma nova maneira de ser e de estar no mundo. Foi mesmo a cultura pós-moderna que envolveu em uma espécie de metabolismo constante todos os ideais e pensamentos surgidos posteriormente ao Movimento Moderno: desde o Alto Modernismo à causa e razão Pós-Industrial. Todos estes princípios, de fato, podem ser inseridos no pensamento múltiplo e abrangente da cultura pós-moderna como preanuncio da segunda modernidade.

Edifício Rainha da Sucata
Belo Horizonte – MG
Projeto | Éolo Maia e Sylvio E. de Podestà
Maquete e edificação
Ano | 1985
Foto | Arquivo dos autores
Fig. 74

o design no contexto de uma cultura heterogênea

Sabe-se que, nas primeiras décadas do século XX, alguns personagens[154] não se enquadravam, perfeitamente, nos moldes do Movimento Moderno. Muitos destes protagonistas, durante a primeira fase do Modernismo, acabaram por promover um processo de ruptura dentro do próprio movimento. Estes personagens são apontados por vários estudiosos como precursores de novas vanguardas artísticas e literárias que surgiram durante as primeiras décadas do período. Entre eles destacam-se: Raymond Roussel, Gertrude Stein, Edward Munch, Marcel Duchamp, Man Ray, Tristan Tzara, Francis Picabia, Apollinare, Marinetti, André Breton, Max Jacob, Pablo Picasso, Salvador Dali e Buñuel.

À luz desta consideração no âmbito das artes plásticas e da literatura, nos parece oportuno destacar o papel dos protagonistas do design italiano dos anos cinqüenta e sessenta, que também não se enquadravam, de forma 'canônica', no paradigma moderno da cultura material do design. Lembremos o designer Achille Castiglioni (1918-2002), que tantas vezes é definido como sendo um designer dadaísta,[155] justamente pelo fato de, ainda nos remotos anos cinqüenta (período de fortes referencias dos ideais modernistas), ter inserido no seu trabalho alguns elementos e materiais não convencionais dentro da produção industrial de então. Castiglioni apresentava-se ainda muito distante das regras projetuais do modelo moderno. Neste sentido, podemos recordar alguns de seus projetos dos anos cinqüenta, muitos dos quais produzidos somente algumas décadas adiante. Tais produtos se destacaram pelo uso e aplicação de componentes e materiais reconhecidamente inusitados, como farol de automóvel, fibra sintética, assento de trator e sela de bicicleta, que, por sua vez, foram utilizados por Castiglioni

[154] " O uso irônico da citação e os achados arqueológicos como *objet trouvé* são descobertas da vanguarda figurativa dos anos vinte, que chega na ilha da arquitetura com sessenta anos de atraso". (PORTOGHESI, Paolo. *Dopo l'architettura Moderna.* Roma-Bari: Laterza & Figli, 1980, p.37.).

[155] Ver: MARCOLII, Attilio; GIACOMONI, S. *Designer Italiani.* Milano: Idea Libri,1988.

com grande maestria no produto industrial. Estes elementos conferiram, por fim, um diferencial e uma poética própria aos objetos destinados à produção seriada.

Como exemplo da produção de Castiglioni neste período, vale recordar: a cadeira Mezzadro, de 1957 (produção Zanotta, 1971), o banco Sella, de 1957 (Zanotta, 1983), e a cadeira Allunaggio, de 1966 (Zanotta, 1980). Segundo Sergio Polano, *"aquele típico itinerário projetual dos irmãos Castiglioni, que sabem fazer uso da componente artesanal e industrial, já presente na cultura material dos objetos, para remontá-los em novas combinações, adaptáveis à produção em série: uma espécie de montagem dadaista, de poética do ready-made. Neste tipo de projeto nota-se a intencionalidade irônica e a desmistificação das valências excessivamente solenes e, em um certo sentido, desconcertantes, que muitas vezes acompanham a atividade do designer [...] a irônica e surreal exasperação do objet trouvé realizado com elementos industriais como no 'banco para telefone' (banco Sella), que se traduz em um assento 'semi-em-pé', é composto de uma base em equilíbrio dinâmico, uma forma pensada para aqueles objetos que estão sempre mesmo em pé [...] a cadeira Allunaggio exprime não somente a ressonância formal da exploração lunar, mas também a sua própria componente lúdica [...] esta cadeira, pensada para ambientes externos, celebra um dos mais importantes eventos: a 'conquista do espaço' pelo homem, a averiguação mediante a sonda de um único satélite terrestre. Sem relacionar-se por necessidade de função, de espaço e de estilo a outros móveis".* [156]

Nesse cenário, podemos confrontar a prática projetual desenvolvida por Castiglioni com aquela desenvolvida pelos protagonistas do movimento pós-moderno nos anos oitenta, isto é, algumas décadas após a excêntrica experiência projetual de Castiglioni no design italiano. Tenho consciência de que relacionar Achille Castiglioni como um dos precursores do pós-modernismo no design pode gerar polêmica. Mas encontro em sua obra prática e no seu discurso teórico (ainda que breve) muitas afinidades de pensamento

[156] POLANO, Sergio. *Achille Castiglioni tutte le opere*. 1938-2000. Milano: Ed. Electa,2001, p.122-123, 232.

e de modelo projetual com a cultura pós-moderna, valendo a pena nesta oportunidade analisá-las.

Vejamos, antes de tudo, o que diz o próprio Castiglioni: *"a escolha das funções é o primeiro ato do design e torna-se uma condicionante até o momento final do processo criativo. É justamente neste nível, digamos, que se pode e se deve exercitar ao máximo seja a capacidade interpretativa, seja o exercício da liberdade de um designer. As capacidades interpretativas aplicam-se essencialmente à identificação das funções objetivas (tecnológicas, de uso, comerciais, econômicas, etc.), mas a parte mais importante, para um designer, está no exercício da sua própria liberdade na escolha das funções subjetivas [...] um outro ponto fundamental do meu comportamento, que hoje reconheço como sendo corrente nos meus projetos, é a consideração de que o projeto é, ou deveria ser, sempre negação ou contestação do existente. Na minha opinião, pode-se afirmar que a qualidade, também e sobretudo em termos sociais, do projeto deve ser proporcional à capacidade de inovação".*[157]

Percebemos, nas palavras de Castiglioni, a notável distância que o separa do paradigma e do pensamento moderno e, curiosamente, a grande proximidade (mesmo que inconsciente) com os ideais disseminados pelos protagonistas do Movimento Pós-Moderno italiano no design, a partir dos anos oitenta, como: Ettore Sottsass, Andrea Branzi, Alessandro Mendini, Paolo Portoghese e Michelle De Lucchi dentre outros. Deve-se considerar ainda que Castiglioni sempre dedicou mais espaço, no seu trabalho como designer, aos valores subjetivos e experimentais, ao contrário daqueles objetivos de controle preestabelecidos e de racional aplicação. O mesmo procedimento, recorda-se, aparece na linguagem e práxis projetual dos protagonistas da cultura pós-moderna já durante os últimos anos da década de setenta e, de maneira ainda mais intensa, durante todos os anos da década de oitenta.

À parte este parêntesis, feito para uma pequena reflexão sobre os valores subjetivos e experimentais aplicados à cultura do projeto, deixando

---

[157] CASTIGLIONI, Achille. Poetiche del design. In: ADI-ASSOARREDO. Ott., 1983 Milano. Seminário ICSID, Milano 83. *Anais.* Milano, 1984, p.40-42. Este artigo foi publicado parcialmente também na revista *Design & Indústria*, n. 112, p.2, jul. 1984.

claro que estes foram utilizados no design, antes mesmo do modelo pós-moderno, iniciam-se aqui nossas considerações sobre a aplicação do pensamento pós-moderno e da realidade pós-industrial no âmbito do design.

"No início dos anos de 1980, afirma-se o fenômeno Memphis. Daquele grupo, que queria praticar um design diferente, Sottsass é líder reconhecido e amado. Como recorda Barbara Radice na monografia oficial de Memphis: 'em 1976, nasceu Alchymia, que, após um início bastante famoso como patrocinador de projetos radicais, ainda de forma modesta, em 1978, torna-se, e permanece por mais outros dois anos, o espaço mais importante de pesquisa de projeto da vanguarda radical milanesa, que, grosso modo, tinha a corrente de Mendini de um lado e Sottsass de outro, com Branzi como terceiro independente. Memphis nasce em 1980 como conseqüência do civil e silencioso dissenso entre Sottsass e Michele De Lucchi em respeito às finalidades que Mendini preestabelecia para Alchymia".[158]

É importante considerar que, já nos anos sessenta e setenta, alguns protagonistas do design italiano tinham os seus pensamentos correlacionados com as grandes transformações mundiais em curso, isto é, com a já descrita nova ordem mundial. Desta vez, deve-se lembrar, estes protagonistas italianos não operavam mais de forma intuitiva, como sucedeu anteriormente com Castiglioni, mas como atores conscientes das transformações e dos questionamentos ao paradigma moderno ainda dominante.[159] Este período, de fato, promoveu uma grande transformação na maneira de fazer e de pensar o design contemporâneo. Seja no âmbito do ambiente produtivo industrial, seja na esfera da linguagem de toda uma geração de jovens projetistas, como foi bem definido por Ettore Sottsass (1917): *"Pensamos que já era tempo de discutirmos a relação entre a cultura industrial e o destino do design e nos pareceu útil experimentar o que teria acontecido, com o design, se tomássemos de*

[158] PAPARONI, Domenico. *Apud* CARBONI, Milco e RADICE, Barbara. *Ettore Sottsass, Scritti*: 1946-2001. Vicenza: Neri Pozza Editore, 2002, p.16.

[159] Umberto Eco, em ocasião da Mesa Redonda: *Per un comitato di riferimento in design*, afirma que "os pós-modernistas apenas fizeram a declaração de morte, uma vez que o moderno já estava morto". (Texto não publicado, *Seminário: Dottorato, Ricerca e Mondo Produttivo*. Politecnico di Milano, Aula Beltrami – Campus Leonardo da Vinci. Milão, 26 de abril de 2001.).

qualquer modo uma certa distância da supostamente inevitável condição de ser ele uma cultura industrial".[160]

Não temos aqui o objetivo de realizar uma revisão histórica do percurso do design italiano rumo ao modelo pós-moderno nos anos oitenta, mas recordamos *en passant* alguns dos principais momentos desta transformação, que teve seu início após os anos sessenta. Não se pode esquecer, mas, ao contrário, deve-se salientar a exposição *Italy: the New Domestic Landscape*, realizada sob a curadoria de Emilio Ambasz, em 1972, no MOMA de New York. Este evento mostrou para o mundo que o novo design italiano não se exprimia através de uma metodologia rígida, nem como um estilo único de percurso previsível, mas, ao contrário, se propunha ser um vetor em constante movimento em meio às transformações socioculturais em curso. Neste mesmo período, do final dos anos sessenta em diante, desponta, dentre outros, o experimentalismo do grupo de vanguarda radical Archizoon Associati, cujas propostas conceituais de *Non Stop City* assinalam a realidade da imperfeição urbana, ao considerá-la, na verdade, como um eterno fenômeno descontínuo; *Non Stop City*, uma metrópole híbrida e plural, que muda e se adapta às várias transformações sociais. Com base nestas características conceituais, as referências de *Non Stop City* são mesmo entendidas como uma proposta pós-industrial e pós-moderna, e, exatamente por estes conceitos, tal proposta merece consideração. Interessante notar que encontramos nos conceitos projetuais do grupo Archizzon (como também no discurso de Venturi, Branzi e Portoghese) os ícones da prenunciação dos conflitos hoje vividos pelas grandes cidades globais, cuja necessidade de adaptação às grandes mudanças sociais desponta de maneira clarividente somente na era atual da globalização, isto é, trinta anos após o seu *Manifesto.*

Segundo Branzi: *"a metrópole híbrida nascia do resultado compreensivo de um teorema central sobre a modernidade; esta tinha a certeza de que o caos e as contradições presentes na nossa sociedade eram destinadas a desaparecer na ordem do progresso industrial. Tal progresso teria realizado uma sociedade lógica, racional e programada. O caos da linguagem, os conflitos*

[160] SOTTSASS, Ettore. Vent'anni dopo. *Apud* CASCIANI, Stefano. *Rivista Domus*, Milano: Editoriale Domus SpA, 2001, p.116.

de lógicas e de comportamentos que existiam na sociedade eram vistos pelos racionalistas europeus como um efeito dos atrasos nos processos das transformações industriais e eram destinados a desaparecer dentro da ordem lógica da modernidade. Mas tal hipótese não levava em consideração que o desenvolvimento da indústria era estreitamente ligado ao incremento do consumo e, em conseqüência, às multiplicações das linguagens e às diversificações dos modelos propostos; o mercado não estava produzindo uma unificação das formas e das tecnologias, mas as suas contaminações e as hibridizações de uma unidade lógica. O futuro que a indústria estava promovendo não atuava, na verdade, dentro de uma ordem, mas no caos e na complexidade correspondentes à globalização de mercados".[161]

Já no ano de 1977, Alessandro Mendini, no primeiro editorial de lançamento da revista MODO, que naquela época se propunha como um veículo de difusão do fenômeno chamado 'novo design italiano', lança seu manifesto: *"iniciamos a publicação de uma revista de informação e crítica de design chamada MODO. Por esse termo entende-se um modo diferente de ver as coisas fabricadas pelo homem: modo de projetar, distribuir, usar, habitar, gerir – de acordo com a relação de poder e de produção existente – no âmbito da cultura material [...] o destino do design é aquele de juntar, dentro de si mesmo, as transformações de finalidades e estruturas que a dialética das forças sociais estão tumultuosamente operando em meio aos grandes problemas da evolução da sociedade [...] crise antropológica, crise de identidade, empobrecimento progressivo da humanidade, miséria, desespero e revolta estudantil, qualidade de trabalho e de vida, problemas urbanos, gap entre tecnologia e humanismo, feminismo e espontaneidade: estes e muitos outros fenômenos indicam a essência de um mundo infinito, talvez de cabeça para o ar, de objetos ainda por inventar. Este é o tema: inventar os instrumentos justos para os homens que vivem hoje em outra realidade; objetos não somente adequados, necessários, austeros e autoritários, mas também e por que não objetos fantasiosos, alegres, criativos, interativos, divertidos para aqueles que os vendem, os dão de presente e os consomem".*[162]

---

161 BRANZI,Andrea. *Introduzione al design italiano*: una modernità incompleta. Milano: Baldini & Castoldi,1999, p.137-138

162 MENDINI, Alessandro. *Design Dove Vai*. Editoriale del primo numero della rivista MODO. Milano: Editoriale Modo srl., 1977, p.03.

Foi mesmo o design italiano, muito antes da arquitetura,[163] que pôs em evidência o *gap* existente entre a nova realidade comportamental e de consumo (principalmente nas décadas do anti-conformismo) e o modelo projetual então em prática. A proposta dos designers da vanguarda italiana era reduzir a distância existente entre os artefatos industriais produzidos naquela época e o desejo de uma nova geração que tinha mudado de maneira marcante o seu comportamento, hábitos e costumes. Harvey L. Molotch, professor do *Metropolitan Studies* na *New York University*, revela, durante uma conferência internacional, na cidade de Ivrea no norte da Itália, dedicada a Adriano Olivetti, que a máquina de escrever 'Valentine', desenhada por Ettore Sottsass para a empresa Olivetti em 1969, tinha mudado radicalmente a sua vida por dois motivos. Diz Harvey, *"o primeiro motivo, foi quando ganhei a Valentine de presente da minha mãe, quando apenas completei quatorze anos de idade, e isto me permitiu ter um certo poder em relação aos demais meninos do meu bairro em Nova York. Eu me tornara conhecido, naquela época, como o garoto que tinha a máquina de escrever mais diferente e mais bonita do bairro. O segundo motivo pelo qual este produto mudou a minha vida foi que aquela maquina de escrever portátil vermelha me fez seguir a profissão de designer".*[164]

Para Andrea Branzi, "*o design italiano foi o primeiro a colocar com mais clareza, já na segunda metade dos anos setenta, a questão da renovação global da linguagem formal dos objetos. Através dos laboratórios autônomos e experimentais de Alchymia e Memphis (que operavam em uma mesma linha de pesquisa no design italiano), surge uma primeira amostra dos novos signos, excêntricos em relação à maestria clássica, o que foi então chamado de Nuovo Design*".[165] É propriamente Ettore Sottsass que, após mais de vinte anos de contribuição à empresa Olivetti, se torna o mais expressivo guru do movimento

---

[163] "O fim do proibicionismo na arquitetura é uma conquista que devolve para esta disciplina uma liberdade lingüística que todas as outras disciplinas artísticas não haviam perdido assim integralmente". (PORTOGHESI, Paolo. *Postmodern*: l'architettura nella società postindustriale. Milano: Electa Editrice, 1982, p.35.).

[164] MOLOTCH, Harvey L. texto não publicado, pronunciamento no evento: *Convegno Internazionale Adriano Olivetti 1901/2001*: Costruire la Città dell'uomo. Ivrea, Itália, 4 e 5 outubro 2001.

[165] BRANZI,Andrea. *Introduzione al design italiano*: una modernità incompleta. Milano: Baldini & Castoldi, 1999, p.140.

radical e do novo design italiano. Este novo design italiano, dissemina sua forte linguagem em todo o mundo, a partir do início dos anos oitenta.[166] *"Assim, nos objetos de Memphis, evidenciava-se a idéia de recuperação dos signos, formas e cores do cotidiano mais banal: das chapas de aço dos pisos de ônibus (coisa de quarenta anos atrás) aos laminados plásticos aplicados nas cadeiras de bar (sempre coisas de quarenta anos atrás), tornados, porém, nobres ao serem elevados à condição de produtos de elite. Por fim, a escolha dos nomes para os objetos da primeira coleção – todos nomes de hotéis do mundo, que não necessariamente fossem belos e famosos. A idéia era, claramente, associar o design Memphis a uma experiência multicultural, fosse ela referente ao universo dos ricos ou não, que consistia no encontro, em qualquer ângulo do planeta, em um hotel que pouco se sabia sobre ele, a não ser pelo nome: podia ser também aquele de uma pensão atrás da nossa casa, em Paris como em Caracas, em Calcutá como em Sidney".*[167]

Sottsass soube muito bem utilizar a sua capacidade de homem de arte, intelectual e designer, ao colocar lado a lado, durante os anos oitenta, os valores simbólicos presentes na periferia de Milão e os signos provenientes de lugares longínquos como a Califórnia e a Índia.[168] Mas o *Nuovo Design* italiano sofre também críticas e contestações por parte da corrente racional-funcionalista, como por exemplo a acusação de ser um movimento maneirista, de ser Neo-Art Décor (como se chamou a Sottsass e ao grupo Memphis), ou mesmo tardo Dadaísta, apelido reservado a Mendini e ao

[166] "A adoção por parte de Memphis de alguns materiais, em especial os laminados plásticos, então considerados como anônimos e de mau gosto, imprime uma decisiva reviravolta estilística nas artes aplicadas: antes de Memphis, propor um móvel alegremente colorido – de uma cor ridícula – define Sottsass, era praticamente impensável". (PAPARONI, Domenico. L'architetto che volle disegnare l'utopia. In: CARBONI, Milco; RADICE, Barbara. *Ettore Sottsass, Scritti*: 1946-2001. Vicenza: Neri Pozza Editore, 2002, p.17.).

[167] SOTTSASS, Ettore. Vent'anni dopo. *Apud* CASCIANI, Stefano. *Rivista Domus*, Milano: Editoriale Domus SpA, 2001, p.110.

[168] "O grupo italiano Memphis rompeu claramente com o modelo purista funcionalista, ao criar produtos com grande ênfase nos detalhes e nas cores, dando menos importância à causa funcional dos objetos. O rápido sucesso comercial do design Memphis, no início dos anos oitenta em todo o mundo, deu com a sua influência visibilidade ao movimento (Julie, 1993), demonstrando por fim uma necessidade de mudança ao incrementar o interesse pelos fatores semânticos". (GOTZCH, Josiena. The break-through for product semantics by the Memphis movement. In: CONFERENCE DESIGN PLUS RESEARCH. Milano. *Proceedings*. Milano: Politecnico di Milano, Maio 18-20, 2000, p.146-154.).

grupo Achymia. Mas aquilo que mais nos interessa nesta presente análise é a semelhança entre o pensamento pós-moderno e estes movimentos experimentais dos anos oitenta, com os signos e preanúncio do modelo de globalização da atualidade. Isto pode ser bem percebido em algumas palavras sobre o manifesto do novo design italiano, como as de Sottsass em 1985 em um debate com Tomás Maldonado promovido pela revista MODO: *"o nosso projeto global é constituído de uma consciência da nossa imersão em um consumo total de imagens e descrições, cujas proveniências são planetárias, são circulares, são tempestuosas; nós agimos dentro deste âmbito".*[169] Chamo a atenção para a singularidade da frase: "imersão em um consumo total de imagens e descrições, cujas proveniências são planetárias". Essas palavras parecem ter sido ditas justamente para descrever a situação em que vivemos na era atual de globalização, que segue adiante com todas as suas interações e interconexões possíveis, cujo metabolismo ainda está por ser concluído.

É oportuno notar a analogia entre a acusação de maneirismo[170] feita anteriormente à cultura pós-moderna e a vastíssima possibilidade de conexão que hoje se apresenta através das redes informáticas e da World Wide Web. Encontramos, da mesma forma, uma grande semelhança entre aspectos da globalização e aspectos do maneirismo, quando se fala sobre a quantidade de informações disponíveis em rede e sua relação com a facilidade de absorção de referências culturais e estéticas diversas por parte do usuário final.

---

[169] SOTTSASS, Ettore. Braccio di ferro – la tecnologia nuda: Tomás Maldonado e Ettore Sottsass. In: Milano, 1985: Rivista MODO, 1985; reprint in *MODO*, Milano, n.213. Edizione speciale 25 anni, p.80, 83, 2001.

[170] "Uma pessoa suscetível se demonstra através do seu modo de vestir e através dos seus gestos, uma pessoa digna da sua força se vê através do seu andar e dos seus movimentos. Mas fazem-se notar não somente aqueles que são alguma coisa, o fazem principalmente aqueles que querem ser o que não são [...] Quem imita a forma sem entender o conteúdo não consegue, de fato, adaptar a forma ao conteúdo; pode, por exemplo, dar um excessivo peso às coisas mais irrelevantes [...] nos esquizofrênicos falta qualquer controle e na sua complexidade desenvolve-se uma tendência à tirania maior que nas pessoas normais, por isso o exagero neles se acentua. Disto vem a esquisitice catatônica, a vilania dos dementes, a ridícula maestria dos megalomaníacos. Assim também se explica o fato de que uma parte do maneirismo seja consciente [...] Para identificar o Maneirismo como Mania, Binswanger utiliza como exemplo um paciente clínico, cuja existência é ameaçada desde o início por uma cisão, ou melhor, por uma possibilidade de tríplice direção." (BONITO OLIVA, Achille. *L'ideologia del traditore*: Arte, Maniera, Manierismo. Milano: Electa, 1998, p.47.).

De acordo com Pellizzi, *"desde o surgimento da rede, se afirma por um lado que o mundo digital seja um instrumento de emancipação, liberdade e de criatividade".* Citando Pierre Levy, Pellizzi continua: *"o navegador participa então da redação ou quando menos da edição do texto que se lê, porque é ele hoje quem determina a organização final e a disposição da retórica [...] o navegador pode tornar-se autor de modo mais profundo que percorrendo uma rede preestabelecida: participando da estruturação do hipertexto, criando novas coligações [...] os leitores podem modificar as coligações, acrescentando e modificando os nós já existentes [...] unindo, por exemplo, dois documentos em um hipertexto ou promovendo as ligações hipertextuais dentre uma massa de documentos. Hoje esta prática é amplamente utilizada na Internet, de forma assinalada na World Wide Web".*[171] Esta nova realidade "projetual", como sabemos, tornou-se possível através do vasto mundo da Internet, onde se revela a facilidade e as várias possibilidades de conexão com as diversas culturas existentes. Esta realidade nos permite hoje conjeturar uma forte ligação do fenômeno Internet com os próprios ideais intrínsecos ao pensamento pós-moderno.[172]

Sobre este argumento e fazendo uma analogia entre as duas realidades em estudo, assim discorre Stefano Casciani: *"Naqueles anos que antecederam à era da Internet, ainda seria possível pensar sobre o efeito surpresa das 'transformações epocais' na cultura e na sociedade [...] uma idéia nova, por exemplo, para um país como a Itália, seria hoje o lançamento de um movimento de novo design glocal (global-local), o encontro entre as hipertecnologias Microsoft, de retorno econômico garantido, com a antiga*

---

[171] PELLIZZI, Federico. *L'ipertesto come forma simbolica* in: ANCESCHI, Giovanni et al. *Il verri nella rete.* Milano: Monogramma, 2001, p.70-71.

[172] "Para focar a intensidade da relação adquirida com a memória histórica, é necessário evidenciar dois movimentos paralelos e opostos dos quais nascem o significado e o valor da relação, dois movimentos símiles àqueles de um pêndulo oscilante: um girando para o passado e outro girando para a remoção do passado, isto é, para a atualização. Os instrumentos usados para realizar o primeiro movimento são as citações diretas, a abstração de um modelo, a individualização de um arquétipo a ser evocado; os instrumentos usados para o segundo movimento são a simplificação, a deformação caricatural, a inversão da forma positiva transformando-a em forma negativa, a ironia metafórica e a reinterpretação plástica". (PORTOGHESI, Paolo. *Postmoderm*: l'architettura nella società postindustriale. Milano: Electa Editrice, 1982, p.35.).

sapiência italiana, de imagem assegurada".[173] Por tudo isto, podemos dizer que este processo de coligar realidades distintas buscando a promoção de algo novo já foi anteriormente posto em evidência pelos protagonistas da cultura pós-moderna nos anos oitenta, através de seus modelos e referências projetuais no âmbito do design. Oportunidade em que eles inseriram em seus produtos e objetos novos elementos e novas qualidades estéticas, como diria Giovanni Anceschi: "novas qualidades estéticas e estésicas".[174]

Após a transformação, por nós anteriormente mencionada, do território urbano nas grandes metrópoles globais, através de Robert Venturi, com Las Vegas,[175] será Branzi, com o manifesto *No Stop City*, quem colocará em evidência o surgimento de novos modelos projetuais que estejam em sintonia com o contínuo processo de transformação das cidades, e ainda com o "contraste entre a ordem e o caos e a imperfeição urbana como cenário projetual possível".[176] Neste sentido, é importante perceber as transformações da cidade em nível macro, para melhor entender as transformações do comportamento humano e, em conseqüência, dos artefatos industriais em nível micro. Análise similar foi feita por Manzini, que tomou como referência de estudo a cidade-estado de Hong Kong[177]. Tudo isto no intuito de melhor interpretar a importância do território urbano como reflexo de uma contínua transformação social. Segundo Manzini: *"Se ser cidade global significa se propor como ponto de referência em rede planetária, onde se concentram atividades (financeiras, produtivas, políticas, culturais) capazes de cobrir a própria rede na sua completa totalidade, Hong Kong posiciona-se, então, sob este aspecto, como sendo*

[173] CASCIANI, Stefano. *Vent'anni dopo*. Milano: Rivista Domus, 2001, p.110.

[174] ANCESCHI, Giovanni. La Fatica del Web in ANCESCHI, Giovanni et al. *Il verri nella rete*. Milano: Monogramma, 2001, p.24.

[175] Las Vegas é para Eco: "um fenômeno inteiramente novo no planejamento urbano, uma cidade mensagem, inteiramente constituída de signos, não é uma cidade como as outras, que se comunica para poder funcionar, mas, sim, uma cidade que funciona para poder comunicar". (ECO, Umberto. *Travels in Hyperreality*. London: Ed. Picador, 1987, p.40.).

[176] BRANZI,Andrea. *Introduzione al design italiano*: una modernità incompleta. Milano: Baldini & Castoldi,1999, p.137-138.

[177] "Hong Kong tornou-se um laboratório urbano de plena regra, nos quais as condições extremas de densidade, desenvolvimento e transformações vêm usadas para experimentar tendências intrínsecas à destruição da cidade contemporânea". (PORTEFAIX, Valerie e GUTIERREZ, Laurent. *Hong Kong la città estrema – Laboratorio urbano*: Città di confine. Milano: Rivista Domus, 2001, p.57.).

muito especial [...] Hong Kong, como laboratório do modo de viver e de trabalhar, cujos resultados surgem como imagens, experiências e conhecimentos de potencial influência em escala planetária". E, citando Jim Rohwer, Manzini conclui: *"é previsível como o global interagirá com o local, produzindo híbridos que nunca tenham existido anteriormente. Hong Kong é, certamente, um dos lugares onde, e por tantas razões, estes novos híbridos têm uma grande possibilidade de se revelar e talvez obter sucesso".*[178]

Estas três análises sobre o fenômeno território urbano, apesar de apresentarem conceitos distintos (Las Vegas, 1972; No Stop City,1970; e Hong Kong, 2001), elaborados por três personagens diversos (Venturi, Branzi e Manzini), e em diferentes períodos de tempo, ajudam a demonstrar a capacidade do território urbano como importante indicador das transformações sociais. Na verdade, todos estes estudos se coligam no momento em que, partindo do nível macro, isto é, do espaço urbano (a cidade), torna-se possível a identificação das mudanças que ocorrem em nível micro, isto é, as próprias transformações da condição humana e todas as suas conseqüências para o projeto e para a cultura material. Outro fator bastante relevante na análise destes três estudos acima apontados é o reconhecimento da existência de um cenário híbrido e plural, que em muito se aproxima dos ideais da cultura pós-moderna, de um modelo pós-industrial, que segue em sintonia com o modelo de globalização, e de um design múltiplo como modelo possível. O abrangente fenômeno da pós-modernidade propôs rever todos os conceitos inerentes à condição moderna, do território urbano à arquitetura, abrangendo de igual forma os artefatos da produção industrial, sempre colocando em evidência a heterogeneidade, o pluralismo e o multiculturalismo. Tudo isso merece a nossa atenta observação, tanto como designers que atuam na segunda modernidade, quanto brasileiros que propõem o país do futuro.

---

[178] MANZINI, Ezio. *Hong Kong la città estrema – Laboratorio urbano*: L'isola che non lo è più. Milano: Rivista Domus, 2001, p.46, 50.

multiculturalismo como aspecto local[179]

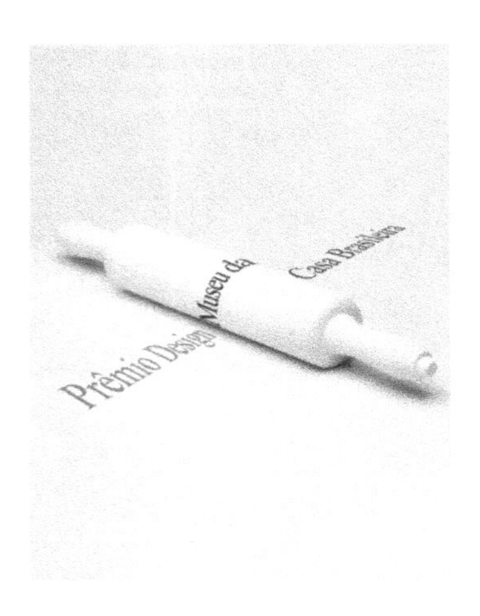

De acordo com o antropólogo Darcy Ribeiro, a identidade étnica e a configuração cultural do Brasil formou-se "destribalizando índios, desafricanizando negros e deseuropeizando brancos".[180] Ribeiro nos demonstra que a formação multicultural, multireligiosa e multiétnica do país levou a um sincretismo que se vê fortemente presente na base da cultura brasileira. Tudo isto nos faz refletir sobre a diversidade estética, icônica, simbólica e ainda sobre os ritos religiosos e a riqueza culinária proveniente deste mix racial que possibilitou uma vasta gama de caracteres e sentidos múltiplos.

Podemos considerar, outrossim, que este pluralismo existente na base da sociedade brasileira e a grande hibridação presente como componente formativa da população do país, curiosamente, em muito se aproximam das teorias e dos ideais da Cultura Pós-Moderna (neste estudo, visto além do aspecto estético ou da linguagem artística). Este modelo, como vimos no capítulo precedente, é entendido como fenômeno múltiplo em forma de cultura e sociedade e como preanúncio da segunda modernidade que se estabelece. Segunda modernidade aqui entendida como a junção de cenários distintos e seqüenciais que sucederam ao Moderno, muitas vezes apresentando-se como sendo contraditórios e de limites ainda por se definir. Na primeira modernidade, existia a tentativa do domínio da ciência e da técnica, se pensava poder inovar em escala planetária, conduzir a massa humana de maneira uniforme por uma única estrada, uma sociedade programada e projetada para o bem de todos. Segundo o sociólogo francês Latour, *"o sonho de uma ação racional se tornou um*

[179] Parte deste capítulo foi publicado sob o título: Manifesto da razão local: a multiculturalidade como novo cenário para o design. In: LAGES, Vinicius; BRAGA, Christiano; MORELLI, Gustavo. *Territórios em movimento*: cultura e identidade como estratégia de inserção competitiva. (Prefácio de Ignacy Sachs), Rio de Janeiro: Relume Dumará/Brasília, DF: SEBRAE-NA, 2004, p.259-278.

[180] RIBEIRO, Darcy. *O povo brasileiro*: a formação e o sentido do Brasil. São Paulo: Companhia das Letras, 1995, p.179.

pesadelo, na medida em que o consenso e a certeza são difíceis hoje de se alcançar".[181]

Na segunda modernidade, podemos dizer que houve ao mesmo tempo uma conseqüência e uma contestação dos ideais modernistas, onde o cenário se tornou fluido e dinâmico, e as respostas não são mais igualitárias, mas conforme o cenário e o território onde se vive. Nesta oportunidade, segundo ainda Latour, "o homem volta a ser comum como antes, com seus erros e acertos", pois na era atual houve a superação do racionalismo como modelo único, como paradigma inquestionável e mesmo como resposta precisa a todas as questões humanas e sociais. O modelo de segunda modernidade se apresenta também através da passagem da ciência exata para a pesquisa, da aplicação à experimentação, e isto, sem dúvida, reflete em todos os segmentos e atividades, incluindo o design. Por tudo isso, para vários estudiosos da era contemporânea, entre eles Ulrich Beck, este novo modelo que se configura é denominado de segunda modernidade.

Produto | Bombril
Design | Cláudio Rocha – Seragini/Farné
Ano | 1998
Foto | Seragini/Farné
Fig. 76

Percebe-se, portanto, que este aspecto múltiplo presente na segunda modernidade curiosamente sempre esteve presente em todas as manifestações culturais e artísticas brasileiras, e deste modelo múltiplo o Brasil constantemente se alimenta e se renova.

É interessante notar que, como muitos dos protagonistas europeus do início do século XX que passaram a não se enquadrar, por inteiro, nos moldes

[181] LATOUR, Bruno. Dalle "cose" ai "casi": Quale protocollo per i nuovi esperimenti collettivi? In: BERTOLDINI, Marisa. *La Cultura Politecnica*. Milano: Bruno Mondadori, 2004, p.156.

do pensamento moderno, também no Brasil o Modernismo teve o seu divisor de águas principalmente no âmbito da literatura e das artes plásticas.

À luz da perspectiva histórica do Modernismo no Brasil, vale a pena recordar o aspecto antropofágico nele introduzido muito antes do advento do Pós-Moderno, que como se sabe pratica de forma incisiva e determinante a "antropofagia" das demais culturas existentes. Curiosamente, percebe-se que o conceito metafórico de antropofagia em si consiste na base formativa da própria cultura brasileira.

Produto | Caninha 51
Design | Daniel Innarelli – Seragini/Farné
Ano | 2003
Foto | Seragini/Farné
Fig. 77

Os manifestos *Pau Brasil* (1924) e *antropofágico* (1928), de Oswald de Andrade (1890-1954), em muito contribuíram para a vanguarda intelectual do Modernismo brasileiro e colocaram em evidência a absorção das influências das correntes artísticas européias, e passaram a adequá-las à cultura popular local. *"O primitivismo era a imprevisibilidade, o irracional, que 'ao menor descuido vos fará partir na direção oposta ao vosso destino'; o moderno, a previsão que ordena, a razão que organiza, a 'prática culta da vida', cujo regime a civilização técnico-industrial impunha"*.[182]

O antropofagismo no Modernismo brasileiro das primeiras décadas do século XX soube apanhar ou receber as influências do Moderno europeu advindas

[182] NUNES, Benedito. *Oswald Canibal*. São Paulo: Editora Perspectiva, 1979, p.29.

do Futurismo, Expressionismo, Cubismo, Dadaísmo e Surrealismo, mas da mesma forma canibalizou a própria cultura primitiva local como elemento determinante do sentimento nativo. *"O pensamento selvagem, sob a forma de inconsciente coletivo metafísico, ético, estético e político, um meio de violência, transparência, à luz do qual sobressaem outras mais profundas contradições, que dependem das estruturas sociais e da origem colonial de nossa história".*[183]

A obra *O Abaporu* (em língua tupi-guarani, *aba*: "o homem"; *poru*: "que come"), de 1928, de Tarsila do Amaral (1886-1973), foi que deu origem ao Manifesto Antropofágico de Oswald de Andrade. Posteriormente, Tarsila pinta uma outra obra histórica que reflete o movimento; de fato, este quadro realizado em 1929 é nomeado "Antropofagia" e seria a junção das obras "Abaporu" e "A Negra" – este último pintado por Tarsila em Paris no ano de 1923: *"A inocência construtiva da forma com que essa poesia sintetiza os materiais da cultura brasileira equivale a uma educação da sensibilidade, que ensina o artista a ver com olhos livres os fatos que circunscrevem sua realidade cultural, e a valorizá-los poeticamente, sem executar aqueles populares e etnográficos, sobre os quais pesou a interdição das elites intelectuais, e que melhor exprimem a originalidade nativa. Nasce daí a teoria já crítica da cultura brasileira, focalizando a oposição, que foi um dos móveis da dialética do Modernismo, entre o seu arcabouço intelectual de origem européia, que integrou a superestrutura da sociedade e se refletiu no idealismo doutoresco de sua camada ilustrada, e o amálgama de culturas primitivas, como a do índio e a do escravo negro, que teve por base".*[184]

Mas é evidente que todo este ideal pluralista brasileiro cheio de sentido e de energia híbrida não gera somente resultados positivos. É necessário

---

[183] *Ibidem*, p.34.

[184] NUNES, Benedito. *Antropofagia ao alcance de todos*. In: ANDRADE, Oswald de. *Do Pau-Brasil à antropofagia e às Utopias – Obras Completas*. Rio De Janeiro: Ed. MEC/Civilização Brasileira, 1972, p.XX e XXI.

[185] "Os paradoxos sociais do Brasil emergem com todas as evidências durante o carnaval. Uma vez por ano os brasileiros mais pobres – membros das escolas de samba que disputam o primeiro lugar nas quatros noites que antecedem a quarta-feira de cinzas – usam fantasias mais ricas que aquelas das bailarinas dos espetáculos de Las Vegas; por quatro dias de carnaval se sentem os patrões do mundo, enquanto que o resto do ano esforçam-se em sobreviver sonhando com o retorno do carnaval". (HERRINGTON, Elizabeth (1999). *Passport Brasile*: il passaporto per il mondo dell'economia globale. Milano: Vallardi Editore, 1999, p.11.).

salientar também os conflitos, contrastes e paradoxos que surgem durante o seu percurso e em seu contexto formativo.[185] Neste sentido, vale a pena recordar, por exemplo, o conflito local brasileiro no que diz respeito à falta de unicidade da identidade cultural do seu design. A unicidade é apontada como fundamental para proporcionar um reconhecimento em nível internacional, e consiste ainda em razão de baixo-estima por parte do design brasileiro. O que é importante notar é que essa falta de unicidade nasce exatamente da condição de tensão e confronto existentes dentro de uma sociedade heterogênea, híbrida e plural, de grande diversidade cultural.

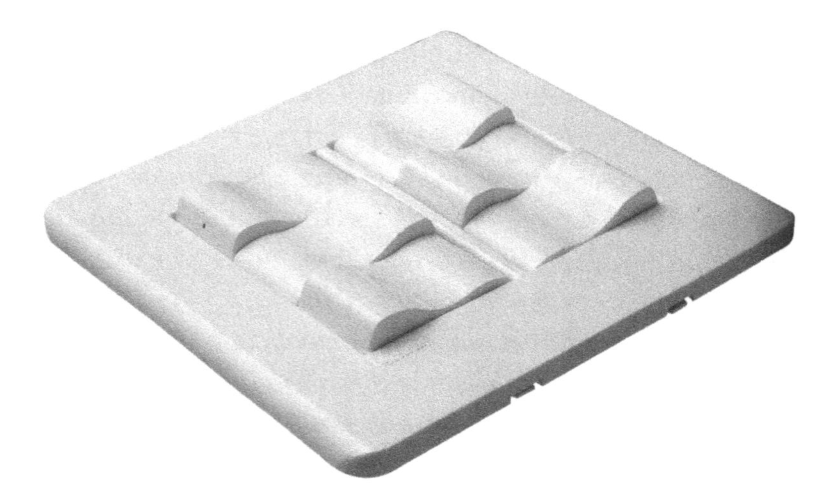

Produto | Interruptor Onda
Design | Suzana Padovano
Produção | Primelétrica
Ano | 1998
Prêmio Museu da Casa Brasileira de 1998
Foto | Clovis Coppelli
Fig. 78

O design brasileiro, como já vimos, sustentou, desde o início da instituição oficial de seu ensino, nos anos sessenta, o modelo racional-funcionalista moderno como referência maior para guiar o país rumo à industrialização e, mais importante ainda, para fora da sua condição de periferia, subdesenvolvimento e pobreza. Mas, na realidade, seguir o rumo racional-funcionalista dificultou a inserção dos ícones da cultura local brasileira em sua cultura material e em seus artefatos industriais.

Não se deve, neste contexto, subestimar o papel das empresas multinacionais junto ao modelo de modernidade consolidado no Brasil; estas empresas, através da transferência de suas práxis produtivas do Norte para o Sul do planeta, trouxeram também diferentes energias para o *puzzle* brasileiro. E isto, deve-se mais uma vez ressaltar, teve conseqüências tanto negativas quanto positivas.

Ao analisar o percurso dos Novos Países Industrializados – NPIs, Brasil compreendido, em direção ao modelo de industrialização ocidental, Kumar e Gellner afirmam que, *"para o mundo, de uma maneira geral, ficava entendido que uma sociedade moderna deveria ser uma sociedade industrial. Modernizar tornou-se então sinônimo de industrialização, isto é, tornar igual ao ocidente"*.[186]

Se um dos aspectos do Capitalismo Tardio são as transferências produtivas industriais para o sul, não se pode negar o papel brasileiro neste contexto, já que o Brasil foi reconhecido, em um passado próximo, como um dos paraísos das empresas multinacionais (EMNs), e, na atualidade, nesta era de globalização que se estabelece, das transnacionais (ETNs).

Esta performance das multinacionais, em território brasileiro, como visto no capítulo II, de uma parte, guia realmente o Brasil em direção à industrialização e o torna um expoente na exportação de bens industriais, mas, de outra parte, coloca em prática um modelo de desenvolvimento produtivo que nele não insere a causa do design local.

Os empreendedores locais por vez, vis-à-vis a suas condições de fornecedores ou *partners* (através da produção associada) das multinacionais instaladas no Brasil, enxergavam nas empresas centrais o melhor exemplo a ser seguido (recorda-se do colonizado que enxerga através dos olhos do colonizador) e faziam-se valer do design local, de forma sistêmica, somente através das imagens gráficas e dos catálogos promocionais dos seus artefatos industriais. Uma aplicação bastante reduzida, é verdade, diante da grande expectativa existente por parte dos designers brasileiros, que se propunham operar dentro do âmbito do design, no sentido mais amplo e alargado possível do termo. Este fenômeno em parte também explica a maior evolução no território brasileiro da atividade de design gráfico (*visual design*) em detrimento do design industrial (*product design*).

O cenário econômico no início dos anos oitenta no Brasil (em conseqüência da crise mundial do petróleo iniciada em 1973) não era tão favorável ao país como nas décadas precedentes, no período denominado "milagre

[186] KUMAR, Krishan. *From post-industrial to post-modern society*: new theories of the contemporary world. Oxford: Blackwell Publishers, 1996, p.95.

econômico brasileiro", de meados dos anos sessenta até os anos setenta, quando o percentual de crescimento chegara mesmo ao admirável valor de 13,3% ao ano.[187] Por fim, resulta que a década de oitenta é denominada pelos economistas brasileiros "a década perdida",[188] por ter havido uma sucessão de perdas produtivas, de exportação e de consumo interno, que começa a manifestar-se após um reconhecido período de grande crescimento econômico e desenvolvimento industrial.

Produto | Cadeira Raio 23
Design | Fulvio Nanni Jr.
Produção | 1989 Nanni Movelaria/ 2005 Dpot
Foto | Pierre Yves Refalo e Alain Brugier
Fig. 79

Devemos acrescentar que, naquele momento, a crise na América Latina sofreu uma brusca reação e o Brasil teve que enfrentar uma inflação (em 1989 o valor da moeda diminuía em um ritmo de 80% ao mês) astronômica e uma gravíssima recessão. Considere-se, no entanto, o reflexo destes acontecimentos para o desenvolvimento e a estabilização do já complexo teorema design brasileiro.

[187] LAGO, Luiz Aranha Corrêa do. A retomada do crescimento e as distorções do "milagre": 1967-1973. In ABREU, Marcelo de Paiva. *A Ordem do progresso, 100 anos de política econômica republicana 1889-1989*. São Paulo: Editora Campus, 1989, p.239.

[188] Ver COUTINHO, Luciano e FERRAZ, João Carlos (1995). *Estudo da Competitividade da indústria brasileira*. Campinas: Ed. Papirus, 1995.

O Movimento Moderno no Brasil,[189] que por muito tempo foi sinônimo de industrialização e prosperidade, ralenta de forma significativa o seu percurso com o golpe militar de 1964. Interrompe-se, assim, o sonho socialista do projeto modernista, identificado com a resolução dos problemas sociais do país.

Produto | Cadeira Sand
Design | Fulvio Nanni Jr.
Produção | 1981 Nanni Movelaria/ 2005 Dpot
Foto | Pierre Yves Refalo e Alain Brugier
Fig. 80

O Moderno, por fim, perdeu, no cenário brasileiro, o seu *élan* revolucionário que o coligava à causa social. Segundo Branzi, *"entre todas estas ideologias, o Movimento Moderno prefigurou de uma maneira visivelmente clara o próprio modelo de humanidade: além de uma revolução social, através desta, podia e devia ser promovida uma modificação estrutural do próprio homem, da sua lógica e do seu comportamento, já prefigurados no cenário racionalista. Um projeto, então, destinado a modificar os homens, através dos seus instrumentos e do seu ambiente; a relevância funcionalista destas*

[189] "Estava feita a mágica. Com o apoio fundamental de Le Corbusier, inaugurava-se uma sociedade entre o poder institucional e a nova arquitetura, que só iria se romper em 1964". (VASCONCELLOS, Eduardo Mendes et. al.. *Design, Cultura Material e Visualidade*: Centralidade e Modernismo, a memória desvanecida. Rio de Janeiro: Editora Arcos, 1999, p.93.).

"Como sabemos, desde a súbita renuncia do presidente Jânio Quadros até os acontecimentos de 1964, a vida do país foi marcada por uma série de mudanças de caráter político-social que deram à arte um encaminhamento eminentemente participativo e obrigaram os artistas a se debruçarem mais atentamente sobre os problemas econômicos e sociais que atingiam o país". (LOSCHIAVO SANTOS, Maria Cecília (1995). *Móvel Moderno no Brasil.* São Paulo: Studio Nobel Editora/Edusp, 1995, p.123.).

ações foi sempre entendida, de fato, como a transformação física e mental humana".[190] Os ideais da Cultura Pós-Moderna chegam ao Brasil em um momento de baixa estima do design local, que se encontrava entre o desprezo das multinacionais e a miopia das empresas locais, que não percebiam a importância da sua aplicação para a diferenciação dos artefatos industriais. De acordo com Kumar, *"o pós-modernismo foi a mais interessante das recentes teorias. Esta foi capaz de recolher no seu generoso braço todas as formas de transformações advindas: culturais, políticas e econômicas".*[191] Por isso mesmo, não pode ser esquecida, mas, ao contrário, deve ser salientada, a importância do fato de que os ideais da Cultura Pós-Moderna chegam ao Brasil justamente na década em que termina o longo período de mais de vinte anos da ditadura militar (1964-1985).

Produto | Poltrona Sabre
Design | Carlos Motta
Produção | Carlos Motta
Ano | 2002
Foto | Romulo Fialdini
Fig. 81

[190] BRANZI, Andrea. *La Casa Calda*: Esperienze del nuovo design italiano. Milano: Idea Books, 1984, p.33.

[191] KUMAR, Krishan. *From post-industrial to post-modern society*: new theories of the contemporary world. Oxford: Blackwell Publishers, 1996, p.15.

Os designers brasileiros, por sua vez, assumem o pensamento pós-moderno como uma bandeira de protesto contra o estado da arte do design local, que não conseguia instituir-se de maneira autônoma e definitiva, mantendo-se sempre como um modelo de esperança *ad infinitum*. Os designers e estudantes brasileiros utilizaram da mesma forma os "rumores" do pós-moderno contra a indiferença das multinacionais, com as suas estratégias de fácil lucro e grande desprezo pela causa e razão do nosso design local.

Produto | Poltrona Astúrias de Balanço
Design | Carlos Motta
Produção | Carlos Motta
Ano | 2002
Foto | Romulo Fialdini
Fig. 82

De acordo com Fleury, *"as transnacionais precisariam buscar um novo balanço entre global e local. O desafio seria não só de desenvolver maior sensibilidade às culturas locais, mas também de entender melhor quais competências locais poderiam ser utilizadas para aumentar o potencial competitivo da empresa. Isto implicaria que as subsidiárias teriam que assumir uma função mais orgânica com as demais unidades da corporação assim como desenvolver relações com maior sinergia com as empresas e instituições locais"*.[192]

[192] FLEURY, Afonso. *Gerenciamento do desenvolvimento de produtos na economia globalizada. Paper* apresentado na Escola Politécnica, Universidade de São Paulo, 1999, 09p.

Mas os rumores do Pós-Moderno brasileiro atingiam também os próprios empreendedores do país, que não se demonstravam sensíveis à importância da inclusão do design na produção industrial local. As empresas brasileiras, em sua prática de constante mimese do exterior, não tomaram como desafio decodificar os valores culturais locais e inseri-los, através da atividade do design, na produção de massa dos nossos artefatos industriais. Este fato contribuiu para alargar ainda mais a distância entre estes últimos e os diversos aspectos da identidade cultural brasileira.

Por tudo isto, podemos ainda afirmar que a condição pós-moderna no design brasileiro reflete-se também como uma manifestação política em favor da liberdade de expressão e contra a insatisfação então vivida, entenda-se: o regime militar e as fortes influências do exterior sobre o sistema de produção industrial local. No Brasil, podemos afirmar que este movimento não se prefigurou somente como sendo pós-moderno, mas também como pós-militar, pós-autoritário e de pós-austeridade.

Produto | Cadeira Cafifa Tear
Design | Mauricio Azeredo
Produção | Ateliê Mauricio Azeredo
Ano | 1995
Foto | Romulo Fialdini
Fig. 83

É claro que a Cultura Pós-Moderna, por si só, não era capaz de resolver todos estes problemas de grande complexidade e acentuada relevância. Não pretendia o Pós-Moderno nem mesmo ser um novo modelo de produção industrial local, em um cenário já previamente definido pelas próprias multinacionais. Mas o movimento manifestava-se como um desafogo de uma inteira geração de designers, que se encontravam enclausurados e submetidos a um modelo visivelmente não mais condizente com a realidade então vivida. Recorda-se que, neste sentido, o percurso do Movimento Pós-Moderno no Brasil torna-se mais próximo da prática contestatória da contracultura surgida precedentemente nos Estados Unidos e na Europa,[193] justamente pelo fato de que, entre as propostas do pensamento pós-moderno, europeu principalmente, encontrava-se aquela de contraposição ao modelo de produção industrial convencional vigente.

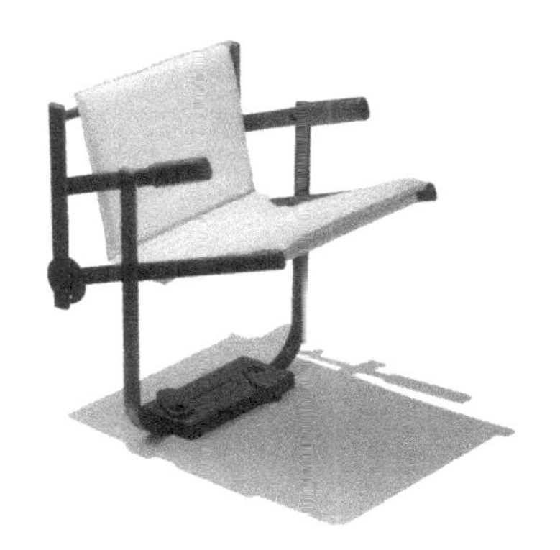

Produto | Poltrona Clipper
Design | Osvaldo Mellone
Produção | Probjeto
Ano | 1992
Foto | Antonio Saggese
Fig. 84

Imagem reproduzida do catálogo "Cadeiras Brasileiras", mostra do Museu da Casa Brasileira. São Paulo, 1994.

Neste período, começa a surgir, ou melhor, ressurgir, na Europa, o design de autoprodução ou de produção em série limitada. De acordo com Branzi, *"o industrial design neste sentido passou a ser entendido como parte de um fenômeno mais amplo, e a colaboração com a indústria teve que ser vista em um âmbito mais complexo do que aquele de um simples projeto formal de um produto de série"*.[194]

É importante perceber que, assim como acontece com os grupos da vanguarda radical na Europa durante os anos oitenta, também no Brasil foi retomado o modelo de autoprodução dos objetos por parte de muitos designers. Esta prática foi interrompida no país durante os anos sessenta (recorda-se os projetos de Joaquim Tenreiro, Sergio Rodrigues e Michel Arnoult),

[193] "O mito moderno entrou rapidamente em crise com o crescimento, a partir de 1968, de um difuso conflito político e cultural; o resultado foi um progressivo e incontrolável fracionamento do corpo social, até atingir a existência atual de tantos e diversos mercados menores, ligados a grupos semânticos, como diria Charles Jenks, que, atravessando de forma diagonal as diferentes classes sociais, fez surgir famílias distintas entre si com comportamentos, tradições, religiões e modos diferenciados. Trata-se de fato de um fenômeno que se tornou conhecido como sociedade pós-industrial [...] Se no início do século a arquitetura nascente adotou a profunda lógica da máquina industrial, hipnotizando o homem de todo racionalista, e fazendo-o crer que na produção poderia realizar a sua própria energia criativa, nos anos sessenta o modelo proposto através da cultura pop era aquele de um homem voltado para o consumo, que dentro da civilização do bem procurava realizar o mais alto momento de sua criatividade cultural. Em cinqüenta anos de história, se viu então passar de uma civilização da máquina para uma civilização do consumo; o quadro dos valores, desta forma, foi totalmente invertido e os mecanismos de indução das necessidades tomara o lugar daqueles estipulados pelo projeto racionalista. Nas transformações da cultura projetual consistem as grandes mudanças advindas naqueles anos". (BRANZI, Andrea. *La Casa Calda*: Esperienze del nuovo design italiano. Milano: Idea Books, 1984, p.54 e 78.).

[194] BRANZI, Andrea. *La Casa Calda*: Esperienze del nuovo design italiano. Milano: Idea Books, 1984, p.76.

com a expectativa dos designers locais de que poderia ocorrer, através do modelo industrial adotado, uma promissiva produção em larga escala. Destacam-se, dentre outros, na autoprodução desta época, designers locais (não necessariamente de conceitos pós-modernistas) como Fulvio Nanni Júnior (1952-1995), Maurício Azeredo (1948), Carlos Motta (1952), Adriana Adam (Bucareste, 1946) e Luciano Devià (Turim, 1943).

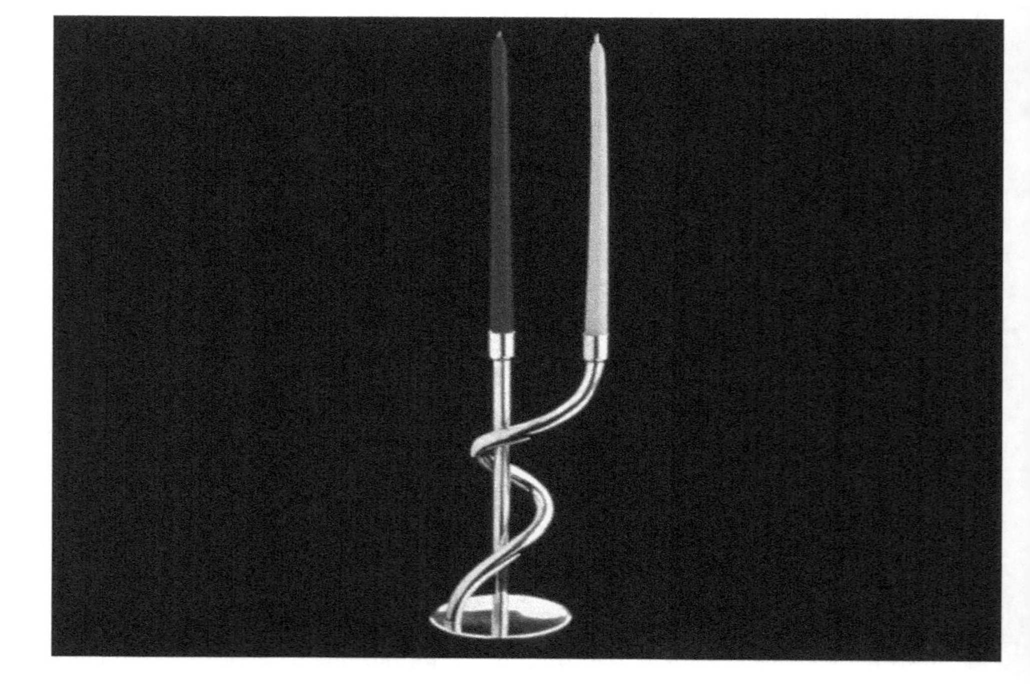

Produto | Candelabro Maga
Design | Luciano Devià
Produção | Prataria Alves Pinto
Ano | 1983
Foto | Rogério de Freitas
Fig. 85

mestiçagem e design brasileiro

O design brasileiro do modelo pós-moderno dos anos oitenta não produziu em quantidade significativa, é verdade, mas certamente iniciou um novo processo para o reconhecimento de uma estética brasileira multicultural e mestiça. Foi aberta, então, no Brasil, uma nova e possível estrada para o design, através da decodificação do próprio pluralismo étnico e estético local, cujo modelo, em sua forma mais madura, desponta somente a partir da segunda metade dos anos noventa.

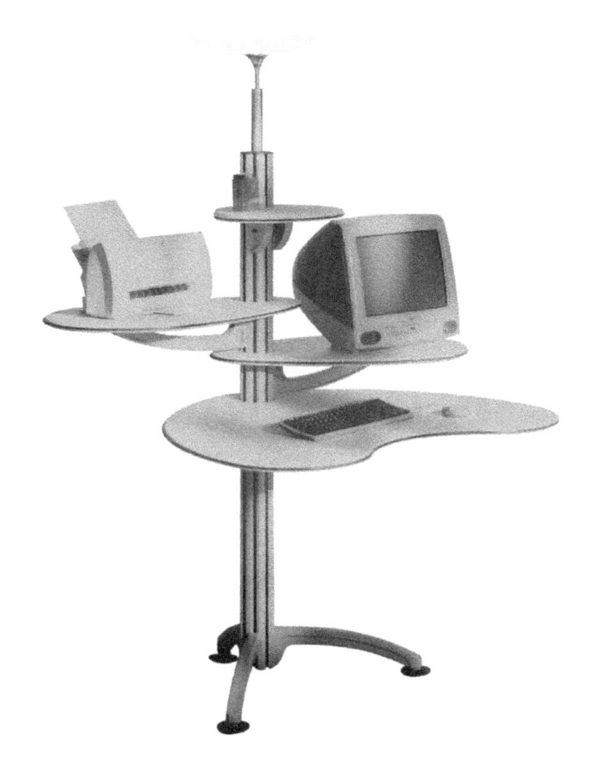

Produto | Colonna Home Office
Design | Dijon De Moraes
Produção | Grupo Madeirense
Ano | 1999
Foto | Rogério Franco
Fig. 86

A nova realidade nos conduziu a esse novo modelo, que começou a pôr em evidência uma estética múltipla, em que se nota uma forte presença dos signos híbridos e de uma energia particularmente brasileira. Branzi observa a afinidade do pensamento múltiplo pós-moderno com a realidade local brasileira: "O Brasil foi um país destinado a viver em uma pós-modernidade de fato".[195] A heterogeneidade local, desta vez, é aceita no design brasileiro como aspecto positivo, um espelho do mix social existente dentro do próprio país. Segundo Kumar, *"o pós-modernismo destaca sociedades multiculturais e multiétnicas. Promove a 'política da diferença'. A identidade não é unitária nem essencial, mas fluida e mutável, alimentada por fontes múltiplas e assumindo formas múltiplas [...] A sociedade pós-moderna associa tipicamente o local e o global. Os acontecimentos globais – a internacionalização da economia e da cultura – são refletidos para as sociedades nacionais, minando as estruturas nacionais e promovendo as locais. A etnicidade recebe impulso renovado. Ocorre um ressurgimento do regionalismo e dos 'nacionalismos periféricos'"*.[196] Inicia-se a partir de então, no Brasil, o surgimento de um design plural, que tem origem propriamente nas diversas culturas existentes dentro do país.

Produto | Cadeira Vermelha
Design | Fernando e Humberto Campana
Produção | Campana 1993/Edra 1998 (Itália)
Foto | Arquivo Edra
Fig. 87

O ideal pluralista do design brasileiro, recorda-se, continua, no entanto, a apresentar muitos desafios, uma vez que se desenvolve em uma sociedade cujos maiores conflitos foram e ainda são gerados pela complexidade de decodificação da grande diversidade existente internamente. O inusitado

[195] BRANZI, Andrea. *Pomeriggi alla media industria*: design e seconda modernità. Milano: Idea Books Edizioni, 1988, p.65.

[196] KUMAR, Krishan. *From post-industrial to post-modern society*: new theories of the contemporary world. Oxford: Blackwell Publishers, 1996, p.133.

método de trabalho dos irmãos Fernando e Humberto Campana, dupla de designers brasileiros reconhecidos em nível internacional (exposição no MOMA de New York e, várias vezes, destaque no Salão do Móvel de Milão), ilustra muito bem esta nova realidade do design brasileiro.

Segundo os próprios Campana, as suas pesquisas são realizadas através de andanças nas lojas e mercados do caótico centro de São Paulo, esta cidade global rica e industrial, mas ao mesmo tempo com grandes conflitos sociais e problemas inerentes a uma periferia. No processo de desenvolvimento de seus trabalhos, os Campana recolhem materiais e objetos incomuns que, somente após um período de "gestação", são utilizados nos seus artefatos industriais. Isto é: as possíveis diferenças existentes entre os componentes utilizados em seus produtos são coligadas por afinidades de equilíbrio estético e estésico, atenuando por fim os contrastes ao lhes conferir unidade e equilíbrio formal.

Produto | Cadeira Anêmona
Design | Fernando e Humberto Campana
Produção | Edra (Itália)
Ano | 2001
Foto | Arquivo Edra
Fig. 88

É importante perceber também que mesmo esta nova estrada tomada pelo design brasileiro, com toda sua energia intrínseca, traz consigo, ainda que de maneira quase inconsciente, as referências do pensamento racional-funcionalista, por mais de quarenta anos mantidos como dogma no âmbito local. Parte das referências racionalistas sobrevivem ainda hoje, principalmente através do uso de poucos elementos construtivos e mesmo, ainda, através de um modelo que aponta para a facilidade da produção industrial. Este aspecto racional que continua presente no atual design brasileiro permanece como uma espécie de consciência local (herança do projeto de modernidade) sobre a realidade do país, o dilema brasileiro da desigualdade social que ainda não foi de todo resolvido.

Produto | Poltrona Multidão
Design | Fernando e Humberto Campana
Produção | Estúdio Campana
Ano | 2003
Foto | Andreas Heiniger
Fig. 89

Mas se releva como de grande importância, que a prática deste incipiente modelo projetual brasileiro não se coliga mais ao dogmático rigor metodológico predominante no modelo racional-funcionalista até então vigente.

Não obstante a crise produtiva e industrial dos anos oitenta, o design brasileiro amadurece e evolui, começando a dirigir-se, nesta mesma época, para um conceito de design que aponta para a multiculturalidade local. Segundo Charles Jenk, *"o Pós-Moderno caracteriza-se pelo ecletismo e pluralismo, aquela divertida mescla e combinação de tradições que muitos consideram típicos do pós-modenismo em geral. Não raro, se percebe um ar de teatralidade ou de espetáculo; a cidade é tratada como um palco, um local para ser desfrutado como um exercício de imaginação, bem como um sistema utilitarista de produção e consumo. É um local de fantasia que compreende não somente a função, mas também a ficção".*[197]

O design brasileiro inserido neste cenário, entre a pós-modernidade e o modelo de globalização iminente, começa a ter como referência maior a riqueza e a expressividade das próprias manifestações culturais do país. Toma a cultura popular e o carnaval como fantasia coletiva, reconhece o *kitsch* como gosto popular de massa e as telenovelas como referência ética e estética local.[198]

Releva-se que todas estas transformações que acontecem dos anos oitenta em diante no Brasil estão muito próximas do pensamento e das referências de uma cultura múltipla que se encontram presentes no modelo pós-moderno e neste atual modelo de globalização.

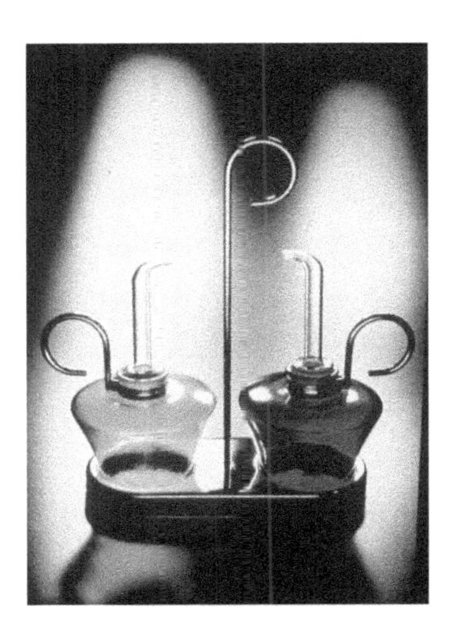

Produto | Conjunto Azeite e Vinágre "Minos"
Design | Flavia Alves de Souza
Produção | Brognoli (Itália)
Ano | 2002
Foto | Arquivo Brognoli
Fig. 90

Produto | Pororoca
Design | Flavia Alves de Souza
Produção | Edra (Itália)
Ano | 2002
Foto | Arquivo Edra
Fig. 91

[197] JENK, Charles *Apud* KUMAR, Krishan. *From post-industrial to post-modern society*: new theories of the contemporary world. Oxford: Blackwell Publishers, 1996, p.117.

[198] "Os povos latinos também têm as suas contradições, mas preservam uma propensão para a alegria, a sensualidade, a acolhida, a festa, perdida pela maioria dos outros povos. É, portanto, provável que sejam os latinos os primeiros a elaborar um novo modelo, alternativo ao americano, finalmente capaz de assegurar a todos uma tranqüilidade econômica que não exija a renúncia da serenidade de espírito, da alegria, da diversão e do convívio". (DE MASI, Domenico. *A Economia do Ócio*. Rio de Janeiro: Editora Sextante, 2001, p.44.).

"Hassan utiliza o conceito de 'carnavalização', de Bakhtin, para descrever boa parte do que entende por pós-modernismo. A carnavalização 'abraça ruidosamente a indeterminação, a fragmentação, a descanonização, o altruísmo, a ironia, a hibridação' – os principais elementos definidores do pós-modernismo. 'Mas o termo termina por transmitir também o seu ethos cômico ou absurdo... Carnavalização significa ainda polifonia, a força centrífuga da linguagem, a relatividade alegre das coisas, o perspectivismo e o desempenho, a participação na desordem louca da vida, a imanência do riso. Na verdade, o que Bakhtin chamava de novidade, ou carnaval – isto é, o anti-sistema – poderia descrever o próprio termo pós-modernismo ou, pelo menos, os seus elementos lúdicos e subversivos, que prometem renovações'"[199]

Produto | Banco Espiral
Design | Regina Sigmaringa e Adriana Freyberger
Produção | Própria
Ano | 2001
Foto | Arquivo das autoras
Fig. 92

[199] HASSAN, Ihab *Apud* KUMAR, Krishan. *From post-industrial to post-modern society*: new theories of the contemporary world. Oxford: Blackwell Publishers, 1996, p.220.

É a própria festa de carnaval no Brasil que desponta como um possível exemplo e analogia na aplicação dos conceitos da cultura múltipla e mestiça na arte e no design local. Nos desfiles da festa maior do carnaval do Brasil, e em especial no Rio de Janeiro, o equilíbrio, a evolução, a harmonia e a beleza formal tem o mesmo peso dentro de uma estética carnavalesca ao mesmo tempo livre e curiosamente ordenada. É interessante notar que são propriamente o equilíbrio e a integração entre os quesitos supra descritos que são avaliados pelo júri para definir o vencedor desta grande festa nacional.

Merece também destaque o fato de que, da festa do carnaval brasileiro, surgiu a profissão de "carnavalesco", que, na realidade, é o designer responsável pela concepção dos carros alegóricos e das fantasias das Escolas de Samba. O "designer carnavalesco" tem como *briefing* o tema central escolhido pela sua Escola de Samba para aquele ano de carnaval. Isto é, ele tem o desafio de traduzir e de comunicar, através da imagem dos carros alegóricos e das fantasias dos participantes, o enredo e o tema da escola.

Produto | Cadeira Giro
Design | Lars Diederichsen
Produção | Terra Design
Ano | 2001
Foto | Arquivo do autor
Fig. 93

Nesta disputa, vence sempre o carnavalesco mais criativo, aquele que for capaz de melhor traduzir e de comunicar em forma de imagens e metáforas o tema previamente proposto. Também aquele que mais souber ousar e surpreender durante o desfile, que for capaz ainda de emocionar o público, a mídia e o júri.

Não se pode esquecer, mas ao contrário acentuar, outro interessante fenômeno local surgido com a festa de carnaval no Brasil, que é o "produto" Trio Elétrico da Bahia. Este fenômeno genuíno da cultura e estética de Salvador é um perfeito exemplo de união e harmonia da tecnologia moderna com as referências autóctones locais. Isto é: um novo processo de antropofagia e de decodificação dos conceitos locais (culturais) e globais (tecnológicos).

Produto | Luminária Cubo
Design | Luciana Martins e Gerson de Oliveira
Produção | Própria
Ano | 1999
Foto | Fernando Laszlo
Fig. 94

Continuando a nossa análise sobre o novo cenário que se delineia a partir dos anos noventa no design do ocidente, encontramos um grande espaço para o debate sobre a sociedade da mídia e da informação, do conhecimento e do saber. Temos em Lyotard, Hassan e Bell autores que vêem a importância da mídia e de toda uma gama da nova tecnologia da informação na criação de uma nova realidade 'desmaterializada' para o homem pós-industrial. Estes autores afirmam que, se o produto industrial foi o símbolo da era moderna, a informação seria o símbolo da era pós-moderna. Consequentemente, se o Modernismo foi a cultura da sociedade industrial, o Pós-Modernismo seria a cultura da sociedade pós-industrial.

O Brasil, nesse contexto do modelo pós-moderno e da realidade pós-industrial, tem a experiência da Rede Globo[200] de telecomunicação como exemplo maior da era da informação e da sociedade pós-industrial local.[201] Esta empresa, como se sabe, não produz bens materiais, mas sim bens culturais e de *mass* mídia. Ali trabalham milhares de pessoas que produzem sonhos e fantasias efêmeras, mas a empresa oferece mais postos de trabalho que muitas das multi e transnacionais (incluindo algumas das mais reconhecidas marcas do setor automobilístico) aqui estabelecidas. *"A prioridade de realizar a programação in loco é fator decisivo e de estímulo para uma indústria que ampliou o mercado de trabalho no Brasil. A Rede Globo, com cerca de oito mil funcionários, movimenta mais de quatro mil profissionais envolvidos diretamente na criação da sua programação televisiva: autores, atores, diretores, cenógrafos, figurinistas, jornalistas, músicos, designers, produtores e outros técnicos de especialidades diversas".*[202] É interessante notar que esta empresa, nos moldes das grandes companhias da nova era pós-industrial, destaca-se produzindo bens imateriais e efêmeros, ao invés de bens semiduráveis industriais.

---

[200] "A Rede Globo de televisão foi fundada em 1965 no Rio de Janeiro. As programações da TV Globo cobrem praticamente todo o território nacional brasileiro, constituído de 5.625 municípios. Existem 113 filiais da TV Globo em todas as regiões brasileiras, que permanecem vinte e quatro horas no ar nas principais cidades do país. A audiência local chega a 59% nas programações diurnas e 69% nas programações noturnas. O acervo da TV Globo é traduzido para diversos idiomas e leva a cultura brasileira para cerca de 130 países de todos os continentes". (Disponível em: <http//www.redeglobo.com.br>. Acesso em: 23 outubro de 2003.). A Rede Globo é partner da Telecom Itália na nova escola experimental de design Interaction Design Institute, em Ivrea. "O Interaction Design Institute de Ivrea focaliza a sua atividade sobre modalidades de interação entre as pessoas, as comunicações e o computador. O seu escopo consiste no desenvolvimento de um profundo conhecimento técnico, cultural e na promoção de competências gerenciais e empreendedoriais, no campo dos serviços de comunicações inovativas. A estrutura didática e de pesquisa hospeda hoje 100 pessoas entre estudantes e pesquisadores provenientes de todo o mundo". (Texto publicado no catálogo da escola: *Executive Summary, Interaction Design Institute Ivrea. Ivrea: IDI, 2000.*).

[201] "Na sociedade industrial, como já disse, o eixo central da economia consistia na produção de bens materiais: objetos como geladeiras, automóveis e assim por diante. Portanto, produtividade consistia em produzir o maior número de objetos desse tipo no menor espaço de tempo possível. Hoje, na sociedade pós-industrial, o baricentro da economia deslocou-se para a produção de bens imateriais, isto é, de idéias. Portanto, a produtividade agora consiste em obter a máxima quantidade de idéias no menor tempo possível".(DE MASI, Domenico. *A Economia do Ócio*. Rio de Janeiro: Editora Sextante, 2001, p.13.).

[202] Disponível em: <www.redeglobo.com.br>

Produto I Luminária Balão
Design I Guinter Parschalk
Produção I Radix Design LTDA
Ano I1995
Foto I Andrés Otero
Fig. 95

Hoje se reconhece que é mesmo através das atividades do serviço e no design do serviço que desponta uma das alternativas de configuração de um novo possível cenário para o design neste novo século que apenas se inicia. Através do desenvolvimento da tecnologia da informática e da economia da informação (entenda-se, realidade pós-industrial), hoje se prefiguram então outras possibilidades para a "periferia" e uma nova relação com o "centro". Isto é: a atual relação local-global. Exatamente como sustentam Rifkin, Manzini e King.

Produto I Luminária Jangada
Design I Guinter Parschalk
Produção I Radix Design LTDA
Ano I1996
Foto I Andrés Otero
Fig. 96

Segundo Rifkin, *"mesmo que 'serviço' seja uma definição imprecisa, evasiva e aberta a diversas interpretações, de forma geral esta definição inclui as atividades econômicas que não comportam a produção de alguma coisa material, que são transitórias e consumidas no próprio momento em que são produzidas, fornecendo assim um valor intangível".*[203] Manzini, por sua vez, afirma que, *"como se diz e se repete freqüentemente, a nova economia é*

[203] RIFKIN, Jeremy. *L'era dell'accesso*: la rivoluzione della new economy. Milano: Mondadori, 2000, p.115.

uma economia do serviço e do conhecimento, os novos produtos são produtos-serviços e conhecimentos".[204] Por fim, observa King: *"gostaria de sugerir, então, que a arquitetura e o planejamento, de fato todas as 'profissões de design', sejam potencialmente de grande influência na transformação da cultura em escala global".*[205]

Tomando como referência estas teorias, que vêem na disseminação dos denominados produtos-serviços (aqueles desvinculados dos processos fabris convencionais) uma possibilidade de maior e mais veloz difusão do bem-estar social para os povos mais distantes do "centro", podemos por fim pensar que renasce hoje a esperança e que se deslocam com maior rapidez as benesses do norte para o sul do planeta.

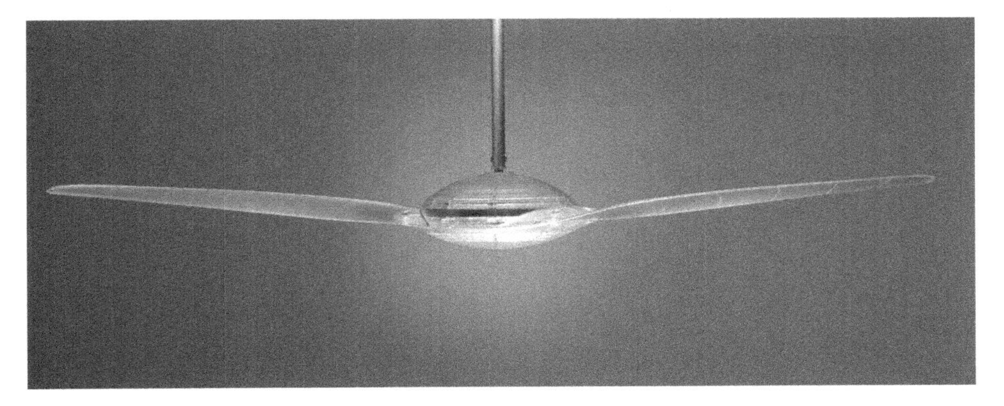

Produto | Ventilador Spirit
Design | Guto Índio da Costa
Produção | Mobilitar
Ano | 1984
Prêmio iF Hanôver
Foto | Tiago Moraes
Fig. 97 e 98

Continuando no âmbito produto-serviço, pode-se considerar a hipótese do surgimento de uma estrada que se possa percorrer também no sentido inverso, isto é, do sul para o norte do planeta. Um exemplo neste sentido são as urnas eleitorais eletrônicas desenvolvidas com tecnologia e design brasileiro, que se tornaram referência para tantos outros países tecnologicamente mais desenvolvidos.

Essa tecnologia possibilita apurar o resultado de uma eleição que envolve cerca de 115 milhões de eleitores distribuídos em um território de

[204] MANZINI, Ezio. *Hong Kong la città estrema – Laboratorio urbano*: Made in Hong Kong – Preistoria industriale. Milano: Rivista Domus, 2001, p.71.

[205] KING, Anthony. L'architettura, il capitale e la globalizzazione della cultura. In: FEATHERSTONE, Mike. *Cultura globale*: Nazionalismo, globalizzazione e modernità. Roma: Edizioni SEAM, 1996, p.220.

mais de 8,5 milhões de quilômetros quadrados, 5.625 municípios e 325.720 zonas eleitorais, em pouco mais de vinte e quatro horas.[206] É paradoxal, como vários episódios nacionais, que o Brasil tenha sido o idealizador, produtor e laboratório da aplicação de uma tal tecnologia após ter privado sua população, por mais de vinte anos, do direito ao voto em razão do regime ditatorial militar.

Produto | Poltrona Ponte
Design | Fabíola Bergamo
Produção | Azzurra Móveis
Ano | 2004
Foto | Arquivo da empresa
Fig. 99

Concluindo este capítulo, vale a pena ressaltar as transformações ocorridas no Brasil no âmbito do design e da tecnologia produtiva, a partir do período do advento da Cultura Pós-Moderna e da era Pós-Industrial, que aqui tomaram forma singular e marcante. Estas novas referências, por um lado, nos possibilitaram evidenciar os aspectos positivos da multiculturalidade local brasileira e, por outro, preanunciaram

[206] TSE – TRIBUNAL SUPERIOR ELEITORAL BRASILEIRO. Disponível em: <www.tse.gov.br>.

o nascimento do modelo de globalização que começou a definir-se somente a partir dos anos noventa.

O fenômeno da globalização, como modelo impreciso e controverso, possibilitou, é verdade (através dos meios tecnológicos e informáticos), uma maior interação entre diferentes povos do planeta, mas também é verdade que colocou em xeque as especificidades da cultura local, disseminou a incerteza e promoveu radicais transformações no contexto comportamental.

Produto | Luminária "Uauá"
Design | Fabio Fa anghe e Giorgio Giorgi
Produção | E27 – Luminárias
Ano | 1995
Foto | Arquivo dos autores
Fig. 100

Com o novo cenário que se estabelece, grande parte dos problemas que existiam somente na esfera local tornou-se global. Da mesma maneira, assistimos a uma acentuada transferência da força produtiva industrial do norte para o sul do planeta, o que permitiu o estabelecimento de uma nova classe de países, incluindo o Brasil, denominados de *Newly Industrialized Countries – NICs*. A nova realidade promoveu o surgimento de novos modos produtivos e de novos bens industriais, desta vez não mais no âmbito apenas de um mercado regional, como antes, mas no âmbito de um mercado de abrangência global.

É importante perceber que este modelo de globalização em curso traz, de forma acentuada, para dentro da Cultura do Design, elementos, códigos e conceitos de sentidos múltiplos, plurais, híbridos e sincréticos, mas, ao mesmo tempo, tende a valorizar o lado "sólido" (a essência) da cultura local, favorecendo por fim a revalorização dos artesanatos regionais. O design neste contexto passa a ser entendido como metáfora de um conjunto de significados (conceitos) e de significância (valor), e tudo isto hoje passa a ser considerado ao se desenvolver um novo produto. Existe ainda a questão da estética, que passa do âmbito subjetivo para seguir a ética e o modelo comportamental de determinados grupos sociais. Por tudo isto, o design deixou de ser uma atividade somente do âmbito projetual, passando ao patamar intelectual. Hoje, já podemos então falar, de fato, da existência de uma Cultura do Projeto.

Produto | Cadeira 20R
Design | Pedro Useche
Produção | Pedro Useche
Ano | 2004
Foto | Fabio Heizenreder
Fig.101

Dentro deste cenário, o design brasileiro começa a se distanciar da prática de mimese e das referências provenientes do exterior e a apontar (fruto, na verdade, do seu percurso e do seu amadurecimento) em direção a uma referência própria como modelo possível. Começa, então, a partir dos anos oitenta, a surgir, através do multiculturalismo e mestiçagem local, novas referências projetuais que, de forma correta, coloca em evidência e reflete a vasta gama de elementos da cultura híbrida e das nuances do nosso próprio país.

Produto | Poltrona Félix
Design | Fernando Jaeger
Produção | Projetos & Produtos
Ano | 2004
Foto | Eduardo Câmara
Fig.102

O multiculturalismo brasileiro posiciona-se, desta vez, como um novo e possível modelo para o desenvolvimento do design local. Esse modelo que se apresentou incipiente e imperfeito por toda a década de oitenta, vem se harmonizar com o modelo de globalização que é estabelecido por todos os anos da década de noventa como último estágio de um percurso rumo à segunda modernidade que se prefigura no mundo ocidental. Esta nova realidade exige também dos designers a consideração do tríplice aspecto: design, cultura e território.[207] Exige de igual forma que seja seriamente contemplada a questão ambiental no projeto, o excesso de produtos disponíveis no mercado e também o problema desenfreado do consumo e da produção (o design para a sustentabilidade). Exige que seja observada a causa social (hoje muito diferente daquela debatida no inicio dos anos oitenta), que coloca no centro do teorema design a questão da terceira idade, das minorias de usuários ainda não contemplados pelas benesses da industria. Exige a consideração sobre os novos fatores de uso, que transformaram-se radicalmente através dos tempos, uma conseqüência

[207] Ver: LAGES, Vinicius; BRAGA, Christiano; MORELLI, Gustavo. *Territórios em movimento:* cultura e identidade como estratégia de inserção competitiva. (Prefácio de Ignacy Sachs), Rio de Janeiro: Relume Dumará/Brasília, DF: SEBRAE-NA, 2004.

da mudança do comportamento humano, dentro da realidade sociocultural circunstante. De mesma maneira deve ser considerado o surgimento das novas tecnologias e dos novos materiais, o conhecimento sobre a cadeia de valores agregados ao design, como o valor de estima e a qualidade percebida dos artefatos industriais.

Produto I Linha de Cerâmica
Design I Dijon De Moraes
Produção I Caleca Itália (Messina, Itália)
Ano I 2003
Foto I Rogério Franco
Fig.103

| capítulo V

a caminho da globalização de fato
1990-2000

- a globalização como processo histórico
- a relação local-global
- a globalização e o Brasil
- o impacto e mutação local
- os números das perdas no Brasil

| capítulo V

a globalização como processo histórico

Discutem-se hoje amplamente as origens da globalização. Há vários estudos que se reportam ao desenvolvimento de um processo iniciado já na antigüidade. De fato: diversos autores fazem alusão a tempos mais remotos, como os tempos do Império Romano (mais precisamente entre os séculos III-VI d.C.),[208] às expedições da Igreja católica promovidas nos séculos XI e XIII (as Cruzadas),[209] ao período de expansão do colonialismo europeu[210] e ainda ao período das grandes navegações marítimas (séculos XV a XVIII).[211]

---

208 "Por fim em 212 d.C. O imperador Caracalla através da 'Constituio antoniniana' concede a cidadania romana a todos os habitantes do Império". (CANTARELLA, Eva. *Istituzioni di diritto romano.* Milano: Edizione CUEM, 1998, p.195.).

209 "Na verdade, dois elementos fundamentais para a expansão do cristianismo foram a adoção do grego, a língua da época, e a eventual união com a dinastia imperial romana". (WATERS, Malcolm. *Globalization.* Oeiras: Celta Editora, 1999, p.122.).

210 Durante a conferência *Diritti Umani e Globalizzazione* (Direitos Humanos e Globalização) ocorrida em Milão, em janeiro de 2002, o relator Colloti Pischel assim se exprime: "Aproximando-se do problema da China e da Globalização é necessário conhecer o fenômeno histórico da colonização ao determinar a situação atual do mundo. A partir de 1472, a expansão dos europeus-brancos-cristãos foi marcada por episódios de extermínio da raça humana em massa (América Latina), de negação dos valores do homem (o comércio dos negros africanos no passado, novas formas, atuais, de trabalho escravo e a prostituição), de exploração da mão-de-obra barata, de criação de graves desequilíbrios sociais (Índia e Indonésia), e de humilhação de grande parte da sociedade. E este é o caso da China, que durante a metade do século VIII era o país mais rico, organizado e estável do mundo e em poucos decênios foi depredado pelos ocidentais através do comércio do ópio e posteriormente pela imposição de infundada indenidade de guerra, que a privou de uma riqueza acumulada através de vários séculos (que a sociedade chinesa não soube, porém, transformar em capital)". (COLLOTTI PISCHEL, Enrica. Un esempio di Globalizzazione – La Cina. In: DIRITTI UMANI E GLOBALIZZAZIONE, 2002, Milão. Apresentado na conferência realizada no Instituto Superior de Política Internacional – ISPI. Milão, Itália, jan. 2002. Não publicado).

211 "Jamais a humanidade tinha conhecido uma prova tão árdua e jamais conhecerá outra símile, a menos que um dia, a milhares de distância do nosso, apareça um outro globo, habitado por seres pensantes. Nós sabemos hoje, entre outros, que estas distâncias são teoricamente superáveis, enquanto os primeiros navegantes temiam por afrontar o nada. Para medir o caráter absoluto, total, intransigente dos dilemas aos quais a humanidade do século XVI se sentia presa, devemos recordar alguns fatos. Naquela área hispânica (hoje Haiti e São Domingos) onde os indígenas, cerca de 100.000 em 1492, foram reduzidos a 200 em um século, eles morriam de horror e de desgosto pela civilização européia, muito mais que pela varíola ou pelos combatimentos". (LEVI-STRAUSS, C.. *Tristi Tropici.* Milano: Mondadori, 1988, p.85.).

De acordo com Waters, *"a globalização é a conseqüência direta da expansão cultural européia pelo planeta, através da consolidação da colonização e do mimetismo cultural [...] isto significa que o modelo de globalização em curso é, por si mesmo, um modelo de origem européia"*.[212] Roland Robertson, em seu ensaio "Mapear a condição global", afirma que *"o nexo local-global foi formulado ainda no longínquo século II a.C., quando Políbio, na sua história universal, escreveu, fazendo referência ao nascimento do Império romano: "no passado as coisas que aconteciam no mundo não tinham conexões entre si [...] mas de agora em diante todos os eventos estão unidos em um único feixe"*.[213]

Mas, se parece prematuro ler nestes referimentos os signos de uma globalização em nível mundial, como a que se estabelece atualmente, de outra parte, estes mesmos fenômenos não podem ser esquecidos ou subestimados enquanto processo histórico. Não se pode, da mesma forma, subestimar que na formação dos antigos impérios – uma espécie de globalização *ante litteram* – tenha-se vivenciado pela primeira vez a unificação de territórios precedentemente isolados e a aproximação de identidades sociais muito distintas entre si. Este fenômeno pode ser comparado com o modelo de globalização hoje em curso.

Mas, para muitos estudiosos, como Gilpin, o real início do fenômeno de globalização *"estaria no século XIX, quando a Inglaterra, em termos globais, desponta como uma potência hegemônica dominante, devido ao seu pioneirismo industrial, seu grande Império colonial e ainda sua supremacia militar naval"*.[214] Além de Gilpin, outros estudiosos colocam em evidência o poder dos estados hegemônicos de então como fator decisivo no processo histórico que evoluiu para o capitalismo ocidental e, posteriormente, para o modelo de globalização em curso.

Assim, após a Grã-Bretanha surgir como potência dominante no cenário mundial, com a expansão do seu Império colonial e o advento

[212] WATERS, Malcolm. *Globalization*. Oeiras: Celta Editora, 1999, p.03.

[213] ROBERTSON, Roland. *Mappare la condizione globale:* la globalizzazione come concetto centrale. Roma: Edizioni SEAM, 1996, p.79.

[214] GILPIN, R. Ligações internacionais. *Apud* WATERS, Malcolm. *Globalização*. Oeiras: Celta Editora, 1999, p.30.

da revolução industrial, durante os séculos XVIII e XIX, já no século XX, emergem também os Estados Unidos, tendo como base de sustentação e estratégia o seu desenvolvimento tecnológico, a supremacia produtiva em larga escala industrial (recordam-se os modelos produtivos fordista e taylorista), as fortes ações de suas empresas multinacionais e, por fim, o seu inigualável potencial militar como modelo soberano por todo o século XX.

Sabe-se que o processo de internacionalização mundial (que precedeu a real globalização) proporcionou um acentuado aumento do poderio da classe capitalista, ao alargar o mercado consumidor e ao promover maiores lucros. Karl Marx (1818-1883) foi, dentre os teóricos clássicos, um dos primeiros a se opor ao difuso caráter cultural do expansionismo europeu: *"na verdade, a descoberta da América e das novas rotas marítimas para a Ásia deu origem a uma espécie de mercado mundial para a indústria moderna [...] a burguesia abraçou esta oportunidade com grande entusiasmo, pois em todo o mundo, a burguesia vinha sendo confrontada com a constante necessidade de expansão dos mercados para seus produtos. De fato, a burguesia que se estabelece é obrigada a promover contatos com grande parte do mundo". De acordo com Marx, o fenômeno expansionista europeu não aparece somente como fator cultural, mas, da mesma forma, como fator econômico, uma vez que isto "conferiu um caráter cosmopolita à produção e ao consumo".*[215]

Mas o conceito de globalização, como hoje conhecido, começa a se estabelecer apenas a partir da metade dos anos oitenta. O sociólogo Roland Robertson desponta como um dos primeiros estudiosos deste fenômeno, junto também a Giddens, Harvey, Featherstone, Beck, Lash e Urry.

Será Robertson que irá propor, de forma bastante didática, uma análise do percurso evolutivo da globalização, dividindo-o em cinco fases distintas através da tabela 08 a seguir:

[215] MARX, K.. *Selected Writings*. Oxford: Oxford University Press, 1977, p.222-223.

Tabela 08

I	**Fase embrionária (Europa, 1400 -1750)**
	Colonialismo, cartografia; expansão da Igreja católica.
II	**Fase incipiente (Europa, 1750 -1875)**
	Exposição mundial; acordos sobre comunicação.
III	**Fase da decolagem (1875 -1925)**
	Primeira Guerra Mundial; Processos migratórios internacionais em grande quantidade.
IV	**Fase do desafio pela hegemonia (1925 -1965)**
	Segunda Guerra Mundial; Bomba atômica; ONU; Guerra fria; Emergência do Terceiro Mundo.
V	**Fase da incerteza (1965 -1990)**
	Meios de comunicações globais via satélite; armas nucleares; problemas ambientais globais.

Fonte: ROBERTSON. Roland. Admiráveis mundos novos. *Apud* WATERS. M. *Globalização.* Oeiras: Celta Editora, 1999, p.42.

A globalização de fato é reconhecida como tal somente a partir dos anos noventa. Este fenômeno acontece de maneira tão complexa e intensa durante esses anos que Robertson define o período como "a fase da incerteza". De fato, produziram-se transformações tão aceleradas, radicais, controversas e independentes das dinâmicas internas de cada sociedade (Estado Nação), que nos parece adequado o termo usado pelo autor.[216]

Giddens, outro pesquisador que se interessa pelo estudo da globalização, à parte o fato de ser contrário a Robertson quanto à sua origem – que ele atribui a uma conseqüência direta do processo de modernização ocidental –, concorda com este quanto ao fato da "incerteza" e da "fragilidade" do fenômeno. Para Giddens, *"a estabilidade do trabalho dos tosadores de ovelhas na Austrália pode ser hoje ameaçada pela tendência da moda no Japão, dos acordos do GATT feitos no Uruguai Round ou do preço do petróleo,*

[216] Ver também o mesmo argumento em BAUMAN, Zygmunt. *La società dell'incertezza.* Bologna: Il Mulino, 1999.

que será determinado pela intervenção militar americana no golfo Pérsico". A globalização, portanto, pode ser hoje entendida como uma rápida intensificação das relações sociais em escala planetária. Como bem nos recorda Appadurai, "a relação entre os níveis culturais e econômicos desta nova série de difusão global não é mais uma estrada de mão única".[217] Essa observação nos permite crer em relações entre localidades distintas estabelecidas de maneira tão veloz como jamais visto e imaginado.

De fato, a transformação do conceito espaço-tempo nos moldes que existia no modelo precedente, primeira modernidade, hoje se apresenta como elemento determinante para o entendimento do conceito atual de globalização. Por exemplo, em um passado remoto, a produção industrial era vinculada a um território pela facilidade de fornecimento de matérias-primas e logística de distribuição junto ao mercado consumidor, o que promovia uma estreita relação entre território (espaço) e produção e distribuição (tempo). Com o processo de globalização, modificam-se o ritmo da produção industrial, das transações comerciais e principalmente das informações entre as pessoas.[218] A própria transferência da produção industrial do Norte para o Sul do planeta, pode ser entendida como alteração do cenário anteriormente estabelecido, onde as indústrias de países ricos seguindo a lógica da mão de obra a baixo preço e da abundância de matérias-primas disponíveis, migraram para os países em desenvolvimento. Também por esta razão, o processo de globalização continua a apontar para um percurso controverso e desigual, no qual aparece, de uma parte (como, na verdade, sempre aconteceu na primeira fase da modernidade), um sistema de produção e de serviços fortemente dominado pelos países detentores da tecnologia produtiva e da informação (entenda-se, o G8), e, de outra parte, um grupo de países (a maioria) que, não tendo condição de paridade (*par condicion)*, continuam como atores coadjuvantes ou parceiros secundários, que fornecem a mão-de-obra barata ou os recursos naturais e as matérias-primas de baixo valor agregado.

[217] APPADURAI, Arjun. Disgiunzione e differenza nell'economia culturale globale. In: FEARTHERSTONE, Mike. *Cultura Globale.* Roma: Edizione SEAM, 1996, p.36.

[218] "Produção flexível, trabalho flexível, emprego flexível, salário flexível, maneiras flexíveis de asseguração social, associação flexível entre as empresas, taxas de câmbio flexíveis etc. As possibilidades de combinações que a flexibilidade pode assumir são então diversas e numerosas". (BENKO, Georges. *Economia, espaço e globalização.* São Paulo: Editora Hucitec, 1999, p.123.).

Retomando a análise sobre a localização geográfica como fator de interação e de integração do mundo atual, Harvey afirma: *"a compressão do binômio espaço-tempo nos leva para a redução do tempo e para a dissolvência do espaço. Hoje o tempo despendido para realizar qualquer tarefa torna-se reduzido e determina, por sua vez, a redução da distância perceptível entre local e espaço. Desta forma, é possível afirmar que uma pessoa em Tóquio e uma outra em Helsinki possam realizar a mesma tarefa ao mesmo tempo, por exemplo, fazer um acordo comercial ou presenciar um acontecimento midiático simultaneamente. Neste sentido, estas duas pessoas vivem de forma efetiva no mesmo local, circunstância na qual se verifica que o espaço tenha sido aniquilado pela compressão do tempo".*[219]

Esta nova maneira de produzir, trocar, vender, comunicar e informar, através da anulação do binômio espaço-tempo, é considerada neste capítulo como um dos fatores mais importantes para a dissimilação entre o processo de globalização anterior (antes dos anos noventa) e o atual (a partir dos anos noventa). De fato, com a real superação da barreira espaço-tempo (devido à aplicação da tecnologia via satélite), podemos hoje, por exemplo, transmitir uma mensagem intercontinental via Internet por um custo que independe da distância da sua destinação.

Tudo isto, à primeira vista, faz crer que a globalização tenha sido generosa com os povos mais pobres e "distantes do centro". Mas não se pode subestimar o poder persuasivo dos meios informáticos, que são controlados pelos países mais poderosos do planeta. Estes países, como se sabe, a seus modos, controlam o mecanismo de informação, promovem a difusão das suas culturas através de uma vasta rede planetária. Hoje, o campo mercadológico está bastante alargado e um mecanismo de formação de opinião e de oferta de produtos em escala global é utilizado.

Por esta razão, não convém aos detentores da tecnologia da informação oferecer os serviços e os produtos em rede com custos diferenciados. Estes meios informáticos em rede planetária (Internet, Web Site e Browser) constituem, na verdade, o principal veículo para a disseminação de novos modelos

[219] HARVEY, D.. *The condition of postmodernity.* Oxford: Blackwell, 1989, p.241. Sobre o argumento 'tempo-espaço na globalização' ver também Ulrich Beck.

comportamentais. O que, em conseqüência, alimenta o comércio no mercado globalizado.

De acordo com Habermas, *"continuamos a ver como grande desafio o desnível econômico (cada vez mais profundo) entre o próspero Norte e as regiões mais pobres do Sul do mundo, sempre ameaçadas pelo caos e pela autodestruição. Pelos conflitos culturais que contrapõem um Ocidente sempre mais escolarizado ao fundamentalismo do mundo islâmico, ou pelas tradições sociocêntricas do Extremo Oriente, para não falar dos sinais de alarme provenientes dos ponteiros implacáveis dos relógios ecológicos, da 'libanização' das regiões aflitas pelas guerras civis e pelos conflitos étnicos"*.[220]

É interessante notar que, se, por um lado, a informação e o consumo se globalizam através da fácil e rápida comercialização em nível mundial, paradoxalmente, sabemos que, por outro lado, a produção tende a se localizar, de acordo com os interesses estratégicos das Empresas Transnacionais (ETNs) e das vantagens que lhes são oferecidas num ou noutro país:[221] mão-de-obra qualificada a baixo preço (países asiáticos),[222] matéria-prima abundante e políticas de incentivos por parte do governo (países da América do Sul). Os relatórios do Banco Mundial atestam isso, demonstrando inclusive que o lucro anual de algumas multinacionais e transnacionais supera consideravelmente o Produto Interno Bruto – PIB de muitos dos países em que elas estão sediadas.

As ETNs têm o poder de determinar o destino econômico e tecnológico dos países onde se fixam, principalmente quando se trata de países mais frágeis e dependentes economicamente. Os relatórios anuais de patentes da

[220] HABERMAS, Jürgen. *La costellazione postnazionale*. Milano: Feltrinelli, 1999, p.30.

[221] "O ponto teórico importante não é que não existem relações sociais de produção, mas que existem também relações de produções em escala mundial, verdadeiras *relações globais de produção*, sob forma de posse e de controle das informações sociais por parte dos estados centrais, que forçam e determinam novas formas sociais que não são outras que as infra-estruturas de uma ampla forma de produção global". (BERGESEN, Albert. *capovolgendo la teoria dei sistemi-mondo*. In: FEARTHERSTONE, Mike. *Cultura Globale*. Roma: Edizione SEAM, 1996, p.139.).

[222] "Um país como a Coréia – a partir de 1960 e sob um desenvolvimento de tipo ditatorial – foi capaz de passar no giro de uma geração, da sociedade pré-industrial à sociedade pós-industrial". (HABERMAS, Jürgen. *Mercato globale:* nazione e democrazia. Milano: Feltrinelli, 1999, p.07.).

World Intellectual Property Organization – WIPO demonstram que a capacidade tecnológica das empresas transnacionais em âmbito local termina por reduzir ou mesmo sufocar (após os anos noventa, de forma mais acentuada ainda) a capacidade intelectual e inventiva das empresas locais; principalmente em muitos países em via de desenvolvimento, que ainda não se estabeleceram nem mesmo como atores coadjuvantes dentro da complexa arena global.[223]

Acredita-se que a transferência de grande parte da produção industrial para o mundo periférico, fato este que se acentuou consideravelmente com a globalização, acelerou o surgimento dos *Newly Industrialized Countries* (NICs).[224] É preciso salientar, no entanto, que, com o fenômeno de transferimento industrial do Norte para o Sul, cresceu também o risco ecológico e o perigo do impacto ambiental. Com a globalização, a indústria poluente fez circular em larga escala seus produtos, de forma que a poluição ambiental tornou-se um problema de muito maior abrangência. De acordo com Beck, *"os riscos se multiplicam junto com a intensificação da industrialização em escala global [...] a distribuição dos riscos no sistema global segue o modelo bumerangue isto é: as conseqüências dos riscos retornam sempre à fonte"*.[225]

Na tabela 09 a seguir, estão elencados os países que mais emitem dióxido de carbono na atmosfera. A tabela é dividida em três grupos: os países mais ricos, que compõem o grupo dos sete, os novos países industrializados e os países mais pobres do mundo.

[223] "O poder de cada Estado Nação, individualmente, torna-se hoje cada vez mais reduzido, isto porque os processos transnacionais crescem seja de forma qualitativa, seja de forma quantitativa. As grandes empresas transnacionais, por exemplo, são, na esfera local, tantas vezes superiores e às vezes mesmo mais poderosas que o próprio governo". (WATERS, Malcolm. *Globalização*. Oeiras: Celta Editora, 1999, p.94.).

[224] Principais NICs asiáticos: China, Singapura, Coréia do Sul, Malásia e Tailândia. Principais NICs Latino-americanos: Brasil, Chile, Argentina e México. "A força da China, por exemplo, como NIC, está na imensa onda de produtos como meias e malhas, brinquedos e pequenos objetos eletrônicos que esta despeja sobre o mundo: não mais de baixa qualidade como antes e já estão chegando dezenas de produtos mecânicos e de eletrônica mundial montados com componentes feitos na China" (COLLOTTI PISCHEL, Enrica. Un esempio di Globalizzazione – La Cina. In: DIRITTI UMANI E GLOBALIZZAZIONE, 2002, Milão. Apresentado na conferência realizada no Instituto Superior de Política Internacional – ISPI. Milão, Itália, jan. 2002. Não publicado).

[225] BECK, Ulrich. Risco e apropriação ecológica. In: WATERS, Malcolm. *Globalização*. Oeiras: Celta Editora, 1999, p.57.

Tabela 09

Emissão industrial de dióxido de carbono no mundo – 1996			
País	Total Milhões de toneladas	*Per capita* Toneladas	Grupo
USA	5.301,0	20,0	**G7**
Japão	1.167,7	9,3	
Alemanha	861,2	10,5	
França	361,8	6,2	
Inglaterra	557,0	9,5	
Itália	403,2	7,0	
Canadá	409,4	13,7	
China	3.363,6	6,5	**NICs**
Brasil	**273,4**	**1,7**	
México	348,1	3,8	
Índia	997,4	1,1	
Argentina	129,9	3,7	
Coréia	408,1	9,0	
Etiópia	3,4	0,1	**Baixa**
Moçambique	1,0	0,1	**Renda**
Albânia	1,9	0,6	
Ruanda	0,5	0,1	
Armênia	3,7	1,0	
Nigéria	83,3	0,7	

Fonte: World Development Report 1997/2000 World Bank – Washington, p.258.

A partir deste parágrafo, aponta-se um outro desafio no percurso da globalização, exatamente quando consideramos a entrada em cena dos novos produtores industriais mundiais, como atores coadjuvantes. Os NICs, como estes são denominados, são obrigados a coligar a expectativa de suas independências econômicas, com os grandes riscos ecológicos, justo porque a produção altamente poluente dos países mais desenvolvidos e industrializados se transfere sistematicamente para eles.

"As empresas norte-americanas tendem a investir na América Latina e em algumas zonas da Ásia do Sul; As empresas européias, na África, América do Sul, Ásia do Sul e Leste Europeu; As empresas do Japão dominam os investimentos na Ásia Oriental e na zona da Australásia [...] Entre as preocupações mais recentes, encontra-se aquela com a emissão industrial de dióxido de carbono, proveniente do resultado da queima de combustíveis fósseis. O grau destas emissões é associado ao nível de desenvolvimento industrial de cada sociedade. Os Estados Unidos, por exemplo, emitem cerca de 5,5 toneladas per capita – ano, enquanto que o Brasil emite muito menos de 1 tonelada per capita".[226]

Foram as Empresas Multinacionais (EMNs) que, após os programas de *Joint Ventures*, tornaram-se Empresas Transnacionais (ETNs), que são consideradas por diversos autores como os principais propulsores da globalização. As EMNs e as ETNs, com os seus Investimentos Diretos no Estrangeiro – IDE, chegaram, no ano de 1988, a um número de 20.000, com ações diretas em todos os continentes do planeta.

De acordo com Dunning, *"estas empresas representam um montante equivalente a 30% da soma do Produto Interno Bruto – PIB de todo o mercado econômico; 75% do comércio internacional; 80% da transferência internacional da tecnologia e da qualificação da gestão. As trezentas maiores empresas multinacionais representam 70% do Investimento Direto no Estrangeiro – IDE, um montante que chega a 25% do capital mundial".*[227] Esses dados levaram Dunning a identificar aquilo que ele próprio denominou de "as verdadeiras indústrias globais", isto é, as empresas que são provenientes de nações diversas, mas que produzem e comercializam em escala mundial. Dentre estas, destacam-se como pioneiras as multinacionais petroquímicas, automobilísticas, farmacêuticas, eletrônicas e do tabaco. Foi mesmo Dunning que tomou como referência para o seu estudo sobre o fenômeno de

---

[226] WATERS, Malcolm. *Globalização*. Oeiras: Celta Editora, 1999, p.76 e 102.

[227] DUNNING, J.. *Multinational Enterprises in a Global Economy*. Wokingham: Addison-Wesley, 1993, p.14-15.

globalização a expansão das empresas multinacionais e propôs a divisão do percurso da globalização em cinco fases progressivas demonstradas através da tabela 10 a seguir.[228]

Tabela 10

I	**Capitalismo Mercantil e Colonialista (1500-1800)**
	Exploração dos recursos naturais e da agricultura nas colônias.
II	**Capitalismo Empreendedor e Financeiro (1800-1875)**
	Investimento financeiro nos setores do transporte e da construção.
III	**Capitalismo Internacional (1875-1945)**
	Origem dos cartéis internacionais com monopólio de raiz americano.
IV	**Capitalismo Multinacional (1945-1960)**
	Expansão do imperialismo econômico americano.
V	**Capitalismo Globalizante (1960-1990)**
	Expansão das *Joint Ventures* e das *Transnacionais*; crescimento do investimento americano, europeu e japonês no mercado global.

Fonte: Tabela de DUNNING, J. *Multinational Enterprises in a Global Economy*. Wokingham: Addison-Wesley, 1993.

Uma outra teoria que muito se aproxima desta defendida por Dunning é a de Gilpin. Este autor aponta para o capital econômico, em uma primeira fase, como fonte de internacionalização e, posteriormente, de globalização. Segundo Gilpin, o mercado financeiro mundial desenvolve-se por meio de um capital sem nacionalidade definida, aquilo que ele próprio denomina de "dinheiro globalizado" (o mesmo que Arjun Appadurai denomina de *finanscape*), quando a localização geográfica deixa de ter importância. Em outras palavras, o capital segue o fluxo dos investimentos e do lucro em escala planetária. Procurando legitimar a sua tese, Gilpin aponta para o processo histórico do mercado financeiro internacional através da tabela 11 que se segue.[229]

---

[228] *Ibidem,* p.96-136.

[229] GILPIN, R.. *The political economy of international relations*. Princeton: Princeton University Press, 1987, p.308.

Tabela 11

I	**1870-1914: Grã-Bretanha** Desponta como o maior exportador de capital e como o mais importante centro financeiro internacional.
II	**1920-1939: Primeira Guerra Mundial** Os Estados Unidos tornam-se um ator econômico de grande poder internacional.
III	**1947-1985: New York torna-se o mais importante centro financeiro internacional** É instituído o Banco Mundial e o Fundo Monetário Internacional – FMI.

Fonte: Tabela de GILPIN, R. *The political economy of international relations.* Princeton: Princeton University Press, 1987.

Confirmando a tese de Gilpin, Waters afirma: "a globalização do mercado financeiro afeta da mesma maneira tanto os indivíduos quanto os países"; e, buscando legitimar o seu raciocínio, faz referência a um outro estudioso: *"o efeito de as empresas coligarem-se a localidades longínquas, é muito bem expresso por Harvey, quando ele diz: 'os bancos tornam-se cada vez mais indiferentes aos problemas de tempo, local ou moeda [...] um comprador inglês pode mesmo obter uma hipoteca japonesa, um americano pode acionar a sua conta corrente de New York através de um caixa automático localizado em Hong Kong e um investidor japonês pode comprar ações de um banco da Escandinávia com sede em Londres'".*[230]

Parece que não existem mesmo dúvidas sobre a importância da economia e do mercado financeiro na sustentação do modelo de globalização. Ao contrário, este fator desponta dentre os maiores propulsores e mantenedores do fenômeno de globalização ainda em curso.

[230] WATERS, Malcolm. *Globalização.* Oeiras: Celta Editora, 1999, p.84-85.

a relação local-global

Diversos estudiosos, definem a globalização como uma espécie de panorama étnico mutável (APPADURAI, COHEN, McEVEDY e JONES, EMMOTT). É Appadurai quem nos propõe um quadro de referências sobre os fluxos culturais globais, citando inclusive o que ele denomina de *ethnoscape*: *"por ethnoscape entendo o panorama de pessoas que constituem o mundo mutável em que vivemos, como turistas, emigrantes, exilados, trabalhadores temporários e outros grupos em movimento. Estes constituem uma característica essencial no mundo e parecem interessar às políticas de e entre nações em um nível até então sem precedentes"*.[231]

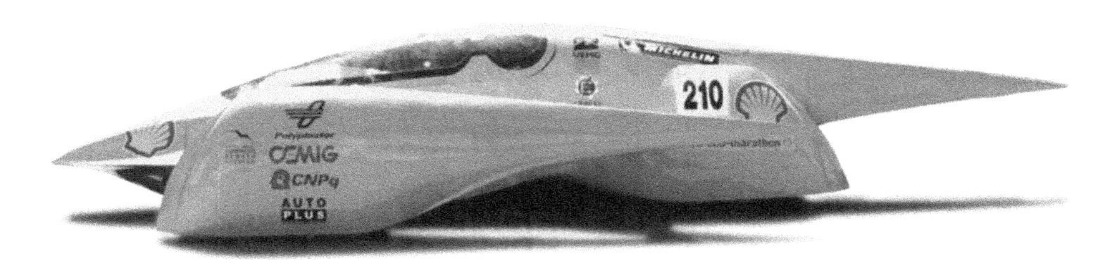

Produto | Veículo de competição Sabiá 4
Design | CPqD da ED-UEMG
Produção | ED-UEMG/UNIFEI
Ano | 2002
Foto | Arquivo CPqD
Fig. 104
Veículo que participou da Eco Marathon Shell 2002, Nogaro – França.

Estas informações nos fazem crer que o conceito centro-periferia muito utilizado nas análises do modelo produtivo industrial da primeira modernidade começa a perder o sentido. Mas não se pode, por isso, afirmar que tenham sido resolvidos os problemas da periferia; ao contrário, sucede, na verdade, que diversos problemas limitados, no passado, somente ao seu âmbito, hoje abrangem também o centro. Esta nova realidade é propriamente fruto do fenômeno de globalização, isto é, com o modelo global, grande parte dos problemas que existiam somente na periferia tornaram-se fluidos e difusos.[232]

[231] APPADURAI, Arjun. Disgiunzione e differenza nell'economia culturale globale. In: FEARTHERSTONE, Mike. *Cultura Globale*. Roma: Edizione SEAM, 1996, p.27.

[232] "O Primeiro Mundo está contido no Terceiro e Quarto Mundo, como o Terceiro e o Quarto no Primeiro. Centro e Periferia não se dividem em continentes separados, mas se encontram e se contrastam de maneira conflituosa nas misturas de diversas naturezas, aqui como lá". (BECK, Ulrich. *Che cos'è la globalizzazione*: rischi e prospettive della società planetaria. Roma: Carocci Editore. Roma, 1999, p.79.).

Produto | Telefone Euroset 3025
Design | TEC Design
Produção | Siemens
Ano | 2001-2002
Foto | Arquivo da empresa
Fig. 105

Com o processo de globalização, diversos outros problemas correlacionados surgiram, entre eles, o aparecimento de cidade globais como São Paulo, Cidade do México e Hong Kong, que, por violência, desemprego, caos urbano, drogas e problemas sociais, em muito se assemelham a outras cidades globais de países ricos e industrializados, como New York, Londres e Berlim. Todas essas cidades, independentemente de suas localizações geográficas, apresentam, curiosamente, mais ou menos as mesmas características, quer encontrem-se no centro, quer na periferia. Elas produzem mais e mais tensões, espaços contrapostos: espaços ricos e desenvolvidos em conflito com outros, carentes e repletos de problemas sociais.[233]

Produto | Telefone Euroset 3005
Design | TEC Design
Produção | Siemens
Ano | 2001-2002
Foto | Arquivo da empresa
Fig. 106

Aqui adotamos a hipótese de que o surgimento das cidades globais na periferia tenha sido fruto da transferência da produção industrial do Norte para o Sul do planeta, e o surgimento das cidades globais nos países de centro tenha ocorrido com a imigração dos desempregados do Sul para o Norte do hemisfério, em um sintomático percurso invertido.

[233] "Não obstante tudo isso, a União Européia – UE conta hoje com vinte milhões de desempregados, cinqüenta milhões de pobres e cinco milhões de sem-casa. O que é feito da riqueza excedente? É sabido que, nos Estados Unidos, o desenvolvimento econômico enriqueceu somente os dez por cento mais ricos da população. Estes dez por cento receberam noventa e seis por cento como riqueza adicional. Na Europa não chega a este ponto, mas também não é muito melhor". *Ibidem,* p.79.

Começa então a se configurar, com a globalização, um novo modelo de cidade, que surgirá tanto no centro quanto na periferia. Segundo Lash e Urry "com a globalização, a imigração trouxe outra vez o Terceiro Mundo para dentro das cidades globais",[234] onde a exploração humana e a incerteza do futuro tornaram-se uma constante mais evidente. Uma multidão de desesperados sem trabalho (situação que se agrava com a passagem do modelo industrial ao pós-industrial) vai ganhando mais visibilidade com a globalização.

Produto | Telefone Euroset 3005 grafite
Design | TEC Design
Produção | Siemens
Ano | 2001-2002
Foto | Arquivo da empresa
Fig. 107

Surge uma nova espécie de emigrante global que se move constantemente em busca de uma estabilidade, que, segundo Bauman, não existirá mais.[235] *"Na França, por exemplo, 70% dos novos empregos no ano de 1994 era trabalho temporário ou de tempo pré-determinado; no mesmo ano, o percentual de trabalho que apresentava um certo grau de estabilidade dizia respeito não mais aos 76% (dados de 1970), mas apenas a 58% da população ativa do país. Nos Estados Unidos, 90% dos postos de trabalho disponíveis antes de 1993 eram trabalhos part time, que não tinham validade para a seguridade social e pensionista [...] a rica Europa conta entre os seus cidadãos cerca de três milhões de indivíduos sem fixa demora, vinte milhões de excluídos do mercado de trabalho, trinta milhões abaixo do nível de pobreza. A*

---

234 *Ibidem*, p.78.

235 Fazendo um paralelo entre a primeira modernidade e o modelo que se estabelece na atualidade, Bauman observa: "O incômodo da modernidade nascia de um tipo de segurança que dava à liberdade um papel excessivamente limitado na busca pela felicidade individual. O incômodo da pós-modernidade nasce de um gênero de liberdade, na busca pelo prazer que destina um espaço muito limitado à segurança individual [...] se o tédio e a monotonia preenchem o dia daqueles que procuram segurança, a insônia e o pesadelo infesta a noite daqueles que perseguem a liberdade". (BAUMAN, Zygmunt. *La società dell'incertezza.* Bologna: Il Mulino, 1999, p.10.).

transformação ocorrida no projeto europeu de comunidade protegida por direitos iguais e de vida aceitável e digna nos levou à investidura do mercado como garantia da possibilidade de enriquecimento universal. Com isto se agrava progressivamente o sofrimento dos novos pobres, somado à ofensa e ao dano, associando-se à pobreza a humilhação e a negação da liberdade de consumo que é inerente à humanidade".[236]

Do fenômeno migratório atual, como parte intrínseca do modelo de globalização, vem se ocupando de fato um grande número de estudiosos. Entre eles, desponta Cohen, que propôs um percurso que evidencia, de forma seqüencial e bastante clara, os principais deslocamentos emigratórios e imigratórios mundiais como demonstrado na tabela 12 abaixo.[237]

Tabela 12

I	**Imigração** contínua dos europeus e asiáticos para a América do Norte, Australásia e África do Sul;
II	**Imigração** após a guerra do Vietnã;
III	**Imigração** da América Latina para os Estados Unidos;
IV	**Imigração** proveniente das ex-colônias para os *Países Madre* europeus, como da África, Ásia do Sul e Índia para a Inglaterra; do norte da África para a França; da Indonésia para a Holanda; e da África para Portugal;
V	**Emigração** temporária, *Gastarbeiter,* do Sul da Europa, de países como a Turquia e a Iugoslávia para os países do norte da Europa, como Alemanha e Suíça;
VI	**Emigração** temporária asiática para os países exportadores de petróleo do Meio Oriente e Japão;
VII	**Imigração** judia para Israel, provenientes principalmente da Rússia e da Europa do Leste;
VIII	**Imigração** do Leste Europeu para a Europa Ocidental e os Estados Unidos.

Fonte: Tabela de COHEN, R. *The new helots.* Aldershot: Avebury, 1987.

[236] *Ibidem,* p.17 e 63.

[237] COHEN, R. *The new helots.* Aldershot: Avebury, 1987, p.86.

A mobilidade humana como processo migratório vem sendo identificada, há tempos, pelos estudiosos, já mesmo durante a primeira fase do expansionismo marítimo. Este fenômeno, que se deu em diversas localidades (principalmente no novo mundo após o século XVI), muitas vezes apresentou-se como fluxo de mão-de-obra de modalidades as mais variadas, como, por exemplo, aquela que caracterizou o regime da escravidão nas Américas.

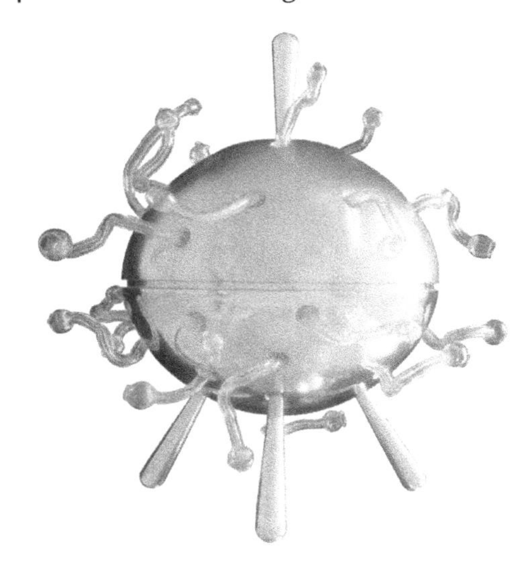

Produto | Aromatizador Faro
Design | Chico Lobo
Produção | Própria
Ano | 1999
Foto | Chico Ottoni
Fig. 108

De acordo com McEvedy e Jones, *"na sua fase inicial, grande parte do fluxo de mão-de-obra foi indiscutivelmente forçado. Entre 1500 e 1850, por exemplo, os mercantes brancos transportaram 9,5 milhões de escravos da África para a América, sendo que 4 milhões foram para o Caribe, 3,5 milhões para o Brasil e mais de 400 mil para o sul dos Estados Unidos [...] no século XIX assistimos o período das grandes imigrações (entre 1845 a 1914); nesta época 41 milhões de pessoas emigraram para as Américas, principalmente da Europa para os Estados Unidos"*.[238]

Releve-se que foi justamente este processo migratório, em nome da busca de mão-de-obra necessária, que contribuiu com o desenvolvimento industrial na primeira modernidade. Deve-se considerar, por outro lado, que os imigrantes traziam consigo as suas culturas de origem, que muitas vezes se confrontavam com a cultura local. Não se pode subestimar o fato de que o

[238] McEVEDY, C. e JONES, R. *Atlas of world population history.* Harmondsworth: Ed. Penguin, 1978, p.279.

encontro entre culturas diversas em um mesmo local levou à quebra de paradigmas culturais e ao surgimento de novos modelos comportamentais.

Produto | "Toquinho" Saca-rolha/ Abridor
Design | Luciano Devià
Produção | IKKO
Ano | 2005
Foto | Arquivo da empresa
Fig. 109

Será mesmo o encontro entre autóctone e estrangeiro o ponto de partida para entendermos a cultura globalizada como um modelo que apresenta características mais caóticas que ordenadas, produto da eterna tensão entre referências locais e globais. Segundo Bauman, *"os estrangeiros nem sempre são capazes de adequar-se às condições de ordem [...] o estrangeiro dissemina a incerteza no terreno em que deveria crescer a certeza e a transparência"*.[239]

Parece que é mesmo o encontro entre estrangeiros de proveniências distintas que distingue o modelo atual daquele da primeira modernidade. No modelo precedente, que tinha como base o equilíbrio e a estrutura funcional, não existia espaço para a "desordem", no sentido de que este se fundamenta como uma sociedade linear e programada. No novo modelo que se estabelece, ao contrário, no seu propósito de ser uma sociedade multiétnica e multicultural, há, pelo menos hipoteticamente, *vexata quaestio*, espaços para as anomalias e para as incertezas de percurso.

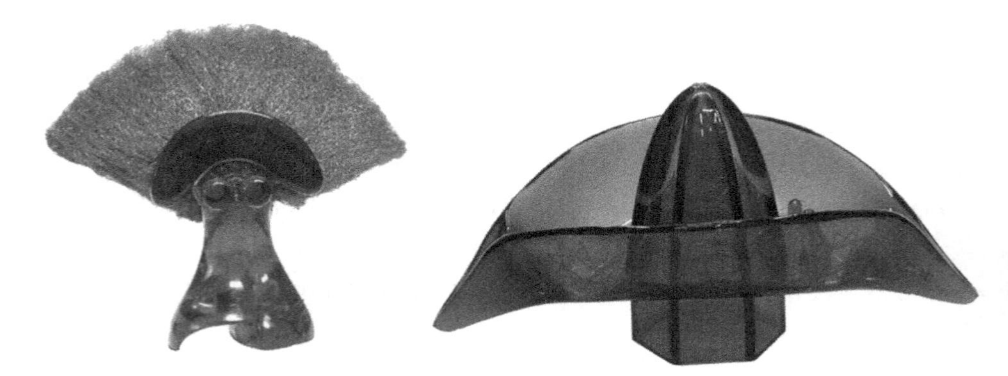

Produto | "Virgulino" Porta esponja de aço e "Corisco" Espremedor frutas cítricas
Design | Luciano Devià
Produção | IKKO
Ano | 2005
Foto | Arquivo da empresa
Fig. 110

"Seguindo a mesma opinião de Jeremy Bentham, Michel Foucault evidencia que o fluxo do controle de cima para baixo era o traço que ligava uma série de invenções modernas de funções diferenciadas, como: a escola, o quartel militar, os hospitais, as clínicas psiquiátricas, os hospícios, os distritos industriais e as prisões. Todas estas instituições eram fábricas de ordem; e,

[239] BAUMAN, Zygmunt. La società dell'incertezza. Bologna: Il Mulino, 1999, p.56.

como todas as fábricas, eram locais de atividades estruturadas de maneira proposital para se obter um resultado pré-estabelecido: neste caso, tratava-se de restaurar a certeza, eliminar as casualidades, tornar os comportamentos dos seus próprios membros regulares e previsíveis, ou melhor, 'certos'. Esta nova ordem, observa sutilmente Bentham, exigia somente 'pronta vigilância, separação, solidão, trabalho forçado e instrução', uma série de elementos suficientes para punir os rebeldes, controlar os loucos, recuperar os depravados, confinar os suspeitos, provir de trabalho os ociosos, ajudar os mais fracos, curar os doentes, planejar a vontade em cada campo ou formar as próximas gerações em um longo itinerário de educação [...] Os homens eram destinados a ser felizes, o quanto parece, porque a fonte mais profunda da sua infelicidade era a incerteza; eliminar a incerteza da existência, colocar no seu lugar a certeza como necessidade, o que vem a ser, no entanto, um pouco triste e doloroso, e assim estaríamos quase na metade: o feliz mundo da ordem reconstituída".[240]

Produto | "St ng" Escova multi-uso
Design | Luciano Devià
Produção | IKKO
Ano | 2005
Foto | Arquivo da empresa
Fig. 111

No modelo global, ao contrário, são propriamente a desordem e a incerteza que aparecem de maneira marcante. Esse fato, curiosamente, gera novas energias (positivas e negativas) para todos os âmbitos humanos em

[240] *Ibidem*, p.102.

transformação: cultural, disciplinar e profissional, compreendendo da mesma forma a atividade de design. De acordo com Beck, *"todavia, quando se manifesta uma semelhante tendência à dissolução, se coloca ao mesmo tempo a seguinte questão: quais novas formas de vida emergem onde aquelas velhas, fixadas pelas religiões, pelas tradições e pelo Estado, se desmantelam?"*.[241]

Produto | Rock in Rio Café: projeto de identidade visual integrada
Design | Valéria London Design
Produção | Artplan
Foto | Marcos Morteira
Ano | 1996
Fig. 112

No nosso entender, todas estas questões abordadas por Bauman e Beck, em um sentido mais amplo, não se apresentam desvinculadas do processo de transformação dos modelos existentes dentro da cultura material e do design. No modelo global que se estabelece, este processo de complexa renovação não ocorre de forma localizada, mas, ao contrário,

[241] BECK, Ulrich. *I rischi della libertà.* Bologna: Il Mulino, 2000, p.05.

promove transformações em todas as estruturas possíveis e imagináveis das atividades humanas, incluindo a atividade de design, que, da mesma maneira, tende a apresentar novas oportunidades e questionamentos que comporão por sua vez o seu percurso evolutivo.

Produto | Rock in Rio Café: projeto de identidade visual integrada
Design | Valéria London Design
Produção | Artplan
Foto | Marcos Morteira
Ano | 1996
Fig. 113

A partir deste ponto, vem à luz, nesta análise, o natural confronto entre o modelo global em curso e a experiência brasileira até então vivenciada e ainda em estado de metabolismo. O Brasil apresenta uma espécie de modelo local particular, em forma de mini-globalização, que se desenvolve e se renova, em constante movimento, e por isso mesmo se mantém vivo. A experiência brasileira, até este ponto, é entendida como um laboratório cheio de tensão entre energias múltiplas. Isso, como já visto precedentemente, provém da multiculturalidade que é a base formativa do próprio país.

Reconhece-se, de fato, que, por ser o Brasil um país composto de um mix étnico e cultural, existiria mesmo uma tendência para um possível alargamento na interpretação e no formato das suas regras comportamentais. Mas se reconhece, igualmente, que esta heterogeneidade brasileira levou o país à prática de uma admirável tolerância e a um equilíbrio na convivência social.

Produto | Frasco de Perfume
Design | Eduardo e Elizabeth Prado
Produção | Própria
Ano | 2000
Foto | Gearte Studio
Fig. 114

O Brasil, de fato, ocupa um posto bastante especial quando comparado a outras nações multiculturais existentes, como Suíça, Estados Unidos, Canadá e Austrália. Sabe-se que o Brasil vive a sua experiência de heterogeneidade social de maneira bastante diversa destes outros países. No caso da Suíça, por exemplo, não se constata, na formação de sua cultura múltipla, a presença de negros ou povos extra-europeus. A experiência multicultural da Suíça é constituída somente por povos da Europa central (os *mitteleuropeo* – Itália; *mitteleuropäisch* – Alemanha). Não obstante esta particularidade de ser formada somente por povos da Europa, a Suíça não foi capaz de promover a unidade linguística, mesmo tratando-se de um minúsculo território geográfico. O mesmo pode ser observado no Canadá, país que, apesar de manter um equilíbrio e uma harmonia entre suas múltiplas culturas, apresenta duas línguas oficiais: o inglês e o francês.

Nos Estados Unidos, a multiculturalidade não tem caráter harmônico e integrativo. A experiência americana, apesar de toda a riqueza produzida naquele país, ainda não promoveu um nível de igualdade social, e nem mesmo se deu espaço para o surgimento (com grande diversidade) de novas raças provenientes do encontro entre os povos distintos, como ocorrido no Brasil. É interessante notar que, no passado, os imigrantes norte-americanos viveram durante séculos fechados em guetos, em verdadeiros territórios demarcados de acordo com origem e raça dos seus habitantes, que lutavam entre si pelo poder local. Hoje, não obstante os avanços obtidos nesse sentido, ainda há sérios problemas a se enfrentar até que se alcance uma convivência pacífica entre os diversos grupos étnicos naquele país.

Produto | Coleção Rute Salomão – Inverno 2001
Design | Ronaldo Fraga
Produção | Ronaldo Fraga
Ano | 2001
Foto | Arquivo do autor
Fig. 115

"A partir dos anos setenta, os artistas americanos foram se sentindo cada vez mais livres para trabalhar simultaneamente com técnicas diversas. Esta tendência, conhecida como pluralismo, foi alimentada em parte pela lenta afirmação das diversidades étnicas e de gênero nas artes [...] Em escala nacional, a idéia diversidade – do valor da diferença racial, étnica, sexual e política – foi afirmada nos anos noventa. A pesquisa sobre a diversidade entrou no debate político, na cultura popular e nas academias [...] As principais questões, dentre as abordadas, foram: a raça, a identidade sexual e o corpo. Os artistas afro-americanos, como Glenn Ligon e Gary Simmons, entre outros, realizaram pinturas e esculturas que descobriam modos novos de examinar a velha divisão racial do país".[242]

[242] PRATHER, Marla e MILLER, Dana. *New York Renaissance.* Milano: Electa, 2002, p.157.

De acordo com o professor Fernando Conceição, da Universidade Federal da Bahia, autor do livro *Negritude Favelada*, *"Da mestiçagem, os estadunidenses têm pavor. Já no Brasil, se quiséssemos exterminar os mestiços, teríamos que começar o serviço dentro de casa, matando o pai, a mãe ou o irmão, o que soa totalmente despropositado e surreal"*.[243]

Produto | Coleção São Zé – Verão 2003-2004
Design | Ronaldo Fraga
Produção | Ronaldo Fraga
Ano | 2004
Foto | Arquivo do autor
Fig. 116

No âmbito brasileiro, como se sabe, a realidade multiétnica fez surgir diversas "novas raças humanas" do encontro entre povos distintos que não tinham ligações precedentemente. Vale a pena ressaltar o encontro do índio com o negro, que fez surgir o cafuzo; do índio com o branco, que fez surgir o mameluco; e do branco com o negro do qual surgiu o mulato ou mestiço. É

[243] CONCEIÇÃO, Fernando. As cotas contra o apocalipse. *Folha de São Paulo*, São Paulo, 4 jul. 2004. Caderno Mais, p.03.

interessante notar que, desses encontros de raças no Brasil, surgiram ainda diversas outras mestiçagens derivantes, como o caboclo, o curiboca e o caburé.

Produto | Coleção Quem matou Zuzu Angel – Verão 2001-2002
Design | Ronaldo Fraga
Produção | Ronaldo Fraga
Ano | 2002
Foto | Arquivo do autor
Fig. 117

Uma outra característica que distingue o povo brasileiro do norte-americano se explicita nestas palavras de Ribeiro: *"é de assinalar que, apesar de feitos pela fusão de matrizes tão diferenciadas, os brasileiros são, hoje, um dos povos mais homogêneos lingüística e culturalmente e também um dos mais integrados socialmente da Terra. Falam uma mesma língua, sem dialetos. Não abrigam nenhum contingente reivindicativo de autonomia, nem se apegam a nenhum passado. Estamos abertos é para o futuro"*.[244] Na verdade, percebemos aí uma espécie de leveza (por que não dizer uma certa "ingenuidade", que faz também parte do perfil do homem local) que é

[244] RIBEIRO, Darcy. *O povo brasileiro*: a formação e o sentido do Brasil. São Paulo: Companhia das Letras, 1995, p.448.

própria do povo brasileiro, que não traz consigo, como ocorre nos Estados Unidos, um eterno sofrimento por um passado não vivido.

De fato, enquanto os americanos procuraram reconstruir de maneira surreal um passado não existente através, por exemplo, de reproduções de templos e palácios gregos, egipcianos, indianos e europeus (recorda-se, entre outros, o *Taj Mahal*, reconstruído pelos americanos nos mínimos detalhes), os brasileiros, ao contrário, procuraram construir um modelo de cidade do futuro, sua capital modernista. Brasília foi idealizada como símbolo maior da modernidade local e como perspectiva de futuro para o país.

O fato de o Brasil trazer em sua base formativa um reconhecido *mélange* cultural, levando-o a desenvolver-se como cultura cada vez mais múltipla, sincrética e plural, proporcionou aos brasileiros uma prática pacífica de convivência com o diferente, uma diversidade cultural em equilíbrio e uma prática religiosa tolerante. Tudo isto sucede no Brasil como um laboratório de uma micro-globalização.

Produto | Livro Futebol-Arte
Design | Jair de Souza
Produção | Editora Senac São Paulo/Empresa das Artes
Ano | 1998
Foto | José Luis Pederneiras e Shaum Botterill/Allsport
Fig. 118

Medalha de prata na International Book Art Competition em Leipzig/Alemanha

a globalização e o Brasil

Nos anos noventa, fase reconhecida como de grande expansão e forte desenvolvimento do processo de globalização, o Brasil, como um *Newly Industrialized Country* – NIC e com grande potencial de crescimento do consumo interno, desponta aos olhos dos investidores mundiais e das empresas transnacionais – ETNs, entre os mercados mais promissores do mundo, juntamente com a China e a Coréia do Sul. Os efeitos da globalização se fazem sentir de forma bastante acentuada no país, tanto em termos de velocidade das transformações quanto pelo número de acordos comerciais realizados em um breve período de tempo. Empresas provenientes de todas as partes do mundo (principalmente dos países ricos ocidentais mais o Japão) que procuravam estabelecer novas relações produtivas e comerciais em nível global "invadiam" o território brasileiro, principalmente no período compreendido entre 1990-2000, época de forte avanço da globalização.

Este fenômeno ocorre através do programa de privatização das empresas públicas, do estabelecimento de novas multinacionais, das *joint ventures* entre empresas provenientes de diversos países, ou por meio de fusão e/ou aquisição de um grande número de empresas locais. O governo brasileiro, em sintonia com a política neoliberal (que se dissemina pelo mundo ocidental a partir dos anos noventa), foi amplamente benevolente (como já havia sido precedentemente nos anos sessenta, quando do estabelecimento das multinacionais) ao promover ações, como as apontadas na tabela 13 abaixo, que buscavam favorecer novos estabelecimentos de empresas globais no nosso território.[245]

[245] ROCHA, F.; IOOTTY, M.; FERRAZ, J.C.. *Desempenho das fusões e aquisições na industria brasileira na década de 90.* Rio de Janeiro: Ed. UFRJ, 2000, p.04.

Tabela 13

I	**Extinção**, em 1991, das restrições à entrada de empresas trasnacionais – ETNs no setor de informática.
II	**Eliminação**, em outubro de 1993, do limite imposto à participação do capital estrangeiro no processo de privatização.
III	**Eliminação**, por meio de uma emenda constitucional de 1994, da possibilidade legal de estabelecimento de diferenciação entre empresas nacionais e estrangeiras, o que tornou possível às ultimas o acesso a agências oficiais de crédito e a subsídios e incentivos concedidos pelo governo.
IV	**Isenção** de Imposto de Renda sobre a remessa de lucros e de dividendos por filiais de empresas estrangeiras no país, com exceção dos ganhos obtidos com aplicações de renda fixa, que pagam uma alíquota de 15%.
V	**Eliminação**, decidida em votação no Congresso em 1995, de uma série de restrições à propriedade industrial, principalmente a proibição do registro de patentes a produtos de base bioquímica.
VI	**Extinção**, por decreto, da proibição de remessas referentes a pagamento de *royalties* por marca e patentes de empresas multinacionais.
VII	**Remoção**, na reforma constitucional de 1995, das restrições setoriais à entrada do capital estrangeiro nos setores de serviços (mais notadamente no setor financeiro), atividades extrativas (iniciativa pela perda do monopólio estatal do petróleo), e telecomunicações.
VIII	**Liberação** financeira que criou condições mais favoráveis para as ETNs estabelecidas no país, ao eliminar as restrições ao uso de recursos do sistema financeiro nacional, nomeadamente, o acesso aos fundos do BNDES.

Fonte: Tabela de ROCHA, F.; IOOTTY, M.; FERRAZ, J.C. *Desempenho das fusões e aquisições na indústria brasileira na década de 90.* Rio de Janeiro: UFRJ, 2000.

É importante salientar que a globalização no Brasil sucede de forma reconhecidamente marcante. De modo especial, salientam-se as fusões e aquisições (F&A) entre empresas globais e locais, através de acordos entre as empresas globais já instaladas no Brasil ou mesmo entre as próprias empresas locais. No período entre 1990-1999, as transações de F&A alcançam o impressionante número de 1.149. É importante notar que, deste total de acordos, 581 empresas, isto é 51%, eram do setor produtivo industrial. No biênio 1997-1998, registra-se um número superior a 720 acordos comerciais. Isso corresponde à admirável proporção de um acordo comercial ao dia, por um período de ininterruptos dois anos. Os acordos neste período atingiram valores que superaram os vinte e seis bilhões de dólares.[246]

Tabela 14

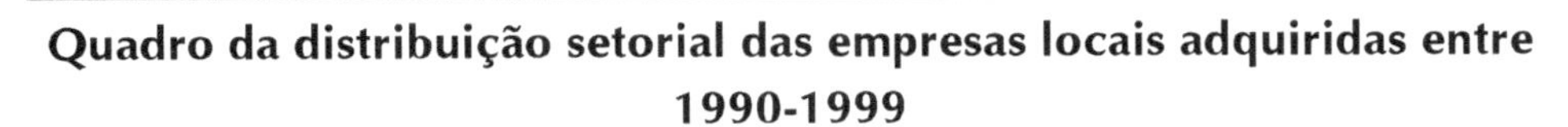

Quadro da distribuição setorial das empresas locais adquiridas entre 1990-1999

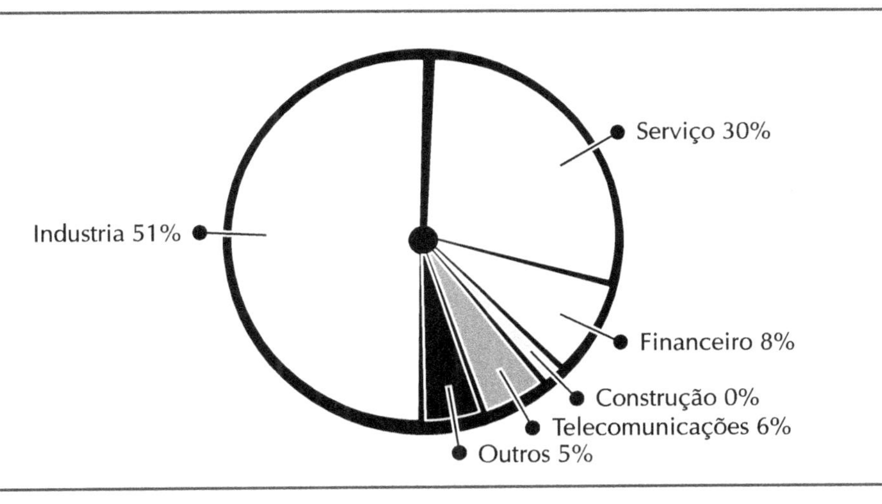

Fonte: Tabela de ROCHA, F.; IOOTTY, M.; FERRAZ, J.C. *Desempenho das fusões e aquisições na indústria brasileira na década de 90.* Rio de Janeiro: UFRJ, 2000.

De uma maneira geral, no que diz respeito às empresas adquiridas entre 1990-1999, a maioria dos investimentos foram no âmbito da produção de bens industriais e de transformação. Este fato fez do Brasil um dos primeiros dentre os novos países industrializados a alcançar uma nova ordem produtiva mundial.

---

[246] Ver: ROCHA, F.; IOOTTY, M.; FERRAZ, J.C.. *Desempenho das fusões e aquisições na industria brasileira na década de 90.* Rio de Janeiro: Ed. UFRJ, 2000, 23p.

Ver também: KPMG Corporate Finance. *Pesquisa Fusões & Aquisições*: Transações Realizadas no Brasil 1994-2000. Rio De Janeiro: Relatório da empresa, 2000, 15p.

Na pesquisa realizada por Rocha, Iootty e Ferraz sobre o processo de desenvolvimento das fusões e aquisições (F&A) na indústria brasileira, durante os anos noventa, observa-se o seguinte: *"A influência da concorrência oligopolista internacional sobre as transferências patrimoniais no Brasil pode ser ilustrada pelo caso da indústria de eletrodomésticos de linha branca, dos quais a Whirlpool e a Electrolux, líderes e detentoras de importante parcela do mercado mundial, são as principais adquirentes no Brasil".*[247]

Havia, naturalmente, um grande interesse das empresas estrangeiras no processo de privatização das empresas estatais locais, que se deu em duas etapas: *"O programa de privatização brasileiro pode ser dividido em duas fases. A primeira delas, no período 90-94, foi marcada pela privatização das empresas dos setores de siderurgia, fertilizantes e petroquímica. A segunda, no período 95-98, se caracterizou pela inclusão dos setores de mineração, financeiro e serviços públicos (eletricidade, comunicação e transportes)".*[248]

Notou-se um grande interesse do capital externo nas empresas de telecomunicações, tecnologia da informação, e ainda nas empresas energéticas e instituições financeiras.[249] Notou-se também que as fusões e aquisições de certo modo modificaram o significado de propriedade no Brasil.

Em reportagem publicada pela revista *Exame* no ano de 1998, se descreve a quantidade de acordos e negócios ocorridos com sucesso durante o apogeu do processo de globalização no âmbito nacional: *"Em 1997, cerca de 13 bilhões de dólares em capital estrangeiro foram aplicados em fusões e aquisições de empresas brasileiras. Companhias internacionais compraram ou se associaram a mais de 200 negócios anteriormente controlados por empresários locais. São números, cifras, transações financeiras. Mas são, acima de tudo, o sinal de uma das maiores transformações da*

---

[247] ROCHA, F.; IOOTTY, M.; FERRAZ, J.C.. *Desempenho das fusões e aquisições na industria brasileira na década de 90.* Rio de Janeiro: Ed. UFRJ, 2000, p.20.

Ver Também: ONO, Maristela Mitsuko. Design Industrial e Globalização: a tradução das funções dos objetos, diante das questões de diversidade cultural. In: P&D DESIGN 2000, 2000, Novo Hamburgo. *Anais.* Novo Hamburgo: Fevale, 29 out. a 01 nov. 2000, p.0781-0789.

[248] ROCHA, F.; IOOTTY, M.; FERRAZ, J.C. *Desempenho das fusões e aquisições na industria brasileira na década de 90.* Rio de Janeiro: Ed. UFRJ, 2000, p.03.

[249] KPMG Corporate Finance. *Pesquisa Fusões & Aquisições*: Transações Realizadas no Brasil 1994-2000. Rio De Janeiro: Relatório da empresa, 2000, p.07-12.

história do capitalismo brasileiro [...] O que era local agora é global. O que era possessão familiar agora é de milhares de acionistas anônimos espalhados pelo mundo. O que, muitas vezes, era conformismo agora é a paranóia da competitividade mundial".[250]

A mudança de cenário no Brasil para o modelo de globalização começa de maneira eufórica. Isto foi devido à grande quantidade de investimento (o que Gilpin denomina de dinheiro globalizado) que chegou ao Brasil em um curtíssimo período de tempo, para adquirir e remodelar as empresas locais, Isto é, adaptá-las à nova realidade de produção mundial e do sistema financeiro global. Era mesmo curioso ver, nos anos noventa no Brasil, os empresários locais ansiosos por vender a própria empresa ou promover ligações com empresas globais, como se isto constituísse a panacéia para a incerteza e a instabilidade após a abertura do mercado interno ao capital de produção global.

Essa nova experiência, no entanto, passados dez anos de seu início, não se revelou, como se esperava, um antídoto para os males do país, mas, ao contrário, em certo sentido, acabou por tornar ainda mais complexa a realidade local.

Para melhor entendermos o percurso brasileiro rumo à globalização, é necessário analisar o desenvolvimento da industrialização no Brasil, ou melhor, o seu processo de transformação de país agrícola em importante país exportador de bens industriais em escala mundial, conforme veremos nas tabelas 15, 16 e 17 que se seguem, onde tomamos como referência o período compreendido entre 1963, ano do estabelecimento oficial do ensino de design no Brasil, e 1998, ano em que o país desponta como membro protagonista junto aos novos países industrializados e assume lugar de destaque entre as economias do mundo.

No ano 1963, o país não apresentava ainda nenhum artefato industrial entre os dez primeiros produtos de exportação. Como se comprova através da tabela 15, figuram entre eles somente produtos agrícolas e de *comodities*, que, é sabido, se apresentam com baixo valor na economia de mercado mundial.

---

[250] VASSALLO, Cláudia. Como o capital estrangeiro está mudando a cara das empresas brasileiras. *Exame*, São Paulo, n. 655, p.01-06, 11 fev. 1998.

Tabela 15

Desenvolvimento da exportação do produto brasileiro Posição dos Produtos em **1963** (ano em que se estabelece o ensino de design no Brasil)	
1	Algodão;
2	Minerais Metálicos;
3	Madeira;
4	Hematite;
5	Sisal;
6	Manganês;
7	Fumo/Tabaco;
8	Grãos: Soja/Amendoim/Óleo;
9	Cera Vegetal;
10	Pele e Couro.

Fonte: Anuário Estatístico IBGE. Rio de Janeiro, 1964, p.160-165.

Nota: Observar a **ausência de artefatos industriais** entre os 10 primeiros bens de exportação brasileiros no ano de **1963**.

A exportação de bens industriais e de produtos de transformação no Brasil começa, portanto, a existir somente nos anos setenta. Este período coincide com o milagre econômico brasileiro e com a inserção do país no clube dos novos países industrializados. Aparecem, então, pela primeira vez, no elenco das exportações brasileiras, artefatos industriais tais como sapatos, motores e rádio para automóveis, como nos comprova a tabela 16 abaixo. Era época, então, da industrialização do país sob a ordenança militar e da forte presença das empresas multinacionais. Estas empresas, na sua grande maioria, eram de proveniência norte-americana. Este período é então reconhecido, como visto no capitulo II, como sendo a época de uma industrialização forçada e não espontânea.

Tabela 16

Desenvolvimento da exportação brasileira entre 1966 e 1976	
Posição dos Produtos em **1966**	Posição dos Produtos em **1976**
1 Café	1 Café
2 Algodão	2 Minerais
3 Minerais	3 Soja
4 Açúcar	4 Petróleo
5 Madeira	5 Cacau
6 Hematite	6 Tabaco
7 Cacau	7 Açúcar
8 Lã	8 Laranja
9 Grãos diversos	**9 Sapatos**
10 Borracha	**10 Motores**
	11 Rádio para automóveis

Fonte: Anuário Estatístico IBGE. Rio de Janeiro,1966, p.292.
Anuário IBGE. Rio de Janeiro, 1977, p.527-534.

Nota: Observar a **ausência de artefatos industriais** entre os 10 primeiros bens de exportação brasileiros no ano de **1966**. Notar a presença de somente **03 artefatos industriais** entre os 11 primeiros bens de exportação brasileiros no ano de **1976**.

Os fortes efeitos do processo de industrialização no Brasil começam a ser percebidos somente entre os anos 1976-1986. Nesse período, pela primeira vez, os produtos industrializados superam os bens agrícolas e de *comodities*, como se comprova através da tabela 17 a seguir. Aí já aparecem seis produtos industriais na lista dos onze primeiros produtos de exportação do país: aço, papel celulose, produtos químicos, manufatura em madeira, matérias plásticas e automóveis em geral.

Por fim, confirma-se que em 1998 o Brasil se apresenta com oito bens industriais na lista dos onze primeiros produtos de exportação; vale dizer que, neste período, quase 70% dos produtos de exportação brasileiros são bens e artefatos industriais: automóveis (tratores e similares), reatores nucleares, ferramentas mecânicas, alimentos industrializados, sapatos, materiais eletro-eletrônicos (rádio, vídeo e televisão), aparelhos eletrônicos domésticos e aeronaves.

Tabela 17

Desenvolvimento da exportação brasileira entre 1986 e 1998	
Posição dos Produtos em **1986**	Posição dos Produtos em **1998**
1 Minerais metálicos	1 **Automóveis/Tratores/Similares**
2 **Ferro gusa/Aço**	2 **Reatores nucleares; Ferr. Mecânicas**
3 Açúcar	3 Minerais
4 **Celulose/Papel**	4 **Aço**
5 **Produtos químicos**	5 Café
6 Sementes/Frutas	6 Açúcar
7 Legumes/Hortaliças	7 **Alimentos industrializados p/animais**
8 **Madeira e Manufaturas**	8 **Materiais Elétricos, Rádio, Vídeo e TV**
9 Café/Chá	9 **Aparelhos eletrônicos**
10 **Matéria plástica artificial**	10 **Aeronaves**
11 **Automóveis/Tratores/Motocic.**	11 **Sapatos**

Fonte: Anuário IBGE. Rio de Janeiro, 1987, p.636-640.
Anuário IBGE. Rio de Janeiro, 1998, v. 58, p.763-765.

Nota: Observar a presença de **06 artefatos industriais** entre os 11 primeiros bens de exportação brasileiros no ano de **1986**. Notar a presença de **08 artefatos industriais** entre os 11 primeiros bens de exportação brasileiros no ano de **1998**.

Estes últimos dados coincidem justamente com o forte processo de globalização no Brasil. Neste período, o país vive de fato um momento econômico singular com a entrada do dinheiro globalizado e com a euforia dos investimentos industriais provenientes do exterior. Para melhor entendimento da transformação ocorrida no país, passemos a analisar alguns dados fundamentais que se apresentam durante o percurso de crescimento da produção e da exportação no Brasil a partir dos anos noventa. Estes dados nos auxiliarão também para melhor entendimento sobre as conseqüências e os efeitos de uma industrialização forçada e não espontânea.

Em 1963, o Brasil era ainda reconhecido como um país agrícola e, após trinta e cinco anos de processo de industrialização (1963-1998), ele aparece, já no ano de 1998, no oitavo lugar entre os dez maiores Produtos Internos Brutos – PIBs do mundo. Superando mesmo países de maior tradição industrial e do primeiro mundo como o Canadá e a Espanha, como bem nos demonstra a tabela 18 abaixo.

Tabela 18

Principais PIBs do mundo em 1998		
1	USA	US$ 8.210.600
2	Japão	US$ 3.783.140
3	Alemanha	US$ 2.142.018
4	França	US$ 1.432.902
5	Inglaterra	US$ 1.357.429
6	Itália	US$ 1.171.044
7	China	US$ 960.924
8	**Brasil**	**US$ 778.292**
9	Canadá	US$ 598.847
10	Espanha	US$ 551.923

Fonte: World Development Report 1999/2000 World Bank – Washington, p.262

Em relação à distribuição do seu produto interno bruto, em 1998, o Brasil atinge um montante em torno de $778,292 milhões de dólares, dos quais somente 8% são provenientes da agricultura; 36% provêm da indústria e 56% do serviço.[251] Deve-se considerar que, no período 1990-1995, as exportações de bens e serviços no Brasil cresceram em 7,4%, sendo que 60% deste valor é constituído de produtos industriais. É interessante notar, considerando a tabela 19 abaixo, que o percentual relativo à indústria, 36%, e ao serviço, 56%, individualmente, supera em muito o valor relativo à agricultura, em torno de 8%.

[251] WORLD BANK (Washington, USA). *World Development Report.* Washington: Ed. Oxford University Press, 1999/2000, p.262.

Ainda na tabela 19, aparece, para melhor entendimento, a distribuição do PIB e sua subdivisão por participação percentual: agricultura, indústria e serviço, em três grupos de países distintos: o primeiro, composto pelos países pertencentes ao G7, o segundo, composto pelos seis primeiros *Newly Industrialized Countries* – NICs, e o terceiro grupo é constituído pelos seis países de menores rendas do mundo.

Tabela 19

Distribuição do Produto Interno Bruto – PIB % em 1998					
País	**PIB (Milhões US$)**	**Agricultura**	**Indústria**	**Serviço**	**Grupo**
USA	8.210.600	2%	27%	71%	**G7**
JAP	3.783.140	2%	38%	60%	
ALE	2.142.018	–	–	–	
FRA	1.432.089	2%	26%	72%	
ING	1.357.429	2%	31%	67%	
ITA	1.171.044	3%	31%	66%	
CAN	598.847 (1995)	5% (1980)	40%	55%	
CHI	960.924	18%	49%	33%	**NICs**
BRA	**778.292**	**8%**	**36%**	**56%**	
MEX	393.224	5%	27%	68%	
IND	383.429	25%	30%	45%	
ARG	344.360	7%	37%	56%	
COR	297.900	6%	43%	51%	
ETI	6.568	57%	10%	33%	**Baixa Renda**
MOC	3.959	34%	18%	48%	
ALB	2.460	63%	18%	19%	
RUA	2.082	34%	23%	43%	
ARM	1.628	41%	36%	23%	
NIC	1.971	34%	22%	44%	

Fonte: World Development Report 1999/2000 World Bank – Washington, p.262

Percebe-se que, nos dados relativos aos componentes do grupo G7, as nações tecnologicamente mais desenvolvidas e industrializadas, como os Estados Unidos e o Japão, despontam com baixo percentual no item agricultura, com percentual médio no item indústria e alto percentual no item serviço. No grupo dos NICs, nota-se que o valor percentual relativo à agricultura aparece com um nível médio baixo, aquele relativo à indústria apresenta um nível médio alto e, por fim, o item relativo aos serviços desponta com nível ascendente.

Quanto ao grupo de países de renda baixa (aqueles com o PIB mais baixo do mundo), nota-se, ao contrário dos países do G7 e dos NICs, que o percentual referente à agricultura é muito alto e o percentual relativo à indústria, muito baixo, sendo que o percentual de serviço apresenta-se ainda em crescimento. O Brasil, neste cenário, no ano de 1998 (isto é, mais ou menos na metade do processo da globalização de fato), aparece entre os dez países de economias mais fortes do mundo e em segundo lugar entre os NICs. Atrás, portanto, somente da China.

o impacto e mutação local

O fenômeno de industrialização no Brasil, como se sabe, trouxe consigo diversas transformações dentro de uma sociedade que, em 1960, tinha uma economia reconhecidamente agrícola e de *comodities*. De fato, o processo de industrialização transformou, por fim, o modelo comportamental da população local. Entre outras transformações correlatas, destaca-se o grande desafio da disciplina urbanística, em cujo objeto de estudo se vê de forma evidente as conseqüências de uma industrialização promovida em curto período de tempo como esta ocorrida em território brasileiro. Estas transformações se manifestam através da violência e do caos urbano e através da práxis de erradicar o homem do campo para as novas cidades industriais. Este fato modificou o significado de periferia, ao aumentar em demasia o número de favelas, novo fenômeno urbano nas grandes cidades brasileiras, como se observa na tabela 20, a seguir.

Tabela 20

Concentração da população urbana mundial em 1998		
País	**Percentual**	**Grupo**
USA	77%	**G7**
Japão	79%	
Alemanha	87%	
França	75%	
Inglaterra	89%	
Itália	67%	
Canadá	77%	
China	33%	**NICs**
Brasil	**80%**	
México	74%	
Índia	28%	
Argentina	89%	
Coréia	81%	

Etiópia	17%	**Baixa Renda**
Moçambique	38%	
Albânia	38%	
Ruanda	6%	
Armênia	69%	
Nigéria	42%	

Fonte: World Development Report 1997/2000 World Bank – Washington, p.242.

A transferência da produção industrial do norte para o sul do planeta provocou a explosão do crescimento das cidades como novo fenômeno urbano. O Brasil pode mesmo servir de exemplo, uma vez que, no ano de 1960, o país apresentava um percentual de 55% da sua população no campo e 45% nas cidades, e, após a sua industrialização, no ano 2000, 81% da população concentra-se na zona urbana contra somente 19% na zona rural. Assim, o Rio de Janeiro e São Paulo passam a figurar entre as maiores cidades do mundo, a primeira com cerca de 5.857.904 habitantes e a segunda com aproximadamente 10.434.252, conforme dados oficiais do IBGE do ano 2000 como demonstra a tabela 21 abaixo.

Tabela 21

Transformação urbana no Brasil entre 1960-2000

Ano	Campo	Cidade	População do País
1960	55%	45%	70.967.000
2000	19%	81%	174.445.874.000

Fonte: Anuário IBGE. Rio de Janeiro, 2000.

É verdade que a transformação urbana acarreta uma espécie de mudança ampla e generalizada, isto é, promove diferentes hábitos e novos comportamentos humanos. Isto pode ser comprovado, por exemplo, através da análise da mão-de-obra no Brasil, que, após o fenômeno de industrialização, trouxe de forma desordenada o homem do campo para a cidade. Estes foram chamados como força de trabalho, para suprir a necessidade dos parques produtivos industriais, em expansão, como nos comprova a tabela

22 a seguir. Já nos referimos anteriormente às conseqüências do processo migratório no mundo globalizado (Beck e Bauman), que intensificou, dentre outros, o conflito entre autóctone e estrangeiro.

Os movimentos migratórios no Brasil fazem crescer a miscelânea étnica e cultural já existente, ao colocar vis-à-vis população do campo e urbana, com suas particularidades, ritos e crenças distintas.

Tabela 22

Mão-de-obra empregada na indústria em 1990		
País	**Percentual**	**Grupo**
USA	28%	**G7**
Japão	34%	
Alemanha	38%	
França	29%	
Inglaterra	29%	
Itália	32%	
Canadá	25%	
China	15%	**NICs**
Brasil	**23%**	
México	24%	
Índia	16%	
Argentina	32%	
Coréia	35%	
Etiópia	8%	**Baixa**
Moçambique	8%	**Renda**
Albânia	23%	
Ruanda	3%	
Armênia	2%	
Nigéria	7%	

Fonte: World Development Report 1997/2000 World Bank – Washington, p.231.

No Brasil, como se pode ver, o processo de industrialização e de globalização promoveu grandes transformações no cenário local. Principalmente entre 1990-2000, quando houve uma pronunciada aceleração do crescimento industrial. Este período é considerado como o da globalização real. Na verdade, estas transformações tornam-se visíveis e incontestes, a partir dos resultados econômicos obtidos pelo país e dos dados da produção industrial já indicados.

De fato, se observarmos os dados do *Anuário Estatístico da Indústria Automobilística Brasileira – ANFAVEA/Statical Yearbook of the Brazilian Automotive Industry – 1999*,[252] eles nos fazem entender o peso do Brasil no cenário internacional no setor de produção automobilística. Segundo esta publicação, o Brasil desponta, no ano de 1999, no oitavo lugar entre os países com maior quantidade de automóveis, com uma frota de cerca de 18.725 veículos. O Brasil desponta ainda como o décimo produtor mundial de automóveis, produzindo entre os anos 1989-1998 cerca de 14.022 unidades, e como o décimo segundo lugar entre os principais exportadores mundiais de veículos.

A produção de automóveis se expande reconhecidamente de modo notável. Até 1996, se estabelecem no país vinte e nove indústrias automobilísticas e, após o ano de 1996, outras vinte estavam em fase de instituição.[253] Em 1997, como nos comprova a tabela 23 que segue, o Brasil bateu o seu *record* em produção de automóveis: 2.069.703 unidades de veículos. Ficou atrás somente da força produtiva norte-americana.

---

[252] Statistical Yearbook of the Brazilian Automotive Industry/Anuário Estatístico da Indústria Automobilística Brasileira – ANFAVEA, 1999, 220p. Disponível em: <www.anfavea.com.br.>. Acesso em 20 de Agosto de 2002.

[253] ASSOCIAÇÃO NACIONAL DOS FABRICANTES DE VEÍCULOS AUTOMOTIVOS (Brasil). *Anuário Estatístico da Indústria Automobilística Brasileira*. São Paulo, 1999, p.207.

Tabela 23

Produção brasileira de automóveis	
Ano	**Número de automóveis**
1963	174.191
1973	750.376
1983	896.462
1993	1.391.435
1997	2.069.703 (ano record)
1998	1.585.630

Fonte: ASSOCIAÇÃO NACIONAL DOS FABRICANTES DE VEÍCULOS AUTOMOTIVOS (Brasil). *Anuário Estatístico da Indústria Automobilística Brasileira.* São Paulo, 1999, p.69.

Sabe-se, sobretudo, que os números de produção e faturamento apresentados pelas indústrias automobilísticas transnacional em território brasileiro são bastante significativos. Mas estes números não despontam como única fonte de referência para o forte desenvolvimento industrial ocorrido no âmbito brasileiro. Também em outros segmentos industriais o Brasil apresentou acentuado crescimento produtivo e econômico. A reportagem "O Brasil que atrai e começa a incomodar os ricos", publicada em uma grande revista de circulação nacional, em 2001, faz alusão a um relatório tutelado pelo influente *Council on Forein Relations of New York*, entregue ao presidente George Bush, com o intuito de mantê-lo informado sobre a nova realidade brasileira e legitimar o posto ocupado pelo Brasil como *leader* no continente sul-americano. Neste documento, o Brasil é definido como *"o segundo maior mercado do mundo para jets e helicópteros privados, o segundo, para telefones celulares, o quarto, para frigoríficos e o terceiro mercado para refrigerantes".* A mesma reportagem define ainda o Brasil como: *"O primeiro exportador mundial de suco de laranja, o segundo país que recebe mais investimentos estrangeiros entre os novos países industrializados (depois da China), o segundo produtor mundial de soja, o terceiro consumidor mundial de motocicletas, o quarto fabricante mundial de aeronaves de autonomia de vôo regional, o quinto consumidor de CD musical, o sétimo exportador de sapatos e, por fim, o oitavo usuário de cartões de crédito do mundo".*[254] Estes números nos confirmam o posto alcançado pelo Brasil, como novo produtor e como grande consumidor, no mercado global, e ainda como verdadeiro protagonista entre os novos países industrializados, os denominados NICs.

No entanto, observemos que estes impressionantes números brasileiros, quando colocados em confronto com as economias dos países mais desenvolvidos e industrializados do G7, perdem um pouco de impacto. Acentua-se, por outro lado, que estes mesmos números tornam-se grandiosos quando colocados em confronto com os dos países de baixa renda, ou ainda não industrializados. No âmbito da informação e da comunicação (cultura), a capacitação de um país pode ser medida através da posse de bens industriais informáticos e de comunicação como acesso a telefone fixo, telefone celular, televisores e rádios. O Brasil, neste campo, se mantém à frente de muitos países e aproxima-se de alguns dos membros do G7, como o Canadá, fica em segundo lugar dentro do clube dos novos países industrializados, juntamente com a Coréia do Sul, e atrás somente da China. Entretanto, quando estes dados são comparados com os dos países de baixa renda, que não foram capazes de passar da economia agrícola para a industrial, atesta-se um verdadeiro *gap* entre eles.

Basta analisar dados de países como a Etiópia, Angola, Ruanda e Moçambique, que estão entre os PIBs mais baixos do mundo como nos comprova a tabela 24 a seguir.

---

[254] O BRASIL que atrai e incomoda os ricos. *VEJA*, São Paulo, n. 1688, p.41-44, 21 fev. 2001. Disponível em <www.veja.com.br>. Acesso em: 16 de abril de 2002.

Tabela 24

Dados sobre a Comunicação e Cultura no Mundo – Ano 1997					
País	**Telefone fixo**	**Telefone Celular**	**Televisão**	**Rádio**	**Grupo**
USA	172.452.000	55.312.292	219.000	575.000	**G7**
Japão	60.381.000	38.253.892	86.500	120.500	
Alemanha	45.200.000	8.170.000	46.500	77.800	
França	3.700.000	5.817.300	34.800	55.300	
Inglaterra	31.878.000	8.933.000	30.500	84.500	
Itália	25.698.000	11.737.904	30.300	50.500	
Canadá	18.460.000	4.207.000	36.500	2.300	
China	70.310.000	13.233.000	400.000	417.000	**NICs**
Brasil	**17.039.000**	**4.400.000**	**36.500**	**71.000**	
México	9.254.000	1.746.972	25.600	31.000	
Índia	17.802.000	881.839	63.000	116.000	
Argentina	6.824.000	2.009.073	7.950	24.300	
Coréia	20.422.000	6.910.496	15.900	47.500	
Etiópia	157.000	–	320	11.700	**Baixa**
Moçambique	66.000	12.500	90	730	**Renda**
Albânia	87.000	3.300	150	630	
Ruanda	15.000	–	06	601	
Armênia	580.000	6.220	825	850	
Nigéria	128.000	7.052	–	–	

Fonte: Statistical Yearbook 1997/United Nation. New York – USA., p.111-161

Outra questão interessante, ainda por ser considerada, no âmbito da comunicação e cultura, diz respeito à quantidade de títulos publicados entre os anos 1991-1996. Da mesma maneira, considera-se a quantidade de jornais, revistas e periódicos existentes dentro de cada país, como analisado através da tabela 25 que segue.

Tabela 25

Dados sobre a Comunicação e Cultura no Mundo – Ano 1996			
País	**Títulos Publicados**	**Jornais Cotidianos**	**Grupo**
USA	68.175	1520	**G7**
Japão	56.221	122	
Alemanha	71.515	375	
França	34.766 (1995)	117	
Inglaterra	107.263	99	
Itália	35.236	78	
Canadá	19.900	107	
China	100.951 (1994)	46 (1995)	**NICs**
Brasil	**21.574** (1994)	**380**	
México	–	295	
Índia	11.643	1.802 (1985)	
Argentina	9.850	181	
Coréia	30.487	63	
Etiópia	240 (1991)	04	**Baixa**
Moçambique	–	02	**Renda**
Albânia	381 (1991)	05	
Ruanda	–	01	
Armênia	396	11	
Nigéria	–	04	

Fonte: Statistical Yearbook 1997/United Nation. New York – USA, p.111-161.

Soma-se a tudo isto a avaliação atual sobre a quantidade de computadores pessoais e de acesso à Internet, como elementos para entender o grau de desenvolvimento, informação e cultura de cada nação. Principalmente hoje, diante da realidade pós-industrial e do cenário de segunda modernidade que se estabelece. O uso destas novas ferramentas que disseminam rapidamente o conhecimento é definido por tantos estudiosos como sendo os tempos atuais, a era da informação e do saber. Por isto mesmo, estes dados merecem da mesma forma a nossa atenção e análise. Vejamos a tabela 26 abaixo.

Tabela 26

Dados sobre a Comunicação e Cultura no Mundo – Ano 1997 e 1999

País	**Personal Computer** Por 1.000 hab. **1997**	**Acesso à Internet** Por 10.000 hab. **1999**	**Grupo**
USA	406,7	1.131,52	**G7**
Japão	202,4	133,53	
Alemanha	255,5	160,23	
França	174,4	82,91	
Inglaterra	242,4	240,99	
Itália	113,0	58,80	
Canadá	270,6	364,25	
China (mais Hong Kong)	230,8	122,71	**NICs**
Brasil	**26,3**	**12,88**	
México	37,3	11,64	
Índia	2,1	0,13	
Argentina	39,2	18,28	
Coréia	150,7	40,00	
Etiópia	–	0,01	**Baixa**
Moçambique	1,6	0,08	**Renda**
Albânia	–	0,30	
Ruanda	–	–	
Armênia	–	1,01	
Nigéria	5,1	0,03	

Fonte: World Development Report 1999-2000/World Bank. Washington – USA, p.276.

Outro aspecto relevante no caso Brasil é o crescimento no campo do ensino em geral. O Brasil de hoje conta com mais de novecentos institutos superiores que compreendem praticamente todas as áreas do conhecimento humano. Somente no campo do design, o país conta na atualidade com um número que extrapola 100 institutos superiores, mil e quinhentos docentes e vinte mil estudantes.[255]

Estes números são bastante significativos, se considerarmos que somente nos anos sessenta o Brasil institui o seu primeiro curso superior em design. É importante notar que hoje exista mais instituições de ensino de design que de outros cursos de áreas mais tradicionais e já consolidadas no país. No entanto, o mercado não absorve todos os novos designers, ou seja, a profissão não atingiu ainda sua fase madura.

Bonsiepe, em 1991, ao desenvolver um mapeamento das cinco fases do design na periferia,[256] denomina a última delas de a fase soberana. De acordo com o autor, esta fase de soberania poderá ainda ser alcançada no futuro pelos países de Terceiro Mundo.

Ao lado disso, considere-se o fato de o design brasileiro apresentar melhores resultados em projetos conceituais acadêmicos (como em um laboratório experimental) que na produção industrial local. Curiosamente, parece ser esta a realidade em todos os novos países industrializados.

Um outro dado do ensino de design nos países de recente industrialização, incluindo o Brasil, é a grande quantidade de profissionais que obtêm títulos de doutorado no exterior, com bolsas de estudo emitidas pelas agências governativas locais.[257] Estes bolsistas retornam como pesquisadores,

---

[255] Fonte: Dados do Programa de Indução ao Design do Conselho Nacional de Desenvolvimento Científico e Tecnológico – CNPq. Brasília – DF, 2001.

[256] As cinco fases apontadas no modelo desenvolvido por Gui Bonsiepe são: o período de gestação, o período da institucionalização, o período de expansão e de início de consolidação e, por fim, o período soberano. (BONSIEPE, Gui. Paesi in via di Sviluppo: La Coscienza del Design e la Condizione Periferica. In: 1919-1990 Il dominio del design. In: CASTELNUOVO, Enrico (Org.). 1919-1990 Il dominio del design. In: ______. *Storia del disegno Industriale*. Milano: Ed. Electa, 1991, v. 3, p.257.).

[257] "Uma questão peculiar, que merece ser mencionada, diz respeito ao significativo número de pesquisadores em design provenientes da periferia que estudam nos países centrais [...] um regular curso internacional de PhD em design (Melican et al, 1999) normalmente revela a existência de mais da metade dos seus participantes provenientes de países como: Argentina, Brasil, México, Taiwan, Coréia e Tailândia. (ER, H. Alpay. The advantage or disadvantage of delay? Peculiar characteristics of industrial design education in the periphery. In: 2ND DESIGNING DESIGNERS: INTERNATIONAL CONVENTION OF UNIVERSITY COURSES IN INDUSTRIAL DESIGN. 2001, Milão. *Conference Proceedings*. Milão: Polidesign, Aprile 2001, p.128-134.).

professores e profissionais reciclados para as suas universidades e instituições de origem, trazendo e disseminando novos saberes e novos questionamentos para a prática, pesquisa e ensino em design, o que é bastante positivo para o desenvolvimento sustentável local.

os números das perdas no Brasil

É interessante perceber que os números e os dados mostrados até então, nos quadros ilustrativos precedentes, nos revelam resultados que parecem ter levado o Brasil para fora da condição de Terceiro Mundo, ao proporcionar o seu ingresso no clube dos novos países industrializados.

Não obstante os resultados obtidos no âmbito econômico e industrial sejam realmente positivos, eles não correspondem, após trinta anos de industrialização forçada e dez anos de globalização real, a uma melhor qualidade de vida (em larga proporção) e paridade na distribuição de renda. Ao contrário, após o fenômeno de globalização no Brasil, não obstante toda a riqueza produzida, aumentou o *gap* entre os ricos e os pobres no país.

Rocha, Iooty e Ferraz, concluindo suas pesquisas sobre o empenho das empresas transnacionais no Brasil, afirmam: "*No caso de mudanças de nacionalidade, os resultados do trabalho não permitem otimismo a respeito do papel do capital estrangeiro. As empresas transnacionais não melhoraram ainda seu desempenho relativo*".[258]

A política das empresas transnacionais de reproduzir os seus produtos globais no âmbito local e de transferir seus lucros para a matriz em muito se aproxima da prática das empresas multinacionais dos anos sessenta e setenta no Brasil. A experiência da Fiat do Brasil, que procurou desenvolver o seu primeiro carro mundial, o *Fiat Palio,* [259] fora do país de origem, foi uma experiência de exceção, pois todas as outras empresas automobilísticas instaladas no Brasil procuraram produzir aqui os seus automóveis somente após produzi-los nas suas matrizes. Esta pratica de produzir primeiro na matriz e depois no Brasil aconteceu entre outros com o *Ford KA e com o Golf da* Wolkswagen.

[258]ROCHA, F.; IOOTTY, M.; FERRAZ, J.C.. *Desempenho das fusões e aquisições na industria brasileira na década de 90.* Rio de Janeiro: Ed. UFRJ, 2000, p.22.

[259] O *Fiat Palio* começou a ser produzido no Brasil em 1995 e, já no ano de 1997, alcança o número de 390.501 unidades, o que representa mais ou menos 1.530 automóveis ao dia. (ASSOCIAÇÃO NACIONAL DOS FABRICANTES DE VEÍCULOS AUTOMOTIVOS (Brasil). *Anuário Estatístico da Indústria Automobilística Brasileira.* São Paulo, 1999, p.104.).

Releva-se, no entanto, que a experiência da Fiat (apesar de diferenciada) não foi de todo inovadora, dado que o desenvolvimento do design do *Fiat Palio* foi realizado pelo *Studio IDEA* de Turim, na Itália, com participação de técnicos brasileiros. De qualquer forma, neste caso, pode-se dizer que houve uma maior sinergia entre a multinacional e o local onde esta se encontra estabelecida. Esta experiência da Fiat do Brasil abriu novas possibilidades para a relação local-global, em vez de simplesmente repetir uma prática já consolidada.

Também se sabe que hoje a estratégia produtiva das transnacionais não envolve mais a prática de *down-grade* dos produtos produzidos pelo centro, como freqüentemente faziam, no passado recente, as multinacionais. Os produtos hoje desenvolvidos no Brasil não se destinam mais somente ao mercado interno e local, mas também ao exigente e competitivo mercado global.

Via de regra, o estabelecimento das empresas transnacionais em determinados países, inclusive o Brasil, não considera uma prática de troca que traga benefícios igualitários. Continuam mesmo as transnacionais a apontar para o lucro fácil que normalmente retorna para os países de origem. Isto é: o capital volátil da globalização não se estabelece por muito tempo no âmbito local, contribuindo, dessa forma, com a manutenção do estado de pobreza dos países anfitriões.

Outro paradoxo, oriundo do fenômeno de globalização, é que este consiste na produção de um grande número de pessoas sem trabalho pelo mundo afora. Pensava-se que, com a transferência das empresas do norte para o sul do planeta, se resolveria o problema da desocupação no circuito periférico. Mas, como se comprova mais adiante, isto não aconteceu, uma vez que as empresas transnacionais, quando adquiriram as empresas privadas ou as estatais locais (através do processo de privatização de empresas públicas), praticavam o *down size*. Isto é, redimensionavam os postos de trabalho das empresas, tão logo as adquiriam, promoviam a robotização da produção ou utilizavam somente parte da mão-de-obra especializada local.

Tabela 27

Postos de trabalho nas indústrias automobilísticas no Brasil entre 1978-1998	
Ano	Empregados
1978	**142.653**
1979	146.976
1980	153.939
1981	121.598
1982	124.972
1983	119.078
1984	130.058
1985	145.765
1986	157.668
1987	141.408
1988	**138.648**
1989	143.611
1990	138.374
1991	124.859
1992	119.292
1993	120.635
1994	122.153
1995	115.212
1996	111.460
1997	115.349
1998	**93.135**

Fonte: Anuário Estatístico da Indústria Automobilística Brasileira – ANFAVEA 1999, p.59.

Na realidade, hoje, isso não aparece somente como um problema local brasileiro, mas termina por representar maiores danos à população dos diversos Novos Países Industrializados. Tudo isto contribuiu para recentes prejuízos na economia de países como a Argentina e o vertiginoso aumento da quantidade de pobres no Brasil para o assustador número de aproximadamente cinqüenta milhões de indigentes (em condições mínimas de sobrevivência), segundo dados da Fundação Getúlio Vargas – FGV.[260]

Não por acaso, o Brasil nos anos 2002, 2003 e 2004 foi sede oficial do *World Social Forum* em Porto Alegre, encontro dos países "perdentes" dentro do modelo de globalização que se estabelece. Dentre as perdas promovidas pelo processo de globalização, destaca-se a de postos de trabalho. A Fiat Auto, por exemplo, empregava no seu parque produtivo brasileiro, em 1997, a soma de 24.500 empregados. Deste total, 21.267 eram operários do setor produtivo. Quatro anos mais tarde, no ano de 2001, a Fiat contabilizava um total de 9.500 empregados fixos e, destes, 8.196 eram operários.[261]

É importante perceber que esta trágica redução de postos de trabalho que sucedeu inclusive nas demais montadoras automobilísticas no Brasil, acontece de forma acentuada justamente no período dos dez anos da globalização de fato, isto é, entre 1990-2000, como nos demonstra a tabela 27, acima.

Ao lado disso, não se pode dizer que no Brasil tenha havido um relevante crescimento na relação entre aprendizagem tecnológica e desenvolvimento local, processo já conhecido como *learning by doing*. De igual forma, o crescimento do saber tecnológico mensurável através da obtenção de patentes não é muito significativo no Brasil. Ao contrário, no que diz respeito ao quesito marcas e patentes registradas, os pedidos de depósitos por parte de residentes locais é consideravelmente menor que os pedidos das empresas globais aqui instaladas.

No entanto, devemos ressaltar que é normal, em qualquer país do mundo, que a soma de todas as patentes obtidas por estrangeiros seja maior que o número daquelas obtidas pelos residentes locais.

O que chama atenção no caso do Brasil é que estas diferenças se manifestam de maneira alarmante, como veremos a seguir, o que parece demonstrar uma perda local da capacidade tecnológica, criativa e de inovação.

---

[260] NERI, Marcelo Cortes. A miséria dos números: assim é se lhe parece. *Valor Econômico*, São Paulo, 24 jul. 2001. Caderno A, p.9.

[261] Dados do Sindicato dos Metalúrgicos de Betim, divulgados na reportagem: Betim vive crise de emprego. *O Estado de Minas*, Belo Horizonte, 14 ago. 2001. Caderno de Economia, p.9.

Em 1988, haviam sido registrados no Brasil, junto ao Instituto Nacional de Propriedade Industrial – INPI, 2.342 pedidos de patentes de residentes contra 7.850 pedidos de patentes de não residentes, totalizando por fim a soma de 10.192 pedidos de patentes. Apenas cinco anos após esta data, isto é, em 1993 (já no período definido como período de globalização de fato), o Brasil registrou 2.467 pedidos de residentes contra 14.477 pedidos de não residentes, em um total geral de 16.944. Por fim, em 1998 (período de forte globalização), isto é, dez anos após o primeiro valor acima apresentado, o de 1988, registraram-se apenas 35 pedidos de residentes contra 41.586 de não residentes, somando-se um total final de 41.621 depósitos de patentes no país.

Observa-se, com certa preocupação, que o número de pedidos de residentes reduziu-se de modo vertiginoso, cerca de setenta vezes, enquanto o número de pedidos de não residentes cresceu de forma acentuada, cerca de cinqüenta vezes. Considerou-se, como se viu, um período de tempo correspondente a dez anos, 1988-1998.[262] Período que abrange grande parte da globalização de fato, 1990-2000.

Em outras palavras, tudo isto representa uma grande perda da capacidade inovativa e tecnológica local e talvez até mesmo o seu sufocamento. Por outro lado, se tentamos ser otimistas, o que não parece fácil nesse caso, podemos lembrar que, segundo alguns estudiosos, este fenômeno de queda na quantidade de pedidos de patentes nos novos países industrializados, incluindo o Brasil, pode representar o surgimento de um iminente modelo de produção informal e espontâneo, que começa a se estabelecer fora dos paradigmas convencionais existentes dentro do modelo da primeira modernidade, em que as patentes posicionavam-se como sólido parâmetro de avaliação da capacidade tecnológica e produtiva de um país.

Deve-se considerar, no entanto, que um modelo de produção informal e de economia espontânea gera também o oportunismo da exploração da mão-de-obra e o não cumprimento dos direitos trabalhistas. Mas isto são somente hipóteses recentes e argumento para outra possível avaliação.

[262] ARQUIVO INSTITUTO NACIONAL DE PROPRIEDADE INDUSTRIAL – INPI. Rio de Janeiro. ARQUIVO WORLD INTELLECTUAL PROPERTY ORGANIZATION – WIPO; Statistics 1998-1998 Patents. Genebra.

| capítulo VI

conclusão

- o laboratório Brasil e o novo design

| capítulo VI

o laboratório Brasil e o novo design

No Brasil, a constante convivência entre povos distintos gerou um fenômeno múltiplo, plural e sincrético no sentido mais amplo e alargado do termo. Em linhas gerais, isso teve início quando do encontro dos europeus, no século XVI, com a população indígena local e posteriormente com os africanos, trazidos como escravos a partir do século XVII; já mais recentemente, com a forte imigração para o país do século XIX até a metade do século XX, o caráter plural da sociedade brasileira se intensificou ainda mais.

O resultado desses encontros entre raças distintas, analisado neste livro naquilo que concerne à área do design a partir do período Moderno (notadamente nas décadas de cinqüenta e sessenta), se manifesta em todos os campos da cultura no Brasil: das artes plásticas à arquitetura, da literatura à música, do artesanato ao design, etc.

Este complexo fenômeno de multiculturalismo e mestiçagem presente em território brasileiro trouxe, para dentro da práxis da disciplina do design, elementos paradoxais, de proveniências distintas, fontes diversas, contrastantes e de grande conflituosidade, que, interagindo entre si, através de um constante fenômeno de mutação, possibilitaram, como pudemos averiguar, a construção de um caráter e de sentidos múltiplos para o design local. Este complexo percurso do design no Brasil neste estudo é denominado teorema design brasileiro.

Releva-se, no entanto, que o aparecimento destes elementos de caráter múltiplo não eliminava os já existentes, mas, ao contrário, lhes revitalizava. Assim, o design brasileiro não teve uma unicidade de fácil identificação e visibilidade. Enfatiza-se que a falta de unicidade dentro do teorema design brasileiro não provém da ausência de cultura, mas, ao contrário, do seu excesso.

Em outras palavras, o contínuo processo de interação entre culturas e influências diversas, sempre ocorrido no design brasileiro, promoveu renovações mais velozes que sua institucionalização como um modelo único. Isto é: este fenômeno ocorrido no design brasileiro, fruto da sua multiculturalidade e das suas micro-contradições, não lhe conferiu, por fim, valores simbólicos e icônicos estáticos, mas fluídos e renováveis. Estes aspectos, como veremos adiante, apresentam-se hoje, após décadas de amadurecimento do design local, como relevante riqueza e potencial diferencial competitivo.

Negar o valor cultural intrínseco ao design mestiço brasileiro seria como negar o valor individual das três raças básicas que compõem a nação: o índio autóctone, o branco europeu e o negro africano. Ao analisar os valores culturais presentes no design brasileiro, se aponta para as várias faces do seu prisma, ou melhor, para as suas diversas características; assumir não haver unicidade no âmbito do design local no Brasil significa reconhecer que nenhuma das culturas existentes foi subestimada em relação às outras. Isto nos põe diante da curiosa realidade de que a unicidade que se vê fortemente presente em países de cultura homogênea significa, por outro lado, que algumas culturas foram subestimadas para dar espaço àquela que se sobressaiu como modelo único.

O verdadeiro desafio na resolução do teorema design brasileiro é aquele de transformar o excesso de informação cultural, oriunda da forte miscigenação das raças, em um modelo em equilíbrio. Isto é, o desafio de conferir harmonia estética e estésica aos bens de uma cultura material provenientes de uma cultura múltipla.

Tudo isto, portanto, nos leva a refletir sobre desafios similares aos do caso brasileiro, existentes dentro do modelo de globalização iniciado a partir dos anos noventa. Este fenômeno de globalização, de forma semelhante ao percurso brasileiro, traz consigo o confronto entre povos distintos e culturas diversas, que, interagindo entre si, ao mesmo tempo, se contrapõem. Em outras palavras: todos os fenômenos que se identificam com o multiculturalismo, como o modelo pós-moderno e a globalização, passaram e passam ainda pelos mesmos desafios que curiosamente fez parte da origem e formação do percurso do design brasileiro. O Brasil, de fato, parece ter sido um país destinado a viver em uma espécie de globalização antecipada.

Evidencia-se, portanto, que este laboratório de características múltiplas vivido pelo Brasil levou o país a caminho de um design plural, híbrido e sincrético, cujo modelo pode ser mesmo comparado aos atuais desafios do design do mundo globalizado. É importante salientar que, neste estudo, o processo de globalização não é referido somente como um modelo frágil e incerto, mas como um fenômeno múltiplo e plural no âmbito da cultura, comportamento e sociedade dentro da segunda modernidade que se estabelece. Considera-se ainda que, independente dos rumos e transformações que venham a ser seguidos no futuro (inclusive com possíveis novas denominações e terminologias), este modelo de globalização nos deixa, através de sua intensidade de abrangência e ação, profundas marcas no âmbito das transformações tecnológicas, sociais e humanas como jamais visto precedentemente.

Este novo fenômeno mundial trouxe consigo marcantes transformações em um curto espaço de tempo e nos faz refletir sobre o impacto desta nova ordem que nos conduz à segunda modernidade como estágio sucessivo ao modelo moderno. Essa segunda modernidade acolhe, na forma de suas diferentes ramificações de expressão, a cultura pós-moderna e a realidade pós-industrial. Esse novo cenário que se estabelece propiciou o surgimento de novas formas produtivas de bens de serviços e industriais não mais destinados a um mercado regional, como se estabelecia precedentemente, mas de reconhecida abrangência internacional.

É importante salientar que o modelo de globalização *in fieri*, como partícipe da segunda modernidade, desponta no campo da Cultura do Design (que é bem mais significativo que o simples aspecto projetual), através da busca por elementos que apontam para conceitos de sentido múltiplo e plural, híbrido e sincrético, mas que, ao mesmo tempo, apresentam fortes signos de uma cultura autóctone, propriamente como aponta o complexo processo de ação e reação cultural dentro de um modelo de características e abrangências globais.

É mesmo por estes desafios e pela semelhança de percurso que o teorema design Brasileiro assemelha-se em muito ao novo modelo de design que se estabelece junto à globalização nesta segunda modernidade mestiça que se forma. Neste novo cenário, que superou o modelo racionalista, como bem explica Bruno Latour, "se passa da ciência à pesquisa, dos objetos aos projetos, da aplicação técnica à experimentação". Delineia-se hoje um novo cenário onde a complexidade passa a ser vista como componente intrínseca ao projeto, onde a capacidade de gerir e organizar a complexidade tornar-se-á fator determinante como qualidade dos futuros designers. De igual forma, será de muito valor ter a capacidade de entender a complexidade com suas pluralidades, tensões, atritos e inevitáveis conflitos entre as diferentes versões de mundo que *vis-à-vis* se confrontam. Com a realidade da complexidade, se fez com que se passasse da "produção" para a "Cultura Industrial", da "tecnologia" para a "Cultura Tecnológica" e do "projeto" para a "Cultura Projetual", pois os designers não poderão permanecer inertes diante da multiplicação de sinais que nos são demonstrados através das alterações sociais, tecnológicas e comportamentais, não esquecendo ser o design um mecanismo interpretativo e o designer, como nos ensina Latour, deve reconhecer o seu importante papel neste processo de decodificação entre o cosmos (a harmonia) e o caos (a desordem).

O caso brasileiro, certamente, não coloca à disposição do design mundial respostas definitivas aos novos desafios, que começam a se manifestar dentro do processo de globalização. Mas, ao contrário, o design brasileiro, por ter vivido de forma antecipada desafios semelhantes, coloca em evidência o seu contraste, sua fragilidade, suas incertezas e expõe os problemas já vivenciados por ele, tais como: grande dificuldade de decodificação e também o desafio da unicidade formal. Por isso mesmo, o percurso do design brasileiro, realmente, em muito se assemelha e se associa a este global em formação, que vai adiante cheio de contrastes e paradoxos, mas que, ao mesmo tempo, evolui e se adapta durante o seu percurso de viandante.

A realidade dos problemas desmesuráveis ocorridos durante o percurso do teorema design brasileiro, com seus dilemas e conflitos, trouxe para dentro do laboratório Brasil o surgimento de um designer mimético, que sempre se adapta e muda de direção quando necessário. Exatamente como sucedeu com o design local, como vimos, através da constante inserção de novas energias que lhe conferiram e conferem sobrevivência. Parece estranho, mas, na verdade, existem hoje cerca de vinte mil estudantes que praticarão a atividade de design nos próximos anos no Brasil, e a estes se somam dezenas de milhares que já vivem desta atividade no país. Todos estes deverão se comportar como verdadeiros designers "Zeligs", que se adaptarão às mudanças por sapiência e necessidade de sobrevivência. Curiosamente, observa-se que os designers brasileiros praticam atividades de todos os campos e ramificações possíveis desta área, aproximando-se, por fim, de outras áreas mais ou menos paralelas.

É evidente que o novo modelo de design que começa a se estabelecer, fruto deste constante encontro multiétnico, multiestético e multicultural no Brasil, não se apresenta de forma equilibrada e uniforme, mas singularmente de maneira acrobática e fluida. Um contínuo processo de adequação ao novo, um verdadeiro laboratório cujos melhores resultados ainda não se encontram em forma de artefatos industriais, mas ainda como propostas projetuais, isto é: idéias. Quando este novo design brasileiro, após sua maturação e de modo espontâneo, entrar realmente em linha de produção, a cultura material brasileira muito ganhará em expressão e reconhecimento. Sem esquecer, é claro, do profícuo reflexo para a competitividade local e do ganho de mercado que proporcionará lucros e benefícios às empresas e ao próprio país. O país obterá ganhos através da exportação de bens e artefatos industriais, ao invés da exportação da simples matéria-prima, com pouco ou quase nenhum valor agregado.

É interessante perceber que, hoje, outros países, com diferentes percursos formativos, por exemplo, aqueles de culturas homogêneas, procuram os seus modos de se adaptarem a este novo cenário mundial. A Itália, que há muito tempo desponta como grande protagonista mundial no âmbito do sistema design, faz uso, hoje, de uma espécie de livre circulação de designers de proveniências distintas, buscando por este meio a inserção de novas referências estéticas e culturais na sua produção industrial. Isto é, os novos protagonistas que despontaram de forma marcante dos anos noventa em diante no cenário do design italiano são mesmo, na sua maioria, provenientes de outros países. Estes designers trouxeram, para dentro das empresas italianas, novas energias e uma multiculturalidade que um país como a Itália e os demais países europeus sozinhos não lhes podem conferir. Não por acaso, os últimos designers de reconhecimento e sucesso junto às indústrias italianas são provenientes de um leque de países como França, Inglaterra, Israel, Japão, Egito, Alemanha, Brasil, Holanda, USA, dentre vários outros.

Partindo deste fato, pode-se supor que, através do fenômeno de globalização, surjam novos modelos e práxis para a atividade de design que tenderão, ao menos em parte, a considerar as referências regionais múltiplas, sincréticas, híbridas, plurais e, por fim, aquelas mestiças e multiculturais. Aspectos estes aqui entendidos como parte intrínseca da globalização e da segunda modernidade em formação, isto é: que apontam para a convivência entre valores de sentidos múltiplos e dinâmicos.

Parece que esta realidade que se delineia na era atual, como parte de um novo cenário mundial, pode trazer novas esperanças para o design brasileiro, pois ela coloca em evidência os valores múltiplos e plurais que sempre estiveram presentes na base formativa da experiência brasileira.

Todavia, deve-se reconhecer que o resultado a ser obtido através do novo design, que começa a se estabelecer no Brasil e no mundo, não pode ser entendido como uma salada cultural dispersa e desordenada. O design dentro da heterogeneidade de uma cultura múltipla é possível quando se promove a união de diferentes elementos buscando harmonia e equilíbrio entre eles. Assim pode-se dar espaço ao design no âmbito de uma cultura plural: promovendo a associação entre elementos afins, apesar de suas origens diversas. E este, a meu ver, é um dos grandes desafios da atividade de design dentro deste novo modelo de segunda modernidade que se estabelece.

Neste novo cenário, devido à inconteste pacificidade, durante o transcurso de hibridação e miscigenação de raças distintas e da conseqüente maturação da sua própria multiculturalidade e mestiçagem local, o Brasil tem grandes chances de revelar-se como protagonista no mundo das novas concepções e propostas projetuais do design e da cultura material. Releva-se, entretanto, que tudo isto não implica necessariamente que todos estes valores sejam transformados em bens e artefatos da produção industrial, mas podem ser transformados em referência e modelo possível para um design globalizado.

O percurso do design brasileiro, como vimos no decorrer dos capítulos deste estudo, nos permitiu analisar através de um esquema crítico, teórico e analítico, o complexo teorema design brasileiro. Isto é, através desta análise, propomos evidenciar as características estruturais do design no Brasil desde a sua instituição oficial, nos anos sessenta, até os dias atuais.

Estes escritos podem também ser entendidos como um mapeamento crítico e analítico do período entre 1960 e 2005, um intervalo que abrange quarenta e cinco anos da atividade de design no Brasil. Durante este período, vieram à luz elementos transformadores positivos e negativos correlatos ao design local, possibilitando-nos por fim uma prospecção de seu futuro à guisa da nossa conclusão.

Como vimos, o design brasileiro, através de um processo de hibridação, corrente desde a sua instituição até hoje (passando pelo pós-modernismo e pelo pós-industrialismo até a globalização), começa a afastar-se da linearidade dos conceitos racional-funcionalistas predominantes inicialmente. Vimos que a sucessão de modelos com base na mimese do exterior, anteriormente em prática, também não estava em acordo com a realidade brasileira, múltipla, fluida e plural. Após décadas de aprendizagem, o design no Brasil começa a não se submeter mais às formulas pré-estabelecidas, tornando-se, assim, mais livre, expressivo e espontâneo, assimilando os variados aspectos de sua diversidade multicultural, assemelhando-se à própria cara do país, assumindo sua identidade plural.

Releva-se, portanto, que o design brasileiro, após a referência racional-funcionalista, renova-se em conceito e estética. Esta mudança sucede justamente no bívio entre o mimetismo produtivo proveniente do exterior e a mestiçagem da sua cultura autóctone local. O design brasileiro, dentro deste contexto, repensa o seu destino e começa a tomar o seu próprio caminho. Tudo isto ocorre em um período que pode ser considerado entre a crise do Moderno, a causa Pós-Moderna e a iminência da Globalização.

O design brasileiro abandona, então, o processo de mimese e, pela primeira vez, surgem os próprios valores múltiplos do Brasil como uma possível referência para si mesmo. Isto é: surgem, através do multiculturalismo e da mestiçagem local, novas possibilidades para as referências projetuais, e desta forma, os designers não se sentem mais com baixa estima por não apresentar o design local valores estáticos de unicidade tangível, mas a força e a riqueza da sua constante renovação.

Este novo design brasileiro começa, então, a ter como elementos marcantes a energia e a força da sua continua renovação estética e cultural. O interessante teorema design brasileiro começa, portanto, a apresentar como unicidade, após mais de quarenta anos de seu amadurecimento, a própria energia da sua renovação.

Por fim, o Brasil faz valer estas ricas características múltiplas, e sua identidade começa a ser reconhecida como sendo genuinamente brasileira. Aspectos estes, se reafirma, vistos na atualidade como um relevante diferencial.

Esta nova realidade do design brasileiro nos conduz a um aspecto que começa hoje a tornar-se conhecido como uma estética multicultural, em que se nota uma forte presença dos signos híbridos e de uma energia singularmente brasileira. É importante salientar que este novo modelo local, ainda em formação, resulta por captar com mais precisão o pluralismo ético, étnico e estético do Brasil.

Este percurso traçado pelo design brasileiro, em um cenário de reconhecida multiculturalidade, o legitima como um laboratório cujo resultado merece ser conhecido e levado em consideração por todos aqueles que procuram prospectar novos modelos no âmbito da disciplina e dentro do controverso fenômeno de globalização da segunda modernidade.

Procurar entender o paradigma brasileiro, com toda sua energia e pluralidade intrínseca, é, acredita-se, uma maneira de refletir sobre novas e possíveis estradas para o design neste novo mundo globalizado.

Por fim, o percurso brasileiro legitima-se como um laboratório que deve ser melhor conhecido pela futura geração de jovens designers do país e por todos aqueles que buscam novos modelos para a disciplina do design ainda por se estabelecer. Entender o paradigma brasileiro, com todas as suas energias e desafios correlacionados, é também uma maneira de antecipar cenários futuros para o design do próprio Brasil, isto é, nos conhecer para nos entendermos e nos entendermos para melhor projetar.

| índice sistemático

| índice onomástico

| índice de figuras

Produção | Edra (Itália)
Ano | 2002
Foto | Arquivo Edra

Figura 92 página **184**

Produto | Banco Espiral
Design | Regina Sigmaringa e Adriana Freyberger
Produção | Própria
Ano | 2001
Foto | Arquivo das autoras

Figura 93 página **185**

Produto | Cadeira Giro
Design | Lars Diederichsen
Produção | Terra Design
Ano | 2001
Foto | Arquivo do autor

Figura 94 página **186**

Produto | Luminária Cubo
Design | Luciana Martins e Gerson de Oliveira
Produção | Própria
Ano | 1999
Foto | Fernando Laszlo

Figura 95 página **188**

Produto | Luminária Balão
Design | Guinter Parschalk
Produção | Radix Design LTDA
Ano |1995
Foto | Andrés Otero

Figura 96 página **188**

Produto | Luminária Jangada
Design | Guinter Parschalk
Produção | Radix Design LTDA
Ano |1996
Foto | Andrés Otero

Figuras 97 e 98 página **189**

Produto | Ventilador Spirit
Design | Guto Índio da Costa
Produção | Mobilitar
Ano | 1984
Prêmio iF Hanôver
Foto | Tiago Moraes

Figura 99 página **190**

Produto | Poltrona Ponte
Design | Fabíola Bergamo
Produção | Azzurra Moveis
Ano | 2004
Foto | Arquivo da empresa

Figura 100 página **191**

Produto | Luminária "Uauá"
Design | Fabio Falanghe e Giorgio Giorgi
Produção | E27 – Luminárias
Ano | 1995
Foto | Arquivo dos autores

Figura 101 página **192**

Produto | Cadeira 20R
Design | Pedro Useche
Produção | Pedro Useche
Ano | 2004
Foto | Fabio Heizenreder

Figura 102 página **193**

Produto | Poltrona Felix
Design | Fernando Jaeger
Produção | Projetos & Produtos
Ano | 2004
Foto | Eduardo Camara

Figura 103 página **194**

Produto | Linha de Cerâmica
Design | Dijon De Moraes
Produção | Caleca Itália (Messina, Itália)
Ano | 2003
Foto | Rogério Franco

Figura 104 página **211**

Produto | Veículo de competição Sabiá 4
Design | CPqD
Produção | ED-UEMG/UNIFEI
Ano | 2002
Foto | Arquivo CPqD

Figura 105 página **212**

Produto | Telefone Euroset 3025
Design | TEC Design
Produção | Siemens
Ano | 2001-2002
Foto | Arquivo da empresa

Figura 106 página **212**

Produto | Telefone Euroset 3005
Design | TEC Design

Produção | Siemens
Ano | 2001-2002
Foto | Arquivo da empresa

Figura 107 página **213**

Produto | Telefone Euroset 3005 grafite
Design | TEC Design
Produção | Siemens
Ano | 2001-2002
Foto | Arquivo da empresa

Figura 108 página **215**

Produto | Aromatizador Faro
Design | Chico Lobo
Produção | Própria
Ano | 1999
Foto | Chico Ottoni

Figura 109 página **216**

Produto | "Toquinho" Saca-rolha/Abridor
Design | Luciano Devià
Produção | IKKO
Ano | 2005
Foto | Arquivo da empresa

Figura 110 página **216**

Produto | "Virgulino" Porta esponja de aço e "Corisco" Espremedor frutas cítricas
Design | Luciano Devià
Produção | IKKO
Ano | 2005
Foto | Arquivo da empresa

Figura 111 página **217**

Produto | "Sting" Escova multi-uso
Design | Luciano Devià
Produção | IKKO
Ano | 2005
Foto | Arquivo da empresa

Figura 112 página **218**

Produto | Rock in Rio Café: projeto de identidade visual integrada
Design | Valéria London Design
Produção | Artplan
Foto | Marcos Morteira
Ano | 1996

Figura 113 página **219**

Produto | Rock in Rio Café: projeto de identidade visual integrada
Design | Valéria London Design
Produção | Artplan
Foto | Marcos Morteira
Ano | 1996

Figura 114 página **220**

Produto | Frasco de Perfume
Design | Eduardo e Elizabeth Prado
Produção | Própria
Ano | 2000
Foto | Gearte Studio

Figura 115 página **221**

Produto | Coleção Rute Salomão – Inverno 2001
Design | Ronaldo Fraga
Produção | Ronaldo Fraga
Ano | 2001
Foto | Arquivo do autor

Figura 116 página **222**

Produto | Coleção São Zé – Verão 2003-2004
Design | Ronaldo Fraga
Produção | Ronaldo Fraga
Ano | 2004
Foto | Arquivo do autor

Figura 117 página **223**

Produto | Coleção Quem matou Zuzu Angel – Verão 2001-2002
Design | Ronaldo Fraga
Produção | Ronaldo Fraga
Ano | 2002
Foto | Arquivo do autor
Fig. 117

Figura 118 página **224**

Produto | Livro Futebol-Arte
Design | Jair de Souza
Produção | Editora Senac
São Paulo/ Empresa das Artes
Ano | 1998
Foto | José Luis Pederneiras e Shaum Botterill/Allsport

índice de tabelas

| bibliografia

1. ABREU, Marcelo de Paiva. *A Ordem do progresso*, 100 anos de política econômica republicana 1889-1989. São Paulo: Editora Campus, 1989.
2. ANDRADE, Oswald de. *Do Pau-Brasil à antropofagia e às utopias.* Rio de Janeiro: Ed. Mec/Cilização Brasileira, 1972. (Obras Completas).
3. ARGHIRI. E. *Tecnologie Appropriate o Tecnologie Sottosviluppate?* Milano: Ed Il Mulino, 1984.
4. APPADURAI, Arjun. Disgiunzione e differenza nell'economia culturale globale. In: FEATHERSTONE, M., *Cultura Globale.* Roma: Seam, 1990.
5. AMARAL, Aracy. *Arte Construtiva no Brasil.* São Paulo. Companhia Melhoramentos, 1998.
6. BAKHTIN, Mikhael. *A Cultura popular na Idade Média e no Renascimento*: o contexto de François Rabelais. Brasilia: Edunb/Hucitec, 1999.
7. BARDI, Lina Bo. *Tempos de grossura:* o design no impasse. Sáo Paulo: Ed. Instituto Lina Bo e P.M Bardi 1994.
8. BAUMANN, Renato *et al. O Brasil e a Economia Global – Relações Norte/Sul no Contexto Atual*: uma nova dependência? Rio de Janeiro: Editora Campus, 1996.
9. BAUMAN, Zygmunt. *La Società dell'incertezza.* Bologna: Il Mulino, 1999.
10. ______. *Modernità Liquida.* Roma/Bari: Editori Laterza & Figli, 2002.
11. BARRESE, M. *La Terra un Patrimonio Comune.* Milano: Sperling & Kupfer Editori, 1992.
12. BARBOSA, W.A. *O Aleijadinho de Vila Rica.* Belo Horizonte; S. Paulo: Itatiaia; Edusp, 1984.
13. BARROSO, E. *Estratégia de Design para os Países Periféricos.* Brasília: Ed. CNPq, 1981.
14. BECK, Ulrich. *Che cos'è la globalizzazione.* Roma: Carrocci, 1999.
15. ______. *I rischi della libertà.* Bologna: Il Mulino, 2000.
16. BELL, Daniel. *The coming of Post-Industrial Society.* New York: Ed. Basic Books, 1973.
17. ______. *Immagini del postmoderno.* Milano: Città Studi, 1983.
18. BENKO, Georges. *Economia, espaço e globalização na aurora do século XXI.* São Paulo: Editora Hucitec, 1999.
19. BERARDI, Franco; BOLELLI, Franco. *Per una deriva felice.* Milano: Edizioni Multipla, 1995.
20. BERTOLDINI, Marisa. *La Cultura Politecnica.* Milano: Bruno Mondatori, 2004.
21. BOCCHI, G.; CERRUTI, M. *La sfida della complessità.* Milano: Feltrinelli, 1985.
22. BOLOGNA, S. Trasporti e logistica come fattori di competitività in una regione. In: PERRULI, P. *Neoregionalismo.* Torino: Bollati Boringhieri, 1998.
23. BONFANTINI, Massimo *et al. Oggetti Novecento.* Milano: Moretti &Vitali, 2001.
24. BONITO OLIVA, Achille. *L'ideologia del traditore*: Arte, Maniera, Manierismo. Milano: Electa, 1998.
25. BONSIEPE, Gui. *Teoria e Pratica del Disegno Industriale.* Milano: Feltrinelli, 1975.
26. ______. *A Tecnologia da Tecnologia.* São Paulo: Edgard Blucher, 1983.
27. ______. *Paesi in via di Sviluppo*: La Coscienza del Design e la Condizione Periferica. In: *Storia del Disegno Industriale – 1919-1990.* Milano: Electa, 1991.
28. ______. *Dall'oggetto alla interfaccia.* Milano: Feltrinelli, 1991.
29. BOTEY, Josep Ma. *Oscar Niemeyer*: Obras y Proyectos. Barcelona: Custavo Gili, 1996.
30. BRANZI, Andrea. *La Casa Calda*: esperienze del nuovo design italiano. Milano: Idea Books, 1984.
31. ______. Andrea. *Learning from Milan*: Design and the Second Modernity. Cambridge: MIT Press edition, 1988.
32. ______. *Il Design Italiano 1963-1990.* Milano: Electa, 1996.

33. ______. *La crisi della qualità.* Palermo: Edizioni della Battaglia, 1997.
34. ______.*Introduzione al design italiano.* Milano: Baldini & Castoldi, 1999.
35. BLAKE, Peter. *The masters Builders – Le Corbusier/ Mies van der Rohe/ Frank Lloyd Wrigth.* New York/London: Norton & Company, 1996.
36. CALÇADA, Ana; MENDES, Fernando; BARATTA, Martins. *Design em Aberto*: uma antologia. Lisboa: Edição Centro Português de Design, 1993.
37. CALVINO, Italo. *Le città invisibile.* Torino: Einaudi, 1972.
38. CAMAGNI, R. *Economia e pianificazione della città sostenibile.* Bologna: Il Mulino, 1996.
39. CANTARELLA, Eva. *Istituzioni di diritto romano.* Milano: Edizione CUEM, 1998.
40. CARDOSO, F. Henrique; FALETTO, Enzo. *Dependency and Development in Latin America.* Berkley e Los Angeles, University of California Press – USA, 1979.
41. CARMAGNOLA, F.; FERRARESI, M. *Merci di Culto – Ipermerce e società mediale.* Roma: Castelvecchi, 1999.
42. CASTELNUOVO, Enrico (Org.). *Storia del disegno Industriale:* 1750-1850 L'età della rivoluzione industriale. Milano: Ed. Electa, 1991.
    ______.*Storia del disegno Industriale:* 1851-1918. *Il grande emporio del mondo.* Milano: Ed. Electa, 1991.
    ______.*Storia del disegno Industriale:* 1919-1990. *Il domino del design.* Milano: Ed. Electa, 1991.
43. CATTAI, F.; CERAGIOLI G. *Ibridazione Tecnologica – Terzo Mondo verso il 2000.* Milano: Edizione Eleuthera, 1985.
44. CECCHINI, Cecilia e D'ALESSANDRO, Massimo. *Q/ Disegno Industriale*: I Quaderni di ITACA. Roma: Gangemi Editore, 1999.
45. CERUTI, Mauro. *IL vincolo e la possibilità.* Milano: Feltrinelli,1986.
46. ______.*Identità multiple contro identità cannibali.* Milano: Pluriverso,1998.
47. ______.LASZLO, E. *Phisis, Abitare la Terra.* Milano: Feltrinelli, 1988.
48. CHANG, Ha-Joon. *Chutando a escada*: A estratégia de desenvolvimento em perspectiva histórica.São Paulo: Editora UNESP, 2002.
49. CHOMSKY, Noam. *Sulla nostra pelle.* Milano: Marco Tropea Editore, 1999.
50. CODELUPPI, V. *I Consumatori, storia, tendenze, modelli.* Milano: Franco Angeli, 1992.
51. COLOTTI, P.; CAROLI, P. *Esiste ancora un terzo mondo?* Milano: Ed. F. Angeli, 1992.
52. COUTINHO, Luciano. A Fragilidade do Brasil em face da Globalização. In: Bauman R. *O Brasil e a Economia Global.* Rio de Janeiro: Editora Campus Ltda, 1996.
53. ______.FERRAZ, J.C. *Estudo da competitividade da indústria brasileira.* Campinas: Ed. Unicamp/ Papirus, 1994.
54. CONGDON, R. J. *Le Tecnologie Appropriate.* Padova: Franco Muzzio Editore, 1977.
55. COVA, B. *Au-delà du marché*: quand le lien importe plus que le bien. Paris: L'Harmattan, 1996.
56. CHIAPPONI, M. *Cultura sociale del prodotto* – nuove frontiere per il disegno industriale. Milano: Feltrinelli, 1999.
57. DE KERCKHOVE, D. *La pelle della cultura.* Genova: Costa & Nolan, 1996.
58. DE MASI, Domenico. *L'emozione e la regola.* Roma: Laterza & Figli Spa, 1989.
59. ______.*L'avvento postindustriale.* Roma: Franco Angeli, 1991.
60. ______. *Verso la formazione post-industriale.* Roma: Franco Angeli, 1994.
61. ______.*A Economia do Ócio.* Tradução de Léa Manzi. Rio de Janeiro: Ed. Sextante, 2001. Título original: *L'Economia dell'ozio.*
62. DE MORAES, Dijon. *Limites do Design.* São Paulo: Editora Studio Nobel, 1997.
63. DE RITA, G.; BONOMI, A. *Manifesto per lo sviluppo locale.* Torino: Bollati Boringhieri, 1998.
64. DORMER, P. *The meanning of Modern Design* – towards the twenty first century. Londres: Thames & Hudson Ltd, 1990.
65. DUNNING, J. *Multinational Enterprises in a Global Economy.* Wokingham: Addison-Wesley, 1993.
66. ECO, Umberto. *Travels in Hyperreality.* London: Ed. Picador, 1987.

67. EMINENTE, G. *Il Design industrial nelle strategie di mercato.* Milano: Etas Libri, 1991.
68. ESCOREL, Ana Luísa. *O Efeito multiplicador do design.* São Paulo: Editora Senac, 2000.
69. FEATHERSTONE, Mike. *Consomer Culture & Postmodernism.* London: Sage Publications, 1990.
70. ______.*Cultura Globale.* Roma: Ed. Seam, 1996.
71. FERRAZ, Marcelo Carvalho (org). Lina Bo Bardi. São Paulo: Ed. Instituto Lina Bo e P.M. Bardi, 1994.
72. FERREIRA, Gullar. *Cultura posta em questão.* Rio de Janeiro: Ed. Civilização Brasileira, 1965.
73. FREIRE, Gilberto. *Casa Grande e Senzala.* 50ª ed. São Paulo: Editora Global, 2005. 719 p.
74. ______.*Sobrados e Mucambos.* 15ª ed. São Paulo: Editora Global, 2005. 968 p.
75. ______.*Interpretações do Brasil.* 2ª ed. São Paulo: Companhia das Letras, 2001.
76. ______.*Manifesto regionalista.* Recife: IJNPS, 1967.
77. ______.*Brasis, Brasil e Brasília.* Rio de Janeiro: Record, 1968. 271p.
78. FRIEDMAN, Thomas. *La radici del futuro.* Milano: Mondadori, 2000.
79. GEORGE, P. *Popoli e Società verso il 2000* – le nuove frontiere di un mondo che cambia. Roma: Editori Riuniti, 1994.
80. GILPIN, R. *The political economy of international relations.* Princeton: Princeton University Press, 1987.
81. GUANDALINI, M.; UCKMAR, V. *Il Libro dei Mercati del 3º Milenio* – Investire in Ásia, Mediterrâneo e América Latina. Roma: Ed. Adbkronos Libri, 1996.
82. GUIDINI, P.; SCIDA, G. *Le metropoli marginali.* Città e mondo urbano del sottosviluppo alla ricerca di un possibile futuro. Milano: Ed. Franco Angeli, 1986.
83. GUNDER FRANK, Andrè. *ReOrient*. Berkeley: Ed. UCLA,1998.
84. HABERMAS, Jürgen. *La costellazione postnazionale.* Milano: Feltrinelli, 1999.
85. ______.*Mercato globale, nazione e democrazia.* Milano: Feltrinelli, 1999.
86. HAOMI K., Bhabha. *The Location of Culture.* London: Routledge, 1994.
87. HARVEY, D. *The condition of postmodernity.* Oxford, Blackwell, 1989.
88. HERRINGTON, Elizabeth. *Passport Brasile*: il passaporto per il mondo dell'economia globale. Milano: Vallardi Editore, 1999.
89. HESKETT, J. *Industrial Design.* London: Thames and Hudson, 1988.
90. HOLANDA, S. B. *Raízes do Brasil.* Rio de Janeiro: Ed. José Olympio, 1956.
91. IORI, V. *Lo spazio vissuto.* Firenze: la Nuova Italia, 1996.
92. JAMESON, Fredric. *Postmodernism*: The cultural logic of late capitalism. North Carolyn: Duhe University Press, 1991.
93. JOUVE, E. *Il Sud del Mondo – Il Terzo Mondo come Problema Globale.* Torino: Ed. Ulisse Edizione, 1989.
94. KANITZ, Stephen. *O Brasil que dá certo*: o novo ciclo de crescimento 1995-2005. São Paulo: Makron Books do Brasil, 1995.
95. KAPSTEIN, Ethan B. *Governare la ricchezza*: il lavoro nell'economia globale. Roma: Carocci Editore, 2000.
96. KENICHI, O. *Il Mondo senza confini*: Lezioni di management nella nuova logica del mercato globale. Milano: Ed. Il Sole 24 Ore Libri, 1991.
97. KLEIN, Naomi. *No Logo*: economia globale e nuova contestazione. Milano: Baldini & Castoldi, 2001.
98. KUMAR, Krishan. *From Post-industrial to Post-modern Society*: new theories of the contemporary world. Oxford: Blackwell publishers, 1996.
99. LAGES, Vinicius, BRAGA, Christiano, MORELLI, Gustavo. *Territórios em movimento*: cultura e identidade como estratégia de inserção competitiva. Rio de Janeiro: Relume Dumará / Brasília, DF: SEBRAE-NA, 2004.
100. LATOUCHE S. *L'occidentalizzazione del mondo.* Torino: Ed. Bollati Boringhieri, 1992.
101. LA CECLA, F. *Mente Locale.* Milano: Eleuthera, 1993.
102. LÉVI- STRAUSS, C. *Tristi Tropici.* Milano: Mondadori, 1988.
103. LÉVY, P. *Le tecnologie dell'intelligenza.* Milano: A/ Traverso Libri, 1992.

104. LIMA, Guilherme Cunha. *O Gráfico Amador*: as origens da moderna tipografia brasileira. Rio de Janeiro: Editora UFRJ, 1997.
105. LIPOVETSKY, G. *L'ere du vide*. Paris: Gallimard, 1983.
106. LORENZ, C. *Dimensione design – L'Arma Vincente della Competizione Globale*. Milano: Franco Angeli, 1990.
107. LOSCHIAVO SANTOS, Maria Cecilia. *Móvel Moderno no Brasil*. São Paulo: Studio Nobel Editora / Edusp, 1995.
108. LYOTARD, Jean. F. *La condition postmoderna*. Milano: Feltrinelli, 1979.
109. McEVEDY, C.; JONES, R. *Atlas of world population history*. Harmondsworth: Ed. Penguin, 1978.
110. MAFFEI, Stefano; SIMONELLI, Giuliano. *I territori del design*. Milano: Il Sole 24 Ore/Polidesign, 2002.
111. MAFFESOLI, Michel. *La conquista del presente*. Roma: Ed. Janua, 1983.
112. ______. *Nel vuoto delle apparenze*. Milano: Garzanti, 1993.
113. MALDONADO, Tomás. *La Speranza progettuale*. Milano: Einaudi, 1970.
114. ______. *Avanguardia e Razionalità*. Milano: Einaudi, 1974.
115. ______. *Técnica e Cultura*. Milano: Feltrinelli, 1979.
116. ______. *Il Futuro della Modernità*. Milano: Feltrinelli, 1987.
117. ______. *Cultura, Democrazia, Ambiente*. Milano: Feltrinelli, 1990.
118. ______. *Disegno Industriale un Riesame*. Milano: Feltrinelli, 1992.
119. ______. *Critica della ragione informatica*, Milano: Feltrinelli, 1997.
120. MARCOLLI, A. e GIACOMONI, S. *Designer Italiani*. Milano: Idea Libri, 1988.
121. MANDEL, Ernest. *Late Capitalism*. London: Blackwell, 1978.
122. MANZINI, Ezio. *Artefatti*: verso una ecologia dell'ambiente artificiale. Milano: Domus Academy, 1990.
123. ______.SUSANI, M. *The solid side. Il lato solido del mondo che cambia*. Naarden: V+K Publishing, 1995.
124. ______.VEZZOLI, C. *Lo sviluppo di prodotti sostenibili*. Milano: Ed. Maggioli, 1998.
125. MARX, K. *Selected Writings*. Oxford: Oxford University Press, 1977.
126. MATTELART, A. *La comunicazione mondo*. Milano: Il Saggiatore, 1994.
127. MELUCCI, A. *Il gioco dell'io*. Milano: Feltrinelli, 1991.
128. MORACE, Francesco. *Metatendenze*. Milano: Sperling & Kupfer Editori, 1996.
129. ______. *La strategia del colibrì*: la globalizzazione e il suo antidoto. Milano: Sperling & Kupfer Editori, 2001.
130. MORIN, Edgar. *Pour sortir du vingtième siècle*. Paris: Fernand Nathan, 1981.
131. ______.Kern A. B. *Terra Patria*. Milano: Raffaello Cortina Editore, 1994.
132. NAISBITT, John. *Il Paradosso Globale*: più cresce l'economia mondiale, più i piccoli diventano protagonisti. Milano: Ed. Franco Angeli, 1996.
133. NIEMEYER, Oscar. *The curve of time*: the memoirs of Oscar Niemeyer. London: Fhaidon, 2000.
134. NIEMEYER, Lucy. *Design no Brasil*: origens e Instalações. Rio de Janeiro: Ed. 2AB, 1997.
135. NORMAN, R.; RAMIREZ, R. *Le strategie interattive d'impresa*. Milano: Etaslibri, 1995.
136. NUNES, Benedito. *Oswald Canibal*. São Paulo: Editora Perspectiva, 1979.
137. OFFE, C.; HEINZE, R.G. *Economia senza mercato*. Roma: Editori Riuniti, 1997.
138. ORTIZ, Renato. *Cultura Brasileira e identidade nacional*. São Paulo: Ed. Brasiliense, 1985.
139. ______. *Mundialização e Cultura*. São Paulo: Ed. Brasiliense, 1994.
140. ______. *A Moderna Tradição Brasileira*. São Paulo: Ed. Brasiliense, 1998.
141. PACEY, A. *Vivere con la tecnologia*. Roma: Edition Riuniti, 1986.
142. PAPANEK, Víctor. *Disenar para el mondo real*: Ecologia Humana y cambio social. Madrid: H. Blume Ediciones,1971.
143. ______. *The Green Imperative*. London: Thames and Hudson, 1995.
144. PASCA, Vanni. *Design distribuizione consumo*. Milano: Lupetti, 1999.
145. ______.PIETRONI, L. *Christopher Dresser 1834-1904*. Milano: Lupetti, 2001.

146. PASSOS, C. A. K. *Indústria Brasileira e Globalização.* Curitiba: Ed. Mimeo, 1996.
147. PAULI, G. *Svolte epocali.* Milano: Baldin & Castoldi, 1997.
148. PAZ, Octavio. *O Labirinto da solidão e post-scriptum.* Rio de Janeiro: Ed. Paz e Terra, 1984.
149. PERNA, T. *Fair trade.* Torino: Bollati Boringhieri, 1999.
150. PETERS T. *Le Frontiere della Competizione.* Torino: Petrini editore, 1992.
151. PINE, J. B. *Mass customization*: dal prodotto di massa all'industria su Misura. Milano: Franco Angeli, 1997.
152. POLANO, Sergio. *Achille Castiglioni tutte le opere*: 1938-2000. Milano: Electa, 2001.
153. PORTOGHESI, Paolo. *Dopo l'architettura Moderna.* Roma/Bari: Laterza & Figli, 1980.
154. ______.*Postmodern*: l'architettura nella società post-industriale. Milano: Electa, 1982.
155. PRATHER, Marla; MILLER, Dana. *New York Renaissance.* Milano: Electa, 2002.
156. QUINTAVALLE, Arturo Carlo. *Design*: Roberto Sambonet. Milano: Federico Motta Editore, 1993.
157. RIBEIRO, Darcy. *O Processo civilizatório.* Rio de Janeiro: Civilização Brasileira, 1968.
158. ______.*As Américas e a civilização.* Rio de Janeiro: Civilização Brasileira, 1970.
159. ______.*El dilema de América Latina.* México: Ed. Siglo XXI, 1971.
160. ______.*O Povo brasileiro*: a formação e o sentido do Brasil. São Paulo: Companhia das Letras, 1995.
161. RIFKIN, Jeremy. *L'era dell'acesso*: la rivoluzione della new economy. Milano: Mondadori, 2000.
162. ROODMAN, D. M. *La ricchezza naturale delle nazioni.* Milano: Edizioni Ambiente, 1998.
163. ROBERTSON, Roland. *Mappare la condizione globale*: la globalizzazione come concetto centrale. Roma: Edizioni SEAM, 1996.
164. RUFIN, J. C. *L'impero e i nuovi barbari.* Milano: Edizioni Fenicottero, 1993.
165. SANTOS, Milton. *Por uma Outra Globalização.* São Paulo: Ed. Record, 2000.
166. TOFFLER, Alvin. *La terza ondata.* Milano: Speling e Kufler, 1980.
167. TOURAINE, Alain. *La società postindustriale.* Bologna: Il Mulino, 1970.
168. ______.*Carta aos socialistas.* Lisboa: Ed. Terramar, 1996.
169. ______.*Il ritorno dell'attore sociale.* Roma: Editori Riuniti, 1998.
170. UNDERWOOD, David. *Oscar Niemeyer and the Architecture of Brazil.* New York: Rizzoli, 1994.
171. VENTURI, Robert; BROWN, Denise Scott; IZENOUR, Steven. *Learnirng from Las Vegas.* Cambridge: MIT Press, 1972.
172. ______.*Maniera del Moderno.* Roma/ Bari: Editori Laterza, 2000.
173. VERGANTI, Roberto; BARTEZZAGHI, Emilio; SPINA, Gianluca. *Organizzare le PMI per la Crescita.* Milano: Il Sole 24 Ore, 1999.
174. ______.NOCI, Giuliano. *L'Innovazione Eco Efficiente.* Milano: Ed. Il Sole 24 Ore, 1999.
175. WORLDWATCH. *State of the world '98.* Milano: Edizioni Ambiente, 1998.
176. WATERS, Malcolm. *Globalização.* Oeiras: Celta Editora, 1999.

Referências complementares:

177. ANCESCHI, Giovanni. *La Fatica nella del Web* in *Il verri rete.* Milano: Monogramma, n.16, p. 23-45, maggio 2001.
178. BONSIEPE, G. e Walker R.. *Um Experimento em Projeto de Produto/ Desenho Industrial.* Brasília: Ed. CNPq, 1983.
179. BONSIEPE, G.. *Metodologia Experimental*: Desenho Industrial. Brasília: Ed. CNPq, 1984.
180. ______.*Design de Maquinas Especiais.* Brasília: Ed. CNPq, 1986.
181. CANGELLI, Eliana et. al. *Qualità ambientale dei processi produttivi* in *Q/Disegno Industriale – Quaderni di ITACA.* Roma: Gangemi Editore, 1999, p.88.

182. CASTELLO BRANCO, Alceu et. al. *Anais do Workshop*: Unidades nos Institutos de Pesquisa e Desenvolvimento. Fortaleza: Ed. ABIPTI-SEBRAE Fortaleza -CNPq-PBD, 1998, 245 p.
183. CASTIGLIONI, Achille. *Poetiche del design*. In Seminario ICSID, 1983, Milano, *il caso italiano*, publicado parcialmente in *Design & Indústria*, 1984, julho, 2, p.2, e integralmente em italiano e inglês, nos anais do seminário, ADI Assoarredo, Milano, 1984.
184. COLLOTTI PISCHEL, Enrica. *Un esempio di Globalizzazione – La Cina*. In Conferenza *Diritti umani e Globalizzazione*, Milão, Janeiro, 2002.
185. COUTINHO, Luciano. *A Terceira revolução industrial e tecnológica – As grandes tendências de mudança*. Rio de Janeiro: Economia e Sociedade, n.1, 1992, p.69-86.
186. COUTINHO, Luciano. *Estratégia Empresarial e Design*. "Interação com a indústria em debate". São Paulo: Série Papers da FIESP, n.15, 1997, p. 01-06.
187. CETEC. *Prática de implantação e disseminação de tecnologias apropriadas ao meio rural – Projeto Juramento*. Belo Horizonte: Ed CETEC, 1985, p.08-14.
188. CUOMO, Luciana. *Glocal Tales: un mondo globale, un mondo diverso*. Revista ddn n. 90. Milano, Design Diffusion Edizioni srl, p.136-161, outubro de 2001.
189. DE MORAES, Dijon. *Envolvimento das instituições de ensino na questão oferta e demanda de profissionais*. In Fórum Design Mercosul, 1995, Florianópolis. Publicado em Anais Fórum Design Mercosul, Florianópolis-SC, Edição SENAI/ LBDI, V.1, outubro 1995, p.120-129.
190. DE MORAES, Dijon. *Design luso-brasileiro*: analogia, transcurso e desafios. In 1º Encontro de Pesquisadores/ Investigadores Luso-Brasileiros em Design, 2001, Universidade de Aveiro – UA, Portugal. Publicado em Revista de Comunicação e Arte, Comunicarte – DCA-UA, Aveiro – Portugal, vol.1, n.03, ISSN 1645-362X, Editor João Branco, dezembro de 2002, p.227-234.
191. DE MORAES, Dijon. *The Local-Global Relation*: the new challenges and design opportunities. Brazil as a local case. In 4th European Academy of Design Conference, 2001, Universidade de Aveiro – UA, Portugal. Publicado em Conference Proceedings. Aveiro – Portugal, vol.1, ISBN: 972-789-024-5, Edited by Rachel Cooper and Vasco Branco, abril 2001, p. 92-98.
192. DE MORAES, Dijon. *Globalization as new design scenario: Brazil as a local case*. In 3rd Designing Designers: International Convention of University Courses in Industrial Design Conference, 2002, Milão, Itália. Publicado em Conference Proceedings. Milão, Itália, vol.1, ISBN: 88-87981-30-2, Edited by Luisa Collina and Giuliano Simonelli. POLI.design edition, março 2002. p. 07-14.
193. DE MORAES, Dijon (2002). *The role played by multinational companies in the local industrialization process and their influence on Brazilian design*. In LOSCHIAVO, Maria. C; DE MORAES, Dijon and ONO, Maristela Mitsuko : *Industrial Design in Brazil: from the modern movement to present globalization*. In Workshop-Design in the periphery: Historical development of industrial design in newly industrializing countries. 3rd International Design History Conference. 2002, Istanbul Technical University – ITU, Turquia. Publicado em Abstracts, vol. 1, Organised by Istanbul Technical University/ Turkey and Kent Institute of Arts and Design/ England, julho 2002. p.102-104.
194. ER, H. Alpay. *Development Patterns of Industrial Design in the Third World*: A Conceptual Model for Newly Industrialized Countries. Journal of Design History, vol.10, n.03, 1997. p.293-307.
195. ER, H. Alpay. *New Product design and Export Orientation*: The role of exports in the acquisition of new product design capabilities by Turkish electronics firms. In METU – Conference on Economics II, 9-12, setembro 1998, Middle east Technical University, Ancara.
196. ER, H. Alpay. *Redefining the "PhD in Design" in the Periphery: Doctoral education in Industrial design in Turkey*. In Design Issues, V.15, n.03, 1999.

197. ER, H. Alpay. *The advantage or disadvantage of delay? Peculiar characteristics of industrial design education in the periphery.* In 2nd Designing Designers: International Convention of University Courses in Industrial Design Conference Proceedings. Milan, Italy, Abril 2001, p.128-134.
198. ER. H. Alpay. *Peculiarities of the Periphery: Industrial Design Education in Peripheral Context.* In EAD Conference Proceeding. Aveiro – Portugal, 2001, p. 26-31.
199. ER, Ozlem. *Nature of Design Consultancy Work for Newly Industrialized Country Clients.* In The Design Journal, V.0, Issue1, 2001.
200. FLEURY, Afonso. *Gerenciamento do desenvolvimento de produtos na economia.* Paper, 1999, USP, São Paulo.
201. GOTZCH, Josiena. *meaningful products. The break-through for product semantics by the Memphis movement* in *Beautiful and globalizada*. In Proceedings of the Conference Design plus Research, v.1, HPCF-CT.1999-00194. Edited by Pizzocaro, Arruda e De Moraes, maio de 2002, p.146-154.
202. KPMG Corporate Finance. *Mergers & Acquistions*: Transactions Undertaken in Brazil 1994-2000. Rio de Janeiro: Documento KPMG, 2000,15 p.
203. MANZINI, Ezio e PIZZOCARO, Silvia. *Ricerca, disegno industriale é innovazione – Note a margine di un programma di dottorato* in *Le modificazioni di un mestiere – il ruolo del designer.* In Q/ Disegno Industriale – I Quaderni di ITACA. Roma: Gangemi Editore. Roma,1999.
204. MANZINI, E. (1999). *Il locale del Globale – La localizzazione come scenario progettuale.* Milano: trabalho não publicado, 2001.
205. MANZINI, Ezio. *Hong Kong la città estrema - Laboratorio urbano*: L'isola che non lo è più. In Rivista Domus, Milano, Editoriale Domus SpA, p. 46-50, julho/agosto 2001.
206. MANZINI, Ezio. *Made in Hong Kong*: Preistoria industriale. In Rivista Domus n.839. Milano, Editoriale Domus SpA, p.71, julho/agosto 2001.
207. MANZINI, Ezio; VEZZOLI, Carlo e GARRETE, Clark. *Product-Service Systems*: Using an existing as a new approach to sustainability. Milano: texto não publicado, 15p., 2000.
208. MENDINI, Alessandro (1977), *Design Dove Vai*, Editoriale del primo numero della Rivista MODO. Milano, Editoriale Modo srl, p.2, 1977.
209. MINEIRO, Ricardo et al. Prática de Implantação e Disseminação de Tecnologia Apropriadas ao Meio Rural: 1983-1984. Projeto Juramento. Belo Horizonte: Edição CETEC/FINEP, 1985.
210. ONO, Maristela Mitsuko (1999). *Industrial design and cultural diversity*: a case study at Electrolux (Brazilian subsidiary) and Multibrás. Curitiba: Centro Federal de Tecnologia do Paraná – CEFET, Programa de Pós-Graduação em Tecnologia, 1999, p.405.
211. ONO, Maristela and CARVALHO, Marilia (2001). *The roule of designer in the local and global context.* In 4th European Academy of Design Conference, 2001, Universidade de Aveiro – UA, Portugal. Publicado em Conference Proceedings. Aveiro – Portugal, vol.1, ISBN: 972-789- 024-5, Edited by Rachel Cooper and Vasco Branco, abril 2001, p. 286-292.
212. Opúsculo. *Executive Summary, Interaction Design Institute Ivrea.* Ivrea: Italia, 2000.
213. PELLIZZI, Federico. *L'ipertesto come forma simbolica* in *Il verri nella rete.* Milano: Monogramma, n.16, p-65-80, maggio 2001.
214. PORTAS, Nuno. *Duas ou três considerações "pessimistas" sobre o designer e os seus produtos.* In *Design em Aberto*: uma antologia. Porto: Centro Português de Design/ Porto Editora, 1993, p. 99.
215. PORTEFAIX, Valerie e GUTIERREZ, Laurent (2001). *Hong Kong la città estrema – Laboratorio urbano*: Città di confine. In Rivista Domus, Milano, Editoriale Domus SpA, p. 57, julho/agosto 2001.
216. RIBONI, D. e SCHILLACI, S. (1996). *I Sistemi Produttivi e la Natura delle Merci nella Realtà Attuale – Tra Locale e Globale.* Tese di Laurea della Facoltà di Architettura del Politecnico di Milano.
217. ROCHA, F.; IOOTTY, M.; FERRAZ, J.C.. *Desempenho das fusões e aquisições na indústria brasileira na década de 90.* Rio de Janeiro: UFRJ, 2000, 23 p.

218. SANTOS, Milton. *O Mundo, o Brasil e a Globalização*, Rumos no Desenvolvimento, São Paulo, ano 21, n.137, p. 4-9, jun. 1997.
219. SOTTSASS, Ettore. *Braccio di ferro – la tecnologia nuda: Tomas Maldonado e Ettore Sottsass.* In Rivista MODO, Milano, 1985. Reprint in MODO n.213. Edizione speciale 25 anni. Milano 2001. p. 80-83.
220. SOTTSASS, Ettore in CASCIANI, Stefano. *Vent'anni dopo.* In Rivista Domus. Milano, Editoriale Domus SpA, p.116, 2001.
221. TRE SCUOLE: *Bauhaus ; Vchutemas ; Ulm.* In 'Casabella', Milano, Numero monográfico, setembro 1984.
222. VASCONCELLOS, Eduardo Mendes *et al.*. *Design, Cultura Material e Visualidade*: Centralidade e Modernismo, a memória desvanecida. Rio de Janeiro: Editora Arcos, 1999.
223. ZAVALLONI, G. et al.. *Introduzione alle Tecnologie Appropiate.* Ancona: MLAL GRTA CIN, 1983.

Sites Internet:

1. ANFAVEA: www.anfavea.com.br
2. Historical Study: www.uiah.fi
3. IBGE – Instituto Brasileiro de Geografia e Estatística: www.ibge.br
4. InterDesign: www.curtin.edu.au/curtin/dept/design/journal/interdesign/
5. Journal of Design Research: http://idr.tudelft.nl
6. Rede Globo: www.redeglobo.com.br
7. TSE - Tribunal Superior Eleitoral Brasileiro: www.tse.gov
8. Visible Language: www.id.iit.edu/visiblelanguage/Directory.html
9. WIPO: World Intellectual Property / Geneva: www.wipo.int
10. WORLDBANK: Rapport World Bank / Washington: www.worldbank.org

Entrevistas:

Todas as entrevistas foram realizadas pelo autor por e-mail entre 1999 a 2003.